한마디로 천재의 작품. 레이코프는 우파가 핵심 개념을 어떻게 프레임으로 구성했는지 밝혀내어 미국 정치에 대한 가장 독창적이고 가장 실천적인 분석을 제시한다.
조지 애컬로프(노벨경제학상 수상자)

어떻게 급진 우파는 평범한 미국인들이 거듭해서 자기 이익에 반하여 투표하도록 만들 수 있었는지 의문을 품어 본 적이 있는가? 문제는 프레임이다, 바보들아! 이 책은 미국 정치의 언어에 대한 힘 있고 간결한 입문서로, 정치적 프레임을 창출해 내는 이가 그 안의 내용까지 통제한다는 사실을 생생히 일깨운다. 이 책은 또한 우리가 처해 있는 이 난국에서 빠져나올 수 있는 상세한 지도이기도 하다. 저자는 진보가 어떻게 정치적 내러티브를 되찾을 수 있을지, 그리고 그 과정에서 어떻게 이 나라와 세계를 더 나은 곳으로 변화시킬 수 있을지 보여준다.
아리아나 허핑턴(허핑턴포스트 미디어그룹 회장)

우리 편의 논리를 가진 것만으로는 충분치 않다. 레이코프는 우익의 선동에 맞서는 법에 대해 중요한 교훈을 준다. 부시의 언어가 횡행하는 이 신 오웰주의의 시대에 반드시 읽어야 할 책.
로버트 라이시(『위기는 왜 반복되는가』 저자, 전 미국 노동부 장관)

인지언어학계의 거목으로 프레임 이론을 제시하며 미국 진보세력의 전략 혁신을 촉구한 조지 레이코프의 명저 『코끼리는 생각하지 마』의 10주년 전면개정판이 나왔다. 분량과 내용에서 대대적 보충이 이루어져 책의 의의가 더욱 빛난다. 이 책은 미국은 물론 한국 정치 상황에 대해서도 선명한 지침을 제공한다. 자기주도 프레임이 없이 보수의 프레임을 비판하고 반대하는 데만 급급한, 자족적이고 따라서 무능한 진보에게 승리는 오지 않는다. 유권자는 자기의 이익보다 정체성과 가치관에 따라 투표한다는 점을 망각하고 '탈이념', '중도' 운운하는 진보는 신기루를 찾는 격이다. 보수 집권 10년을 경험하며 답답함을 느끼는 많은 분들이 이번 10주년 전면개정판을 읽고 새로운 10년을 준비할 수 있기를 강력히 희망한다.

조국(서울대 법학전문대학원 교수)

이 책은 내가 2012년 여름 EBS 〈다큐프라임〉의 '킹메이커'에 출연했을 때 주요 레퍼런스가 돼 주었던 저서다. 알다시피 당시는 오바마 대통령이 재선을 노리고 한창 선거 운동을 벌일 때였고, 동시에 한국에서도 대선 분위기가 뜨겁게 달아오를 때였다. 선거에 조금이라도 관심이 있는 사람이라면 각 캠프들이 어떻게 어젠다를 세우고 그것을 어떤 프레임에 담아서 선거에 유리하게 이끌어 가는지 안다. 사실 정치는 그 핵심이 프레임 싸움이다. 평소에도 기자들에게 정치인이 만들어내는 프레임을 객관적으로 볼 수 있어야 하며, 그 프레임에 말려들지 않은 기사가 좋은 기사라고 말한다. 이렇게 생각을 정리할 수 있게 도와준 것이 레이코프의 책이었고, 또 내가 참여했던 '킹메이커'였다.

특별히 개정판을 반가워하는 이유는, 당시에 프로그램을 제작하면서도 '혹시 레이코프의 주장과 현실이 괴리되는 부분은 없을까' 계속 고민했었기 때문이다. 개정판은 그런 의문에 대한 답을 상당 부분 내놓고 있다. 물론 한국의 정치와 미국의 정치는 매우 다른 배경과 속성을 갖고 있으므로 이 책의 내용을 그대로 적용하기에는 여전히 무리가 따를 수 있다는 것을 잘 안다. 그러나 정치가 프레임 싸움이라는 본질은 같을 수밖에 없고, 갖가지 경우를 대입하며 비교·분석하는 재미는 덤으로 얻으면 되는 것이다.

손석희(JTBC 보도담당 사장)

코끼리는 생각하지 마

진보와 보수, 문제는 프레임이다

코끼리는 생각하지 마

조지 레이코프

나익주 감수 · 유나영 옮김

와이즈베리
WISEBERRY

차례

지금부터 10년 전인 2004년 이 책의 초판이 나왔을 때만 해도, 사
회적·정치적 쟁점을 어떻게 프레임에 넣는지에 대해 논의하는 것
은 물론, 그것에 대해 생각하거나 들어본 적이 있는 사람도 거의
없었다. 당시 '틀 의미론'*이라는 학문 분야 바깥에서는 프레임 구
성(framing)이라는 개념이 알려지지도 논의되지도 않았다.

　『코끼리는 생각하지 마』가 베스트셀러가 되면서 이 모든 것
이 바뀌었다. 이제는 쟁점의 프레임을 어떻게 짜는지에 대한 논의
를 전국의 어느 언론에서나 흔히 볼 수 있다. 수백만 명의 사람들
이 여러 쟁점에 대한 논의에서 '프레임'이라는 말을 듣고 기초적

---

* 　Frame Semantics. Frame을 이 책에서 음역하여 '프레임'으로 옮겼다. 하지만 Frame
　Semantics는 한국 언어학계의 관행에 따라 '틀 의미론'이라 옮긴다. – 감수자

으로나마 그게 무슨 뜻인지 이해한다. 작은 책 한 권이 거둔 성과 치고는 꽤 크다.

그러나 『코끼리는 생각하지 마』는 훨씬 원대한 목표를 품고 있었다. 당시 공화당은 쟁점의 프레임을 짜는 데 민주당보다 훨씬 앞서 있었다. 공화당의 프레임 우위는 1994년 그들이 하원을 장악하는 데 중요한 역할을 했다. 2004년을 열면서 나와 동료들은 프레임의 작동 방식에 대한 이해를 넓힘으로써 민주당이 이 흐름을 뒤집을 수 있기를 바랐다.

2008년 대선에서 버락 오바마가 민주당의 백악관과 의회 장악을 주도한 것은 그가 현저히 우월한 후보였던 까닭도 있지만, 우월한 현장 전술과 훨씬 우월한 프레임 구성을 활용한 덕분이었다. 나는 이 우월한 프레임이 지속되기를 희망했다.

하지만 일은 그렇게 되지 않았다. 공화당은 2009년 오바마가 취임하자마자 거의 곧바로 공적 담론에서 프레임 우위를 되찾아 갔고, 이는 연방 하원과 전국 각 주 의회에서 티파티*가 부상하는 데 주요한 역할을 했다. 이제 공화당은 프레임에 대한 자신들

---

* Tea Party. 1773년 영국 왕이 홍차에 과도한 관세를 물리는 데 반발하여 일어나 미국 독립전쟁의 불씨가 된 '보스턴 티 파티(Boston Tea Party)' 사건에서 따온 이름으로, 작은 정부를 표방하며, 정부 지출 삭감, 정부 규모 축소, 연방 정부의 재정 적자와 부채 절감을 요구하는 보수 성향의 풀뿌리 단체다. 2009년부터 대규모 대중 집회를 열고 후보자들을 조직적으로 지원하며 공화당 내에서 중요한 세력으로 성장했고 2010년 중간 선거에서 돌풍을 일으켰다. 이들은 특히 오바마 행정부의 경제 정책과 이민 정책, 의료보험 개혁에 강하게 반발하고 있다. ─옮긴이

의 통찰을 각 주 단위뿐만 아니라 도시 단위까지 적용하고 있다.

어떻게 된 것일까?

『코끼리는 생각하지 마』의 10주년 기념 개정판인 이 책은 프레임을 어떻게 짜고 어떻게 활성화하는가를 되풀이 설명하는 데서 그치지 않는다. 이 개정판의 목표는 이후 어떤 일이 일어났는지, 왜 민주당이 다시 프레임 전쟁에서 지게 되었는지, 그래서 무엇을 해야 할지를 밝히는 것이다.

이는 어려운 과제다. 이제 시작하자. 우선 '프레임 구성의 이론과 적용'을 다시 설명하고, 다음으로 넘어가서 '프레임 밖에 있는 것을 프레임 안에 넣기'와 구체적인 쟁점의 프레임을 짜는 법을 살펴보겠다.

2014년 6월, 캘리포니아 버클리에서

조지 레이코프

프레임을 재구성하는 것이 **사회 변화다**

우리는 뇌로 생각한다. 여기엔 선택의 여지가 없다. 몇몇 정치인들은 신체의 다른 부분으로 생각하는 것처럼 보이기도 하지만, 그들도 뇌로 생각한다.

이것이 정치와 무슨 관계가 있을까? 모든 생각이 물리적이기 때문이다. 생각은 뇌에서 신경 회로를 통해 전달된다. 우리는 우리가 이해하도록 뇌가 허락하는 것만을 이해할 수 있다. 이 신경 구조의 가장 깊숙한 부분은 비교적 고정되어 있다. 이 부분은 즉각 바뀌거나 쉽게 바뀌지 않는다. 그리고 우리는 이 부분의 활동과 그 영향을 거의 의식하지 못한다.

실제로 우리 뇌가 하는 일의 98퍼센트는 의식 수준 밑에서 이루어진다. 그러한 연유로, 우리는 뇌 안의 무엇이 우리의 가장 깊은 도덕적·사회적·정치적 신념을 결정하는지에 대해 충분히 알지 못한다. 그럼에도 우리는 상당 부분 무의식적인 이 신념을 근거로 행동한다.

나의 연구 분야인 인지과학은 의식적 사고방식뿐만 아니라 무의식적 사고방식을 연구하는 방법을 찾아냈다. 인지과학자로서 내가 하는 일은 무의식을 의식으로 끌어올리는 것과 무엇이 인간의 사회적·정치적 행위를 결정하는지 알아내어 이를 세상에 알리는 것이다. 나는 이런 지식이 사회와 정치의 긍정적 변화를 이끌어낼 수 있다고 믿는다. 왜냐하면 사람들의 뇌 속에서 일어나는 일이 중요하기 때문이다.

우리 정치를 이해하기 위해 신경 수준까지 파고 들어가야 할까? 그렇다. 어떤 경우에는 그렇게 깊이 들어가는 것도 중요하다. 그래서 필요하면 뇌에 대해서도 논의할 것이다. 하지만 대체로 우리 정치를 이해하는 데 가장 중요한 뇌 구조는 마음의 관점에서 연구할 수 있다. 이것이 바로 '프레임'이다.

프레임

프레임이란 우리가 세상을 바라보는 방식을 형성하는 정신적 구조물이다. 프레임은 우리가 추구하는 목적과 우리가 짜는 계획, 우리가 행동하는 방식, 우리가 행동한 결과의 좋고 나쁨을 결정한다. 정치에서 프레임은 사회 정책과 그 정책을 실행하기 위해 만드는 제도를 형성한다. 프레임을 바꾸는 것은 이 모든 것을 바꾸는 일이다. 그러므로 프레임을 재구성하는 것은 곧 사회 변화를 의미한다.

　프레임은 직접 볼 수도 없고 들을 수도 없다. 프레임은 우리 인지과학자들이 '인지적 무의식(cognitive unconscious)'이라고 부르는 것의 일부다. 인지적 무의식이란 우리 뇌 안에 있는 구조물로서, 의식적으로는 접근할 수 없지만 그 결과물을 통해 그 존재를 알 수 있다. 이른바 우리의 '상식'은 무의식적이고 자동적이고 자연스러운 추론들로 이루어져 있다. 그러한 추론은 우리의 무의식적 프레임에서 나온다.

　또한 우리는 언어를 통해 프레임을 인식한다. 모든 단어는 개념적 프레임과 관련지어 정의된다. 우리가 어떤 단어를 들으면 우리 뇌 안에서 그와 관련된 프레임이 활성화된다.

　그렇다. 우리 뇌에서 이런 일이 벌어진다. 이 책의 제목이 보여주듯이, 우리가 어떤 프레임을 부정할 때에도 그 프레임은 활성화된다. 내가 "코끼리는 생각하지 마세요!"라고 말하면 여러분은 코끼리를 생각하게 된다.

　나는 인지언어학을 연구하면서 이를 처음 발견했지만, 이 사실은 이미 신경과학에서도 확증되기 시작했다. 짧은꼬리원숭이가 어떤 물체를 집으면 원숭이의 (움직임을 계획하지만 몸을 직접 움직이지는 않는) 복측 전운동 피질에서 특정한 뉴런 집단이 활성화된다. 그런데 원숭이에게 그 물체를 집지 말도록 훈련시켰을 때 이 뉴런의 대부분은 (꺼져서) 억제되지만, 물체를 집을 때 사용되는 바로 그 뉴런의 일부분은 여전히 켜진다. 즉 물체를 집지 않으려면 물체를 집는 일이 무엇인지를 생각해야 한다.

어떤 프레임을 부정하면 그 프레임이 활성화된다. 그리고 프레임은 자주 활성화될수록 더 강해진다. 이 사실이 정치 담론에 주는 교훈은 명확하다. 내가 상대편의 언어를 써서 그의 의견을 반박할 때, 그 말을 듣는 사람들의 머릿속에서는 상대편의 프레임이 더 활성화되고 강해지는 한편 나의 관점은 약화된다. 이는 진보주의자들이 보수 세력의 언어와 그 언어가 활성화하는 프레임을 사용하지 말아야 한다는 뜻이다. 그들의 언어가 아닌 우리의 언어를 써서 우리의 신념을 말해야 한다는 뜻이다.

프레임 재구성

공적 담론의 프레임을 재구성하는 데 성공하면, 대중이 세상을 보는 방식을 바꾸게 된다. 상식으로 통용되는 것을 바꾸게 된다. 언어가 프레임을 활성화하기 때문에, 새로운 프레임은 새로운 언어를 필요로 한다. 다르게 생각하려면 우선 다르게 말해야 한다.

프레임 재구성은 쉬운 일도 간단한 일도 아니다. 어떤 마법의 단어를 찾아내는 일도 아니다. 프레임은 슬로건이 아니라 생각이다. 프레임 재구성은 우리와 생각이 비슷한 이들이 이미 무의식적으로 믿고 있는 것에 접근하여 이를 의식의 수준으로 끌어올리고, 그것이 일반 대중의 담론 속으로 들어올 때까지 반복하는 일에 가깝다. 이 일은 하루아침에 일어나지 않는다. 이것은 부단한 과정이며, 반복과 집중과 헌신이 필요한 일이다.

사회 변화를 이루기 위한 프레임의 재구성은 공적 담론이 변화해야 가능하며 여기에는 일정한 커뮤니케이션 체계가 필요하다. 미국의 보수 세력은 진보 세력이 아직 이룩하지 못한 매우 광범위하고 세련된 커뮤니케이션 체계를 확보했다. 폭스 뉴스는 빙산의 일각에 불과하다. 진보 세력은 효과적인 커뮤니케이션 체계가 무엇인지 이해하고 이를 확보할 필요가 있다. 커뮤니케이션 체계 없이 프레임을 재구성하고자 한다면 아무것도 이룰 수 없다.

이 책에서 논의하는 프레임 재구성은 정직성과 도덕성에 기초하고 있다. 이는 여론 조작(spin)이나 속임수와는 반대되는 것이다. 오히려 우리의 가장 깊은 신념과 이해를 의식으로 불러내는 것이다. 이는 우리의 진정한 신념을 표현하는 법을 배우는 것이다. 그래서 우리 신념을 공유하는 이들이 자신들의 가장 깊은 신념을 이해하고, 그 신념에 따라 행동할 수 있도록 하는 것이다.

프레임 재구성은 또한 우리와 가장 의견이 상반되는 이들을 이해하는 것이다. 수천만 명의 미국인들이 보수주의에 투표한다. 대개의 경우 그들은 악한 사람들도 아니고 어리석은 사람들도 아니다. 그들은 세계를 달리 이해하고, 무엇이 옳은지에 대해 다른 관점을 가진 사람들이다.

모든 정치는 도덕적이다

정치 지도자가 어떤 정책을 내놓거나 행동을 제안할 때에는 그 정책이나 행동을 옳은 일이라고 암묵적으로 전제한다. 그 어떤 정치 지도자도 "내가 내놓은 정책은 완전히 그릇된 것입니다. 사악한 정책이지만 어쨌든 합시다."라고 말하지 않는다. 그 어떤 정치 지도자도 자기 정책이 중요하지 않다고 전제하고 그것을 제안하지는 않는다. 모든 정치적 방안은 옳다는 가정하에 제시한다. 문제는 무엇이 옳은가에 대해 정치 지도자들이 저마다 다른 생각을 갖고 있다는 것이다.

모든 정치는 도덕적이지만, 모두가 똑같은 도덕적 관점에 근거해 행동하는 것은 아니다. 게다가 도덕적 신념의 상당 부분은 무의식적이다. 우리는 가장 깊숙이 품고 있는 도덕적 관점에 대해 의식조차 못할 때가 많다. 앞으로 보겠지만, 미국의 정치 진영을 둘로 가르는 것은 곧 도덕의 차이다. 우리는 이 도덕의 차이를 이해하고 진보와 보수의 도덕 체계가 어떠한지를 이해할 필요가 있다.

더 중요한 것은, 대단히 많은 사람들이 자기 삶의 서로 다른 영역에서 상이하고 모순된 도덕 체계에 따라 행동한다는 사실이다. 이를 전문 용어로 '이중개념주의(biconceptualism)'라고 한다.

이 부분에서 뇌는 더더욱 중요해진다. 각각의 도덕 체계는 뇌 속에서 신경 회로의 체계를 이룬다. 어떻게 한 뇌 안에서 서로 모순된 체계가 순조롭게 작동할 수 있을까? 그 해답은 두 가지다. 첫째는 상호 억제 작용이다. 이는 한 체계가 커지고 다른 체계가 꺼질 때 나타난다. 둘째는 서로 다른 쟁점에 뉴런이 결합하는 것이다. 이는 각각의 체계가 서로 다른 관심사와 결부되어 작동할 때 나타난다.

이중개념주의는 우리 정치를 이해하는 데 가장 중요한 요소이자 정치가 어떻게 작동하는지를 이해하는 데 결정적인 요소다. 이에 대해서는 이 책 전체에 걸쳐 논의할 것이다.

합리성이란 무엇인가

뇌과학과 인지과학은 이성과 합리성의 의미에 대한 우리의 이해를 근본적으로 변화시켰다. 애석하게도, 이성 자체에 대해 시대에 뒤떨어지고 잘못된 이론을 교육받은 진보주의자들이 매우 많다. 잘못된 이론에 따르면 프레임과 은유적 사고와 감정은 합리성과 관련이 없다. 그런 이론 때문에 많은 진보주의자들은 사실(만)이 우리를 자유롭게 한다는 견해를 가지게 되었다. 진보주의자들은 끊임없이 사실들을 나열한다.

사실은 대단히 중요하다. 하지만 사실이 의미를 가지려면 그 도덕적 중요성이라는 관점에서 사실을 프레임에 넣어야 한다. 우리는 우리 두뇌 안의 프레임으로 납득 가능한 것만을 이해할 수 있다는 사실을 기억하자. 사실이 우리 두뇌 안의 프레임과 맞지 않으면, 우리는 두뇌 안의 프레임을 그대로 남겨둔 채 사실을 무시하거나 반박하거나 대수롭지 않게 여긴다. 이 책에서 우리는 이 프레임에 대해 자세히 탐색할 것이다.

나는 대중의 수요에 부응하기 위해 이 책을 짧고 쉽게 썼다. 이 책은 시민운동가들을 비롯하여 정치에 진지하게 관심을 갖는 모든 이들을 위한 실용적인 지침서다. 이 주제를 보다 체계적이고 학술적으로 다룬 책에 관심이 있는 독자들은『도덕, 정치를 말하다: 보수와 진보의 뿌리는 무엇인가?』(개정판),『프레임 전쟁: 보수에 맞서는 진보의 성공전략』,『자유는 누구의 것인가: 왜 진보와 보수는 서로 가지려 하는가』,『폴리티컬 마인드: 21세기 정치는 왜 이성과 합리성으로 이해할 수 없을까?』,『작은 파란 책(The Little Blue Book)』(엘리자베스 웰링[Elisabeth Wehling]과 공저)을 읽어보길 바란다. 그리고 600페이지짜리 학술서들과 정치적·학술적 주제를 다룬 수백 건의 논문을 읽고 싶어서 좀이 쑤시는 독자들은 내 웹사이트 (www.georgelakoff.com)를 뒤져보면 된다. 하지만 짧고 유익한 독서를 원하거나 프레임 구성에 처음 입문하는 사람들은 이 책부터 시작하길 권한다.

이 나라의 기초를 이루었고 미국을 위대한 민주주의 국가로 만들어준 진보의 가치를 이해하는 것은 우리 자신, 우리 국가, 나아가 전 세계의 사활이 걸린 일이다. 이 민주주의를 지켜나가려면 이러한 가치를 명료하게 표현하는 법을 배워야 한다. 미래에 진보 세력이 승리하고자 한다면, 명확한 도덕적 전망을, 모든 진보주의자들이 공유하는 보편적 전망을 국가에 제시해야 한다. 단순한 사실과 정책과 프로그램의 나열을 넘어서서 도덕적 대안을, 보다 전통적인 미국적 가치를, 미국인들이 자랑스러워하는 모든 것들의 배후에 놓인 가치를 제시해야 한다. 『코끼리는 생각하지 마』개정판은 그러한 전망을 위해 집필했다.

그럼 즐겁게 읽으시기를!

1부

프레임 구성
이론과 적용

01

어떻게 공론을 우리 편으로 만들 것인가

2004년 1월 21일*

제가 버클리 대학에서 '인지과학 개론'이라는 수업을 진행하며 프레임 연구를 강의할 때, 맨 처음 일은 학생들에게 한 가지 과제를 내주는 것입니다. 그 과제는 바로 '코끼리를 생각하지 않는 것'인데요, 말 그대로 무슨 일을 하든 코끼리에 대해 생각하지 말아야 합니다.** 저는 이 과제에 성공한 학생을 단 한 명도 발견하지 못했습니다. 모든 단어들이 그렇듯 코끼리도 그와 상응하는 프레임을 불러일으키는데, 그것은 어떤 이미지가 될 수도 있고 어떤 종류의

---

* 이날 나는 캘리포니아 소살리토에서 진보적 시민운동가 200여 명을 대상으로 즉석연설을 했다. 이후 일부 내용을 보강해서 이 책에 실었다.

** "(핑크색) 코끼리에 대해 생각하지 마라"는 심리학에서 마음의 작용을 설명할 때 자주 인용되는 문구인데, '방 안의 코끼리(Elephant in the room, 모두가 알고 있으면서 모르는 척하는 커다란 문제를 의미함)'라는 영어 관용구에서 유래한 듯하다. 우연의 일치지만, 코끼리는 미국 공화당을 상징하는 동물이기도 하다. - 옮긴이

지식이 될 수도 있습니다. 이를테면 코끼리는 몸집이 크고, 퍼덕이는 귀와 엄니와 긴 코를 가지고 있고, 밀림에 서식하고, 서커스와 연관되어 있습니다. 그 밖에 다른 특징도 가지고 있지요. 이 단어는 그러한 프레임에 의거하여 정의되어 있습니다. 우리가 어떤 프레임을 부정하려면, 우선 그 프레임을 떠올려야 합니다.

일찍이 리처드 닉슨은 그 진리를 뼈아픈 방식으로 깨달았습니다. 워터게이트 사건이 터지고 그가 한창 사임 압력을 받고 있던 당시의 일입니다. 이때 그는 TV에 나와 연설을 했는데 여기서 닉슨은 전 국민에게 이렇게 말했습니다. "저는 사기꾼이 아닙니다." 그 순간 모두가 그를 사기꾼이라고 생각하게 되었답니다.

이 일화는 상대편에 반대하는 주장을 펼치려면 상대편의 언어를 사용하지 말라는 프레임 구성의 기본 원칙을 가르쳐주고 있습니다. 상대편의 언어는 어떤 프레임을 끌고 오는데, 그것은 내가 원하는 프레임이 아닙니다.

한 가지 예를 들겠습니다. 조지 W. 부시가 백악관에 입성한 바로 그날부터 백악관에서는 세금(으로부터의) 구제(tax relief)라는 단어가 흘러나오기 시작했습니다. 이 말은 그 이후로 거의 매일같이 반복되었고, 그의 정책을 설명하는 언론은 이 말을 받아 적었고, 서서히 공적 담론 깊숙이 파고들어 급기야 자유주의자*들도 이 말을 쓰기 시작했습니다.

'구제'라는 단어의 프레임 형성을 생각해봅시다. 구제가 있는 곳에는 고통이 있고, 고통 받는 자가 있고, 그 고통을 없애주는 구제자가, 다시 말해 영웅이 있게 마련입니다. 그리고 어떤 사람들이 그 영웅을 방해하려고 한다면, 그 사람들은 구제를 방해하는 악당이 됩니다.

'세금'이라는 말이 '구제' 앞에 붙게 되면, 그 결과로 다음과 같은 은유가 탄생합니다. 과세는 고통이다. 따라서 이 고통을 없애 주는 사람은 영웅이고, 그를 방해하는 자는 나쁜 놈이다. 이것이 바로 프레임입니다. 이 프레임은 '고통', '영웅' 같은 개념들로 이루어져 있습니다. 이 프레임을 불러일으키는 언어는 백악관에서 흘러나와 보도 자료에 삽입되었고, 모든 라디오와 TV 방송국의 전파를 탔고 모든 신문 지상에 실렸습니다. 그리고 곧 〈뉴욕타임스〉도 '세금 구제'란 말을 쓰기 시작했습니다. 보수적인 폭스 뉴스에서만 그런 것이 아닙니다. CNN도 썼고 NBC도 썼고 모든 방송국에서 다 썼습니다. 그것은 '대통령의 세금 구제안'이었으니까요. 그리고 곧 민주당 의원들과 지지자들까지 세금 구제란 말을 쓰기에 이르렀습니다. 자기 발등을 자기가 찍는 격입니다.

이것은 놀라운 일입니다. 민주당이 '중산층을 위한 세금 구제'를 제안했을 때, 우리는 그들이 과세를 괴롭힘이라고 여기는 보수 세력의 시각을 받아들이는 것을 보았습니다. 그들은 보수의

---

* 이 책에서 '자유주의자(liberal)'란 말은 시장에 대한 국가의 간섭을 반대하는 자유의지 론자(libertarian), 즉 자유지상주의적 보수주의자가 아니라, 현대 미국의 민주당 이념을 지지하는 온건한 진보주의자를 뜻합니다. 레이코프는 이 책과 그의 다른 저서 『자유는 누구의 것인가』에서, 보수주의자들이 '자유'의 개념을 변질시켜 보수의 것으로 만들었다고 비판하고 있다. ─옮긴이

프레임을 받아들이고 있었던 것이죠. 보수는 우리를 자기들의 세계관으로 끌고 들어가는 '낱말'의 덫을 놓은 것입니다.

이것이 바로 프레임 형성의 핵심입니다. 프레임을 짜는 것은 자신의 세계관에 부합하는 언어를 취합하는 것입니다. 이것은 단순한 언어가 아닙니다. 본질은 바로 그 안에 있는 생각입니다. 언어는 그러한 생각을 실어나르고 불러일으키는 역할을 하는 것이지요.

2005년 1월에 있었던 조지 W. 부시의 국정연설도 보수주의적 프레임 구성의 주목할 만한 예입니다. 이 사례는 국정연설에서 찾아볼 수 있는 놀라운 은유였습니다. 부시는 이렇게 말했습니다. "우리가 미국을 방어하기 위해서 부모 동의서를 받을 필요는 없습니다." 부모 동의서(permission slip)가 어쨌다는 말인가요? 그는 그냥 "우리는 동의를 요청하지 않을 것입니다."라고 말할 수도 있었을 것입니다. 하지만 부모 동의서는 다릅니다. 여러분이 몇 살 때 마지막으로 부모 동의서를 받아와야 했는지 한번 기억을 더듬어보세요. 그리고 부모 동의서를 필요로 하는 사람이 누구인지, 이 동의서를 발행해 주는 사람이 누구인지, 그리고 그 둘 사이가 어떤 관계인지 생각해보세요.

이것은 여러분이 현대의 정치 담론을 이해하고자 한다면 반드시 던져야 할 질문들입니다. 여러분이 이 질문에 대해 생각하고 있을 동안, 저는 여러분에게 또 다른 질문을 던지겠습니다.

저는 스스로 이 질문을 하면서 정치와 관련된 연구를 시작하게 되었습니다. 때는 1994년 가을로 거슬러 올라갑니다. 저는 선거 유세를 보고 '미국과의 계약(Contract with America)'이라는 제목의 공화당 정책 공약집을 읽고 있었습니다. 그때 제가 염두에 두었던 질문은 이것이었습니다. 이 다양한 쟁점에 대한 보수주의적 입장은 서로 어떤 관련이 있을까? 예를 들어 만일 누가 공화당원이라면, 그의 낙태에 대한 입장과 과세에 대한 입장은 서로 어떤 관계가 있을까? 또 그것은 환경 문제에 대한 그의 입장과 어떤 관계일까? 외교 정책에 대한 입장과는? 이런 여러 입장은 어떻게 서로 모순 없이 조화를 이루고 있는가? 총기 규제 반대는 소송 개혁*과 어떤 상관관계에 있는가? 이 연관관계를 어떻게 설명해야 하는가?

저는 도저히 설명할 수가 없었습니다. 저는 스스로에게 이렇게 답했습니다. '정말 이상한 사람들이군. 이 사람들의 입장을 모아놓으면 전혀 말이 안 되잖아.' 하지만 곧 한 가지 생각이 떠올랐습니다. '나는 이 모든 쟁점에 대해 이 사람들과 정확히 반대의 입장인데, 그럼 내가 가진 입장들은 서로 어떤 관련이 있는 거지?' 저는 이 질문에도 대답할 수가 없었습니다.

이것은 특히 인지과학과 인지언어학을 연구하는 사람으로서 정말로 당황스러운 일이었습니다.

하지만 결국 저는 대답을 찾았고, 그 대답은 예상치 못했던 곳에서 나왔습니다. 그건 가정의 가치(family values)에 대한 연구를

---

* tort reform. 개인 상해, 오진 및 집단 소송에 대한 손해배상 청구 금액을 제한하는 친기업적 법 개정안. 이 책 67~68쪽 참고 - 옮긴이

24

통해 얻을 수 있었습니다. 저는 왜 보수주의자들이 가정의 가치에 대해 그토록 자주 이야기하는지, 왜 어떤 가치들은 '가정의 가치'로 대접받고 어떤 가치는 그렇지 않은지 자문해보았습니다. 왜 대통령 선거운동이나 의원 선거운동을 하는 사람들은, 세계의 미래가 핵 확산과 지구 온난화로 위협받고 있는 이때에, 끊임없이 가정의 가치에 대해 떠드는 걸까요?

이 시점에서 저는 몇 년 전 한 학생이 제출한 보고서를 떠올렸습니다. 그 보고서는 우리에게는 국가를 하나의 커다란 가정이라고 보는 은유가 존재한다는 내용을 담고 있었지요. 예를 들어 우리에게는 '건국의 아버지들'*이 있습니다. '미국 혁명의 딸들'**이 있습니다. 우리는 '우리의 아들들'을 전쟁터에 내보냅니다. 이것이 자연스러운 은유인 이유는, 우리가 보통 국가와 같은 거대한 사회 집단을 가정이나 공동체 같은 작은 집단을 통해서 이해하기 때문입니다.

국가를 가정에 연결하는 은유가 존재한다는 것을 인식하고 난 뒤, 저는 이런 질문을 던져보았습니다. 만약 국가를 이해하는 방식이 두 가지라면, 가정을 이해하는 방식도 두 가지가 될 수 있지 않을까?

---

* Founding Fathers. 1787년 미국 헌법안에 서명한 제헌의회 의원 55명을 일컫는 말─옮긴이

** Daughters of the American Revolution. 미국 독립전쟁 유공자의 자손들이 결성한 단체의 이름─옮긴이

저는 역으로 추론해 보았습니다. 즉 보수의 여러 입장과 진보의 여러 입장을 모은 뒤, 이것들을 각각 서로 반대편의 은유에 집어넣고 무엇이 나오는지 보기로 했습니다. 이것들을 국가에 대한 서로 다른 관점에 집어넣어서 가정에 대한 두 가지 다른 모형을 뽑아낸 것이지요. 그렇게 해서 나온 것이 엄격한 아버지의 가정(strict father family)과 자상한 부모의 가정(nurturant parents family) 모형입니다. 여러분은 국가에 대한 어느 관점이 가정에 대한 어느 모형인지 아실 겁니다.

이 일을 처음 했을 때(이에 대해서는 곧 자세히 설명하겠습니다), 저는 한 언어학 학술대회에서 강연을 해달라는 요청을 받아 이 새로운 발견에 대해 발표했습니다. 그 자리에는 '기독교연합'의 회원이 두 명 있었는데, 이분들은 저의 좋은 친구이기도 합니다. 둘 다 아주 탁월한 언어학자이고, 인격적으로도 매우 훌륭한 분들입니다. 제가 아주 좋아하는 분들이죠. 발표가 끝나고 열린 파티에서 그분들이 저를 옆으로 부르더니 말했습니다. "음, 이 '엄격한 아버지의 가정' 모형 말입니다. 얼추 비슷하긴 하지만 정확히 맞지는 않아요. 우리가 상세한 부분을 보충하도록 도와드리죠. 하지만 그러려면 제대로 알아야 됩니다. 선생은 돕슨을 읽어보셨나요?"

"누구 말씀이신지?"

"제임스 돕슨(James Dobson) 말입니다."

"네?"

"모른다면 농담이시겠죠. 그가 나오는 라디오 방송만 3천 군

데는 되는데요."

"NPR*에는 안 나오는 것 같던데요. 들어본 적이 없습니다."

"아, 선생은 버클리에 사시니까 그럴 수 있겠죠."

"제가 어디서 볼 수 있을지……혹시 그분이 책을 쓰셨나요?"

"아, 네. 수백만 부는 팔았을걸요. 『과감히 훈육하라(Dare to Discipline)』가 그의 고전이죠."

그 친구들의 말이 맞았습니다. 저는 그분들이 일러준 대로 동네 기독교 서점에 갔는데 과연 그 책이 쫙 깔려 있더군요. 당시 돕슨은 보수 정치에 영향력 있는 인사였고, 1년에 1억~2억 달러 매출을 올리는 1인 기업으로서 그의 칼럼은 미국 전역의 신문에 널리 게재되어 읽히고 있었습니다. 그는 자기 우편번호까지 따로 가지고 있었습니다. 너무 많은 사람들이 그의 책과 팸플릿을 주문하려고 편지를 보냈기 때문이지요. 이 책에서 그는 '엄격한 아버지' 모형을 상세히 설명하고 있었습니다. 그는 엄격한 아버지 모형을 어떻게 잘 활용해서 자녀를 키울지에 대해 사람들에게 효과적으로 가르치는 한편, 엄격한 아버지 가정과 우익 정치와 복음주의 종교와 자유방임 경제와 신보수주의적 외교 정책이 서로 어떻게 연결되는지까지도 이해하고 있었습니다.

'엄격한 아버지' 모형은 다음과 같은 전제를 깔고 시작합니다. '세상은 본래 험한 곳이고, 앞으로도 험할 것이다. 왜냐하면 바

---

* National Public Radio. 미국 국립공영라디오 - 옮긴이

깥세상에는 악이 존재하기 때문이다. 또 세상은 경쟁이 치열하기 때문에 살아가기가 힘들다. 어디에나 승자가 있고 패자가 있으며, 절대 선이 있고 절대 악이 있다. 어린이들은 나쁜 본성을 갖고 태어난다. 옳은 일을 하기보다는 자기 마음에 드는 일만을 하고 싶어한다는 의미에서 그렇다. 따라서 우리는 자녀들을 선한 사람으로 빚어내야 한다.'

이런 세상에서 살아남기 위해서는 강하고 엄격한 아버지가 필요합니다. 아버지는 이런 일을 할 수 있어야 합니다.

- 험한 세상으로부터 가정을 보호한다.
- 살기 힘든 세상에서 가족을 부양한다.
- 자녀들에게 옳고 그름을 제대로 가르친다.

자녀들은 아버지에게 순종해야 합니다. 엄격한 아버지는 옳고 그름을 판단하는 도덕적 권위자이기 때문입니다. 나아가 아이들에게 순종하는 법, 즉 옳고 그름을 가르치는 유일한 방법은 아이들이 그릇된 길로 갈 때 벌을, 그것도 고통스런 벌을 주는 것입니다. 여기에는 매질도 포함됩니다. 몇몇 보수적인 자녀 교육 책의 필자는 아이의 엉덩이를 까고 막대기, 벨트, 나무 방망이 따위로 때릴 것을 권합니다. 어떤 이들은 아이가 태어나서부터 체벌을 시작해야 한다고 주장하는데 그에 비하면 돕슨은 자유주의적인 편입니다. 돕슨은 이렇게 말합니다. "15개월이나 18개월 이하의 어린이를 매질하는 것은 변명의 여지가 없다."*

체벌을 뒷받침하는 논리는 이렇습니다. '아이가 어떤 잘못을 저질렀을 때 체벌로 훈육 받으면 그 일을 다시 저지르지 말라는 교훈을 얻게 된다. 이로써 잘못된 일을 멀리하는 내면적 절제력이 발달하여, 다음에는 더욱 순종적이고 도덕적으로 행동할 수 있게 된다. 이렇게 벌을 주지 않으면 세상은 지옥에 떨어질 것이고, 도덕은 땅에 떨어질 것이다.'

이러한 내면적 절제력은 이차적인 효과를 지니고 있습니다. 험하고 힘든 이 세상에서 성공하기 위해서도 이것이 필요하기 때문입니다. 이 기회의 땅에서는 자기를 절제하고 이익을 추구하면 장차 부유해지고 자립할 수 있습니다. 따라서 엄격한 아버지 모형에서는 도덕과 물질적 번영이 서로 결부되어 있습니다. 자녀를 도덕적으로 바로잡는 바로 그 훈육이 물질적 부를 약속하기도 하는 것이죠. 이 두 가지를 연결하는 것은 바로 개인의 책임과 사익**의 추구입니다. 기회와 개인적 책임, 절제력이 있을 때 사익을 추구하면 물질적으로 부유해질 수 있다는 것입니다.

여기서 돕슨은 엄격한 아버지의 세계관과 자유 시장 자본주의 사이의 연관을 명확히 밝혔습니다. 이 두 가지는 '자기 이익의 도덕성'으로 연결됩니다. 이는 일찍이 애덤 스미스가 자본주의를

---

* Dobson, *The New Dare to Discipline*, p.65

** self-interest. 이 책에서는 문맥에 따라 '사익' 또는 '자기 이익'으로 옮겼다. ─옮긴이

보았던 관점의 보수주의적 변형입니다. 애덤 스미스는 모두가 자기 자신의 이익을 추구한다면 보이지 않는 손에 의해, 즉 자연적으로 모두의 이익이 극대화된다고 말했습니다. "나가서 너의 이익을 좇으라, 그것이 모두를 돕는 길이니."

이는 [평안(well-being)은 부]라고 보는 일반적인 은유와 연관됩니다. 예를 들어 누가 나의 부탁을 들어주었을 때 나는 "당신에게 빚을 졌군요."라고 말합니다. 누군가에게 좋은 일을 하는 것은 은유적으로 그에게 돈을 주는 것과 비슷합니다. 그는 나에게 무언가를 '빚'졌기 때문에 "어떻게 당신의 은혜를 '갚'지요?"라고 말합니다.

이 은유를 애덤 스미스가 말한 자연법에 적용하면 이렇습니다. '만약 모두가 자신의 사적 이익을 추구한다면, 보이지 않는 손에 의해, 다시 말해 자연적으로 모두의 사적 이익이 극대화된다. 따라서 자신의 사적 이익을 추구하는 것이야말로 도덕적인 행동이며, 그렇게 하지 않는 사람들은 그냥 선행을 하는 사람(do-gooder)일 뿐이다. 선행을 하는 사람은 자기 자신보다는 다른 사람들을 도우려고 함으로써, 자기의 이익을 추구하는 사람들을 방해한다. 선행을 하는 사람들은 체계를 엉망으로 만든다.'

이 모형에는 선한 사람(good person)에 대한 정의도 포함되어 있습니다. 선한 사람, 즉 도덕적인 사람이란 훈육을 잘 받아 정당한 권위에 순종하고, 무엇이 옳은지 잘 배우고, 옳은 일을 하고 그른 일은 하지 않으며, 사익을 추구하여 부와 자립을 이룩하는 사람입니다. 선한 아이는 자라서 선한 사람이 됩니다. 나쁜 아이는 훈육을 받지 못하여 도덕적으로 행동하지 못하고, 옳지 못한 일을 저지르며, 따라서 부유해질 수 없습니다. 그리고 자기 자신을 돌보지 못하여 의존적으로 됩니다.

아이가 자라서 어른이 되면 규율을 잘 지켜 부유해지든지 그러지 못하든지 둘 중 하나가 될 것입니다. 이때부터는 엄격한 아버지가 그들의 삶에 개입하지 않습니다.

이를 정치적으로 번역하면 정부가 개입하지 않는다는 의미가 됩니다. 이상의 생각이 사회복지 프로그램의 관점에서 어떤 의미를 띠는지 생각해봅시다. 이 생각에 따르면 사람들에게 자신들이 직접 일해서 벌지 않은 것을 그냥 주는 것은 비도덕적입니다. 그러면 그들은 절제력을 기르지 못해 의존적이고 비도덕적인 사람이 되기 때문입니다. 이 논리에 따르면 사회복지 프로그램은 비도덕적입니다. 왜냐하면 사회복지 프로그램은 사람들을 의존적으로 만들기 때문입니다. 사회복지 프로그램을 활성화하는 것도 비도덕적입니다. 그럼 사회복지 예산에 대해서는 어떻겠습니까? 글쎄요. 만일 여러분이 사회복지 프로그램이 비도덕적이라고 믿고 있는데 사회복지 프로그램이 있어야 한다고 생각하는 진보주의자들이 의회에 너무 많다면, 여러분은 어떻게 이 비도덕적인 인간들을 막겠습니까?

엄격한 아버지 프레임에서는 이것이 매우 단순한 문제입니다. 우리가 해야 할 일은 선한 사람들, 즉 자신들의 충분한 절제력과 도덕적 역량 덕택에 성공한 사람들에게 상을 주는 것입니다. 즉 사회복지 프로그램에 쓸 돈이 모자랄 만큼 그들의 세금을 많이 깎아주는 것이지요. 보수주의 정치운동가인 그로버 노퀴스트(Grover Norquist)의 말을 빌리면 이는 "야수를 굶기는 일"*입니다.

예를 들어 탈세 도피구를 차단하거나 세금을 인상해서 정부 지출을 충당하는 안을 공화당 하원의원들이 거부하여, 2013년 정부 정책 예산을 전면 삭감하는 조치인 '시퀘스터(sequester)'가 발효된 바 있습니다. 다음은 다양한 정부 기관의 예산이 얼마나 깎였는지를 보여주는 일부 사례로, 2013년 2월 20일자 〈워싱턴 포스트〉 기사에 실린 내용입니다.

- 미국 국립보건원: 16억 달러 삭감
- 미국 질병통제예방센터: 약 3억 300만 달러 삭감
- 헤드스타트: 4억 달러 이상이 삭감되어 5만 7000명의 아동이 지원 대상에서 탈락함
- 미국 연방재난관리청(FEMA)의 재해 구조 예산: 9억 2800만 달러 삭감
- 공공 주택 지원: 약 17억 4000만 달러 삭감
- 미국 식품의약국(FDA): 2억 900만 달러 삭감

---

* 감세를 통해 정부 지출을 강제로 제한하려는 보수주의 전략을 말한다. 여기서 '야수(beast)'란 연방 정부와 정부가 지원하는 사회복지 프로그램을 가리킨다. - 옮긴이

- 미국 항공우주국(NASA): 8억 9600만 달러 삭감

- 특수 교육: 8억 2700만 달러 삭감

- 에너지부 핵 안보 프로그램: 9억 300만 달러 삭감

- 국립과학재단: 3억 6100만 달러 삭감

- 국무부 외교 예산: 6억 6500만 달러 삭감

- 국제 보건 프로그램: 4억 1100만 달러 삭감

- 원자력규제위원회: 5300만 달러 삭감

- 증권거래위원회(SEC): 7400만 달러 삭감

- 미국 홀로코스트추모박물관: 300만 달러 삭감

- 국회도서관: 3000만 달러 삭감

- 특허청: 1억 4800만 달러 삭감

보수주의자들은 이를 '낭비성 지출'의 삭감으로 봅니다. 낭비성 지출이란 '나쁜' 사회복지 프로그램에 대한 지출을 말합니다.

보수주의자들은 정부의 모든 부문에 다 적대적일까요? 아닙니다. 그들은 군대에 반대하지 않습니다. 국가안보에 반대하지 않습니다. 감세, 탈세 도피구, 기업 보조금에 반대하지 않습니다. 보수적 대법원에 반대하지 않습니다. 그들이 매우 흡족히 여기는 정부 부문들이 많습니다. 기업 보조금은 선한 사람들, 다시 말해, 그 기업의 투자자들에게 주는 상이기 때문에 훌륭한 것입니다. 여기에는 아무 문제가 없습니다.

하지만 보수주의자들은 보살피고 돌보는 일에는 반대합니

다. 그들은 사람들을 돌보는 사회복지 프로그램, 즉 유아 교육, 빈곤층을 위한 메디케이드*, 최저 임금 인상, 실업 보험에 반대합니다. 바로 이것이 보수주의자들의 시각에서 볼 때 잘못된 일입니다. 그들이 확고한 도덕적 견지에서 없애고자 하는 일입니다. 바로 이런 연유에서, 그들은 많은 자유주의자들이 믿는 것처럼 미치광이 무리가 아니며 탐욕스럽거나 비열하거나 멍청한 사람들도 아닙니다. 더더욱 무서운 것은 보수주의자들이 원리를 바탕으로, 즉 자신들이 도덕적이라 믿는 것을 바탕으로 행동하고 있다는 사실입니다. 그리고 그들은 전국에 지지자들을 거느리고 있습니다. 엄격한 아버지의 도덕을 가지고 그것을 정치에 적용하려고 하는 사람들은 이것이 나라를 다스리는 옳은 방법이라고 믿고 있습니다.

잠시 짬을 내어 이 논리가 대외 정책에는 어떻게 적용되는지 생각해봅시다. 여러분이 도덕적 권위자라고 가정해봅시다. 도덕적 권위자로서 여러분은 자녀들을 어떻게 다룹니까? 그들이 무엇을 해야 할지 혹은 여러분이 무엇을 해야 되는지를 아이들에게 물어볼까요? 아닙니다. 명령을 내리지요. 아버지가 명령하면 아이들은 따라야 합니다. 말대답은 허용되지 않습니다. 의사소통은 일방적입니다. 이것은 대외 정책에도 마찬가지입니다. 대통령은 외교에 의존하거나 동맹국들에게 도움을 요청하지 않습니다. 대통령은 명령합니다. 만약 여러분이 도덕적 권위자라면 여러분은 무엇

---

* Medicaid. 미국 정부가 보조하는 저소득층 대상 의료보험 — 옮긴이

이 옳은지를 알고 있고, 힘을 지니고 있으면 당연히 그 힘을 사용할 것입니다. 여러분의 도덕적 권위를 스스로 저버린다면 그것은 비도덕적인 행위일 것입니다.

이것을 대외 정책에 적용해보면, 이는 주권을 포기하는 것과도 같습니다. 미국은 세계에서 가장 선하고 가장 힘 있는 나라, 즉 도덕적 권위자이기 때문에, 당연히 자신이 무엇을 해야 하는지를 다른 어느 누구에게도 묻지 않을 것입니다. 미국은 당연히 자신의 군사력을 사용할 것입니다.

이러한 믿음은 대외 정책에서 오랫동안 작동해온 일련의 은유와 일맥상통합니다. 국제관계에 대한 대학원 수업에서 배우는 통상적인 은유가 있습니다. 이것을 '합리적인 행위자' 은유라고 합니다. 이는 고전적인 '현실주의' 국제관계 이론의 토대로서, 그 속에 하나의 은유를 더 내포하고 있습니다. 그것은 [(모든) 국가는 사람]이라는 은유입니다. 그래서 '깡패 국가'나 '우방 국가'가 있고, '국가 이익'도 있는 것입니다.

이런 세계관에서 당신이 사익에 따라 행동한다는 것은 어떤 의미일까요? 가장 기본적인 의미에서 이것은 자신이 건강하고 강해지는 데 유익한 방식으로 행동한다는 것입니다. 마찬가지로 [국가는 사람] 은유에 따르면 국가가 경제적으로 건강하여 GDP가 높고, 군사적으로 강하다는 것은 좋은 일입니다. 이때 국가 안의 모든 개개인이 건강할 필요는 없지만 기업은 그래야 하며, 국가 전체는 많은 돈을 보유해야 합니다. 그래요. 바로 이겁니다.

문제는 어떻게 자기 이익을 극대화하느냐입니다. 이 사익의 극대화가 바로 대외 정책의 목적입니다. 모두의 이익을 위해 일하는 것이 아닙니다. 합리적인 행위자의 은유는 모든 행위자와 사람들이 합리적이며, 자기 이익에 반하여 행동하는 것은 비합리적이라고 가정합니다. 따라서 모든 사람이 사익을 극대화하기 위해 행동하는 것이 합리적입니다. 그리고 나아가 [국가는 사람] 은유('우방 국가', '깡패 국가', '적대 국가' 등의)에 따르면 '어른 국가'와 '아동 국가'도 있습니다. 국가가 어른이 되기 위한 조건은 바로 산업화를 거치는 것입니다. 아동 국가는 '개발도상국가' 또는 '저개발국가'라고 부릅니다. 이 관점에서 보면 이들은 뒤처진 국가들입니다. 그러면 우리는 어떻게 해야 할까요? 여러분이 엄격한 아버지라면, 자녀들에게 성장하는 법을 가르치고, 따라야 할 규칙을 알려주며, 자녀들이 잘못할 때는 벌을 줄 것입니다. 이것이 말하자면 국제통화기금(IMF)의 정책이 작동하는 방식입니다.

그러면 국제연합(UN)은 무엇일까요? 유엔을 구성하는 국가는 대부분 개발도상국이나 저개발국들입니다. 이는 그들이 은유적으로 어린아이임을 의미합니다. 그럼 이제 앞에서 언급한 조지 W. 부시의 국정연설로 되돌아가봅시다. 미국이 유엔에게 자문하여 이라크 침공 허락을 받아야 합니까? 어른은 '부모 동의서'를 부탁할 필요가 없습니다! 부모 동의서라는 구절은 화장실에 가려고 해도 부모 동의서가 필요했던 초등학교나 중고등학교 시절로 우리를 되돌려놓습니다. 우리가 선생이나 교장이라면, 힘을 가진 사람, 즉 도덕적 권위자라면 부모 동의서는 필요치 않습니다. 반대로 다른 이들이 나한테 부모 동의서를 받아야 하겠지요. 이것이 바로 부시의 국정연설에서 부모 동의서라는 구절이 띠고 있는 의미입니다. 연설을 들은 사람들 중 보수주의자들은 그 의미를 바로 파악했습니다.

부모 동의서라는 두 단어는 강력한 힘을 발휘했습니다. 부시가 한 일은 다른 국가들에게 어른 대 아동의 은유를 환기시킨 것입니다. 그는 '우린 책임자인 어른이야!'라고 선언했습니다. 그는 엄격한 아버지의 세계관을 작동했고, 그것은 따로 설명할 필요도 없이 자동적으로 환기됩니다. 이것은 보수주의자들이 정기적으로 하는 일입니다.

끝으로 도덕적 위계에 대한 보수주의의 관점이 있습니다. 앞에서 보았듯이, 부자들과 자기 앞가림을 할 수 있는 사람들은 가난하거나 도움이 필요한 사람들보다 더 도덕적이라고 여겨집니다. 그러나 더 넓은 범위의 도덕적 우위가 보수주의 사고의 중심입니다. 그 기본적인 생각은 더 도덕적인 자가 지배해야 한다는 것입니다. 그럼 누가 더 도덕적인지 어떻게 알 수 있을까요? 그야 질서가 잘 잡힌 (하나님의 질서에 따르는) 세계에서는 도덕적인 자가 우위를 차지합니다. 그 위계는 이러합니다. 자연 위에 인간, 인간 위에 하나님이 있고요, 아이 위에 어른, 비서구 문화 위에 서구 문화, 다른 나라들 위에 미국이 있습니다. 이는 보수의 보편적 가치입니다. 하지만 위계를 여기서 더 확대하면, 그보다 더 억압적인 급진적 보수주의자들의 관점도 설명할 수 있습니다. 그들의 관점에 따르면 여자 위에 남자, 비기독교 위에 기독교, 비백인 위에 백인, 동성애자 위에 이성애자가 있는 것이지요.

그래서 남부의 몇몇 주에서는 교사가 말 안 듣는 아이들을 회초리로 매질할 수 있습니다. 낙태를 하려는 여자들에게 수치스러운 검사를 받게 하고, 이 사실을 남편과 아버지에게 통보합니다. 아프리카계 미국인들과 중남미계 미국인들의 투표권을 박탈합니다. 보수적 의회에서는 게이 결혼을 금지하는 법안을 통과시킵니다. 요컨대 도덕적 위계는 암묵적으로 문화 전쟁의 일부입니다.

이제, 그렇다면 진보주의자들은 어떻게 도덕성을 이해하고 있으며 그들의 도덕 체계는 무엇인지에 대해 이야기해보겠습니다. 이 또한 가정 모형에서 나왔는데, 저는 이것을 '자상한 부모' 모형이라고 부르겠습니다. '엄격한 아버지' 세계관은 아버지가 가정의 우두머리라는 믿음에 따라 붙은 이름인 반면, '자상한 부모' 세계관은 성별 중립적입니다.

부모, 즉 아버지와 어머니는 자녀를 키우는 데 동등한 책임을 집니다. 모든 어린이는 본성이 선하며 더욱 선해질 수 있다는 것이 자상한 부모 모형의 가정입니다. 세상 또한 더 나은 곳으로 바뀔 수 있으며, 또 바꾸어야 합니다. 부모가 할 일은 자녀를 자상하게 보살피고 그 자녀들이 다시 다른 사람들을 보살피는 사람이 될 수 있도록 키우는 것입니다.

자상한 보살핌이란 무엇을 의미할까요? 그것은 세 가지 뜻을 품고 있습니다. 첫째는 감정이입, 둘째는 자신과 타인에 대한 책임, 셋째는 자신뿐만 아니라 자기 가정, 공동체, 국가, 세계를 위한 헌신입니다. 아이를 키운다면 아이의 울음소리만 듣고도 무엇을 원하는지 알아차려야 합니다. 아이가 언제 배고픈지, 언제 기저귀를 갈아줘야 하는지, 언제 악몽을 꾸는지 알아야 합니다. 그리고 부모에게는 아이를 돌보아야 할 책임이 있습니다. 자기 자신을 돌보지 않으면 다른 사람도 돌볼 수 없기 때문에, 아이를 돌보기 위해서는 자기 자신 또한 돌보아야 합니다.

이 모두는 쉬운 일이 아닙니다. 아이를 키워본 사람은 이것이 힘든 일임을 잘 압니다. 따라서 부모는 강해져야 하며, 열심히 노력해야 합니다. 또 경쟁력을 갖춰야 하고 많이 알아야 합니다.

그 외의 다른 모든 가치는 감정이입, 나 자신과 타인에 대한 책임, 모두를 위해 최선을 다하는 헌신이라는 가치에 자동으로 딸려옵니다. 이 점을 생각해봅시다.

첫째, 부모가 자녀의 상태와 감정에 이입한다면 그들은 당연히 자녀를 보호할 것입니다. 이는 여러 가지 방식으로 정치에 적용됩니다. 우리는 자녀들을 무엇으로부터 보호해야 할까요? 범죄나 마약은 물론이고, 안전벨트를 매지 않은 차, 담배, 유해한 음식 첨가물로부터도 보호해야 합니다.

따라서 진보 정치는 환경 보호, 노동자 보호, 소비자 보호, 질병으로부터의 보호에 중점을 둡니다. 진보주의자들은 정부가 시민을 이러한 위협으로부터 보호해주길 바랍니다. 또 테러 공격도 있습니다. 하지만 자유주의자와 진보주의자들은 테러 공격을 보호의 관점에서 언급하는 데 익숙지 않습니다. 보호는 진보주의 도덕 체계의 일부이지만 아직 충분히 자세한 설명이 이루어지지 못했습니다. 9·11 직후 진보주의자들은 할 말이 별로 많지 않았는데, 이는 안타까운 일입니다. 왜냐하면 자상한 부모와 진보주의자들은 보호에 대해서 진심으로 염려하기 때문입니다. 보호는 중요합니다. 이것은 우리 도덕 체계의 일부입니다.

둘째, 부모가 자녀의 감정에 이입한다면 자녀가 충만한 삶을 누리고 행복한 사람이 되길 바랄 것입니다. 만일 내가 불행하고 스스로 충족감을 느끼지 못한다면, 다른 사람들이 나보다 더 행복해지기를 원치 않을 것입니다. 이것은 달라이 라마의 가르침입니다. 그러므로 우선 스스로 행복하고 충만한 사람이 되는 것이 부모의, 곧 여러분의 도덕적 책임입니다! 나아가 자녀들을 다른 사람의 행복과 충만을 바라는 행복하고 충만한 사람으로 가르칠 도덕적 책임이 있습니다. 이것은 자상하게 보살피는 가정생활의 핵심적인 일부이며, 타인을 배려하기 위한 기본적인 전제 조건입니다.

그 밖에도 자상한 보살핌의 가치들이 있습니다.

- 부모라면 누구나 아이가 충만한 삶을 누리길 바랍니다. 이것을 실현하기 위해서는 아이가 스스로 충족을 구하고 찾을 수 있을 만큼 충분히 자유로워야 합니다. 따라서 자유는 하나의 가치입니다.
- 기회나 번영이 없다면 많은 자유는 누릴 수 없습니다. 따라서 기

회와 번영 또한 진보주의의 가치입니다.

- 정말로 아이를 배려한다면, 부모를 비롯한 다른 사람들은 아이를 공정하게 다루어야 합니다. 따라서 공정은 하나의 가치입니다.
- 자녀와 유대를 맺고 자녀에게 감정이입 하려면 열린 쌍방향 의사소통이 필요합니다. 정직하고 열린 의사소통, 그것은 하나의 가치입니다.
- 사람은 공동체에서 살며 그 공동체는 자라나는 아이에게 영향을 끼칩니다. 따라서 공동체 건설, 공동체에 대한 봉사, 공동체 내의 협력이 가치가 됩니다.
- 협력하려면 신뢰가 있어야 하며, 신뢰하려면 정직해야 하고 열린 쌍방향 의사소통을 실천해야 합니다. 신뢰, 정직, 열린 의사소통은, 가정에서 그렇듯 공동체 내에서도 진보의 근본적인 가치입니다.

이것들은 자상한 보살핌의 가치이며, 곧 진보주의의 가치입니다. 진보주의자로서 여러분은 이러한 가치를 지니고 있습니다. 그리고 스스로가 이런 가치들을 지니고 있음을 알고 있고, 이것들을 알아볼 수 있습니다.

모든 진보적인 정책은 이 중에서 적어도 한 가지 이상의 가치를 품고 있습니다. 이것이 바로 진보주의자가 된다는 것의 의미입니다.

진보주의에도 몇 가지의 유형이 존재합니다. 몇 가지 유형일까요? 저는 사회학자나 정치학자로서가 아니라 인지과학자로서

묻고 있습니다. 사고방식을 관찰하는 인지과학자의 관점에서 보면, 진보주의는 상이한 사고 양식을 지닌 여섯 가지 기본 유형으로 나뉩니다. 이들은 모든 진보주의적 가치관을 공유하고 있지만, 몇 가지 차이점이 존재합니다.

- 사회경제적 진보주의는 모든 것이 화폐와 계급의 문제이며, 모든 문제를 궁극적으로 경제적이고 사회계급적인 방식으로 해결해야 한다고 생각합니다.
- 정체성 정치(identity politics) 진보주의는 이제 억압받는 집단이 자신의 정당한 몫을 받을 때라고 주장합니다.
- 환경주의자는 지구의 지속 가능성과 신성함, 원주민 보호라는 관점에서 생각합니다. 이들은 지구 온난화가 다른 모든 쟁점들을 초월하는 우리 시대의 주요한 윤리적 도전임을 인식합니다.
- 시민 자유 진보주의는 자유에 대한 위협에 대항하여 자유를 지키고자 합니다.
- 영적 진보주의는 자상하게 보살피는 형태의 종교나 영성을 지니고 있습니다. 그들에게 영적 경험은 타인 및 세계와 맺는 관계이고, 영적 실천은 타인과 공동체에 대한 봉사입니다. 영적 진보주의는 가톨릭에서부터 개신교, 유대교, 이슬람교, 불교, 여신 숭배, 이교적 주술 숭배에 이르기까지 폭넓게 분포하고 있습니다.
- 반권위주의는 세상에는 기업을 비롯한 온갖 형태의 정당하지 못한 권위들이 있으며 그들에 대항하여 싸워야 한다고 주장합니다.

이 여섯 가지 유형은 모두 '자상한 부모' 도덕의 예를 보여줍니다. 문제는 이 중 한 가지 유형의 생각을 지닌 많은 사람들이, 자신의 생각이 좀 더 보편적인 이념의 한 가지 특수한 형태에 불과하며 이 모든 유형의 진보주의가 하나로 수렴됨을 깨닫지 못하고 있다는 것입니다. 그들은 자신의 생각이 진정한 진보주의자가 되는 유일한 길이라고 믿고 있습니다. 이것은 슬픈 일입니다. 진보주의적 가치를 공유하는 사람들을 하나로 모으기가 힘들어지기 때문입니다. 우리는 이러한 해로운 편견을 넘어서야 합니다. 보수주의자들은 그렇게 했습니다. 티파티가 등장할 때까지는 말이죠.

1950년대까지만 해도 재정보수주의자들은 사회보수주의자들을 싫어했습니다. 경제적 보수주의자들은 사회적 보수주의자를 싫어했습니다. 자유의지론자들은 사회보수주의자 또는 종교적 보수주의자들과 좋은 관계가 아니었고, 또 사회보수주의자들은 종교적 보수주의자들과 달랐지요. 그런데 일단의 보수주의 지도자들이 윌리엄 F. 버클리 주니어* 같은 인사들을 중심으로 모였습니다. 그들은 서로 다른 보수 집단들이 어떤 공통점을 지니고 있으며 보편적 보수의 대의 증진을 위해 서로의 견해 차이를 인정하고 협조할 수 있을지 묻기 시작했습니다. 그들은 수십억 달러를 투자하여 잡지를 창간하고 두뇌집단을 만들기 시작했습니다. 그들이

---

* William F. Buckley Jr. 미국 최대의 보수주의 시사 주간지인 『내셔널 리뷰(National Review)』의 창간인 - 옮긴이

맨 처음으로 한 일은, 다시 말해 그들이 거둔 첫 번째 승리는, 1964
년 극단적인 강경파인 배리 골드워터(Barry Goldwater)가 공화당 후
보로 지명된 일이었지요. 그는 떨어졌지만, 그 후 그들은 전열을
재정비하고 조직에 더욱 많은 돈을 쏟아부었습니다.

베트남 전쟁 중에 그들은 미국의 대다수 똑똑한 젊은이들이
보수주의자가 되지 않는다는 사실을 깨달았습니다. '보수주의자'
는 더러운 단어였습니다. 그래서 1970년에 당시 미 상공회의소 회
장이던 루이스 파월(Lewis Powell)은 닉슨에 의해 대법원 판사로 임
명되기 불과 두 달 전에 '파월 메모'라고 알려진 메모를 남겼습니
다. 이 메모는 훗날 보수주의의 운명을 결정한 문서가 되었습니
다. 그는 나라의 가장 우수하고 똑똑한 청년들이 반(反)기업적으로
기울어지지 않도록 보수주의자들이 나서야 한다고 썼습니다. 파
월은 대학 안팎에 연구소를 세울 것을 제안했습니다. 그렇게 해서
연구하고 책을 쓰고 이 젊은이들을 올바른 방식으로 사고하도록
가르치는 교수직을 제공해야 한다는 것이었습니다.

파월이 대법원으로 간 뒤에 이러한 생각은 당시 닉슨 정부
하에서 재무장관을 지내고 있던 윌리엄 사이먼(William E. Simon)이
이어받았습니다. 그는 쿠어스(Coors), 스케이프(Scaife), 올린(Olin)
등의 몇몇 재벌들을 설득하여 헤리티지 재단, 올린 기금 교수직
(Olin professorship), 하버드 올린 연구소 등을 신설했습니다. 이 연
구소들은 아주 큰 역할을 했습니다. 우선 여기에 연관된 사람들은
쟁점 전반에 대하여 좌파들보다 훨씬 많은 책을 써냈습니다. 보수

주의자들은 자신들을 대변하는 지식인을 지원하고 있습니다. 또 그들은 자신들을 미디어에 노출할 기회를 많이 만들어냅니다. 텔레비전에 쉽게 출연하기 위해 연구소 아래층 홀에 스튜디오를 차릴 정도입니다.

이 기간에 우익이 연구에 쏟아부은 돈을 같은 기간 동안 미디어 노출 시간과 비교해보면, 우리는 그 직접적인 상관관계를 확인할 수 있습니다. 현재는 코크 형제*들이 우익 캠페인에 돈을 쏟아붓고 있습니다.

이것은 우연이 아닙니다. 보수주의자들은 자신들의 두뇌집단을 통해 프레임의 중요성을 깨달았고, 모든 쟁점을 프레임으로 구성하는 방법을 터득했습니다. 그들은 어떻게 이러한 프레임을 만들 것이며 어떻게 자기편 사람들을 항상 미디어에 노출시킬 수 있을지를 생각해냈습니다. 그들은 교육기관을 설립했습니다. 버지니아의 '리더십연구소'에서는 1년에 수만 명의 보수주의자들을 훈련시키며 미국 전역과 해외 15개국에서 지속적 프로그램을 운영하고 있습니다. 이렇게 훈련 받은 보수주의의 대변자들은 보수의 전략적 메시지를 정기적으로 전달받으며, 출연 알선 회사를 통해 TV, 라디오, 기타 지역 매체들과 출연 계약을 맺고 있습니다.

보수 세력은 자기편을 하나로 묶는 방법을 터득했습니다. 매주 수요일 그로버 노퀴스트는 우익의 각계 지도자 80여 명과 함께

---

* 석유 기업 코크인더스트리의 대주주인 찰스 코크와 데이비드 코크 – 옮긴이

집단 회의를 합니다. 그들은 그 자리에 초대되어 서로 논쟁을 벌입니다. 그들은 서로의 차이점을 이해하고, 서로의 견해 차를 인정하고, 의견이 일치하지 않을 때는 서로 거래를 합니다. 예를 들면 '이번 주에 이 쟁점에서는 당신에게 양보하지만, 다음 주에 다른 쟁점에서는 내가 이긴다'는 식이지요. 이렇게 해서 모두가 자신이 원하는 바를 관철하지는 못하더라도, 오랜 논쟁 끝에 각자가 원하는 바를 상당 부분 얻을 수 있게 됩니다. 이 모임은 20년째 계속되고 있습니다. 최근 몇 년간 노퀴스트의 수요 아침 모임은 48개 주로 확대되었습니다. 미국 입법교류협회*를 통해 보수주의가 주 단위로 확산되면서, 보수주의자들은 주 의회를 장악하고 선거구를 유리하게 변경하고, 얼마 안 되는 전국 득표수로 연방 하원까지 장악할 수 있었습니다.

2008년 오바마가 완승을 거둔 뒤 급진 보수 성향의 티파티 운동이 분리되어 나오기 전까지 보수주의 운동은 통일되어 있었습니다.

진보 세력은 이를 따라잡지 못했습니다. 더욱이 자유주의자와 진보주의자들이 어떤 신화를 믿고 있기 때문에 상황은 더욱 나빠졌습니다. 이 신화는 훌륭한 철학에서 유래했지만 결과적으로 우리에게 큰 해를 끼치고 있습니다. 계몽주의와 함께 탄생한 이

---

* American Legislative Exchange Council, ALEC. 정재계에서 자금을 지원하는 보수 성향의 주 정부 정책 관련 민간기구로 입법에 영향을 미치는 유력한 로비단체 – 옮긴이

신화들 중 첫 번째 것은 다음과 같습니다. "진리가 우리를 자유롭게 할 것이다. 사람은 기본적으로 합리적인 존재이므로, 우리가 사람들에게 진실을 알려주기만 하면 그들은 옳은 결론에 도달할 것이다."

그러나 우리는 인지과학을 통해 사람들이 그런 식으로 생각하지 않음을 알고 있습니다. 사람들은 프레임을 통해 생각합니다. '엄격한 아버지'와 '자상한 부모'의 프레임은 각각 특정한 논리를 강제합니다. 진실이 사람들에게 받아들여지려면, 그것은 사람들이 가지고 있는 기존의 프레임에 부합해야 합니다. 만약 진실이 프레임과 맞지 않으면, 프레임은 남고 진실은 튕겨 나갑니다. 왜 그럴까요?

신경과학에 의하면 우리가 가지고 있는 모든 개념들, 우리의 사고 구조를 이루는 장기적인 개념들은 우리 뇌의 시냅스에 구체화되어 있습니다. 개념들은 누가 사실을 알려준다고 해서 바뀔 수 있는 것이 아닙니다. 우리는 사실을 접할 수 있지만, 우리에게 그 사실이 의미를 지니려면 우리 뇌의 시냅스에 이미 들어있는 것과 맞아야 합니다. 그렇지 않으면 사실은 우리 머릿속으로 들어왔다가 그대로 밖으로 나갑니다. 그것은 우리 귀에 아예 들어오지 않고 사실로 받아들여지지도 않습니다. 아니면 우리는 상대방의 말을 이해하지 못하고 어리둥절해집니다. 그러고는 그것이 비합리적이거나 미쳤거나 어리석은 것이라고 딱지를 붙여버립니다. 진보주의자들이 단순히 '보수주의자들에게 진실을 들이댔을 때,' 바로 이런 일이 벌어집니다. 보수주의자들이 그 사실을 의미 있는 것으로 받아들일 프레임을 지니고 있지 않는 한, 이런 방법은 효과가 전혀 없거나 거의 없습니다.

마찬가지로, 많은 진보주의자들은 보수주의자의 프레임을 가지고 있지 않았기 때문에 그들의 말과 행동을 이해하지 못합니다. 우리는 그냥 보수주의자들을 어리석다고 생각해버립니다.

그들은 어리석지 않습니다. 그들은 똑똑하기 때문에 이기고 있는 것입니다. 그들은 사람들이 어떻게 생각하고 어떻게 말하는지 이해하고 있습니다. 그들은 생각합니다! 이것이 바로 두뇌집단이 하는 일입니다. 그들은 지식인들을 지원하고, 많은 책을 쓰고, 자기들의 생각을 대중에게 전파합니다.

분명히 보수주의자들이 거짓말하는 경우가 있습니다. 그것은 사실입니다. 물론 보수주의자들만 거짓말을 한다는 건 사실이 아니지만, 부시 행정부가 중대한 거짓말들을, 심지어 매일같이 했다는 것은 사실입니다.

그러나 진보주의자들이 분통을 터뜨리는 어떤 생각들을 보수주의자들은 자신들의 관점에서 제시된 진실이라고 받아들인다는 사실을 깨닫는 것도 똑같이 중요합니다. 우리는 그들이 진실로서 제시하는 것을 순전한 왜곡이나 거짓말과 구별해야 합니다.

나가서 모두에게 보수주의자들의 거짓말을 폭로하는 것이 과연 유용할까요? 물론 그들이 거짓말을 한다는 사실을 우리가 아는 것은 확실히 쓸모없는 일도 해로운 일도 아닙니다. 그러나 진실만 가지고는 우리가 자유로워질 수 없다는 걸 기억하세요. 지구 온난화에 대한 과학적 사실을 전국에서 날이면 날마다 방송, 재방송하고 있지만, 이는 보수주의자들의 무관심한 뇌에서 그냥 흘러나가버립니다. 그들의 뇌에는 그 사실과 맞지 않는 프레임이 들어있기 때문입니다.

계몽주의로부터 유래한 신화가 또 하나 있습니다. 그것은 "자기 이익에 반하여 행동하는 것은 비합리적이다. 따라서 합리적이고 정상적인 사람이라면 자기 이익에 기초하여 사고한다."는 것입니다. 현대 경제학 이론과 외교 정책은 이러한 가정에 기초하여 세워졌습니다.

이 신화는 인지과학자인 대니얼 카너먼(Daniel Kahneman, 그는 이 이론으로 노벨 경제학상을 받기도 했습니다)과 에이머스 트버스키(Amos Tversky)의 도전을 받았습니다. 그들은 현실에서 사람들이 그런 방식으로 사고하지 않는다는 것을 보여주었습니다. 그럼에도 주류 경제학은 여전히 사람들이 본성상 언제나 사익이라는 관점에서 사고한다는 가정에 근거합니다.

이렇게 합리주의적인 관점은 민주당의 정치에 매우 중요한 방식으로 침투했습니다. 그것은 유권자들이 자기 이익에 따라 투표한다는 가정입니다. 민주당원들은 유권자들이 자기 이익에 반하여 투표하는 데 대해 충격을 받거나 당혹해 합니다. 그들은 저에게, "어떻게 가난한 사람이, 공화당의 정책이 자기에게 그렇게 큰 해를 끼치는데도 공화당에 투표할 수 있는 거지요?" 하고 묻곤

합니다. 이런 일에 직면했을 때 민주당원들은, 민주당에 투표하는 것이 가난한 사람들의 이익에 부합한다는 사실을 보수주의적 빈곤층에게 거듭해서 설명하려고 합니다. 이것이 나쁜 전략이라는 증거가 널려 있음에도 민주당원들은 계속 헛고생을 하고 있습니다.

2012년 대선에서 민주당은 미트 롬니(Mitt Romney)의 정책이 부자들에게만 도움이 된다고 주장했습니다. 그러나 가난한 보수주의자들 대다수는 여전히 자기 이익에 반하여 공화당에 투표했습니다. 롬니가 빈곤층 전체에 대해 별로 좋지 않은 말을 해서 구설수에 올랐는데도* 말입니다.

인구의 3분의 1은 자기가 상위 1퍼센트에 속하거나 장차 속하게 되리라고 믿으며, 이러한 이유로 미래에 희망하는 자기 이익에 근거하여 투표한다는 주장도 있습니다. 하지만 앞으로 초부유층이 될 가망이 없는데도 공화당을 지지하는 나머지 3분의 2는 어떻게 설명해야 할까요? 그들은 분명히 자기 이익, 또는 미래의 기대 이익에 반하여 투표하고 있습니다.

사람들이 반드시 자기 이익에 따라 투표하지는 않습니다. 그들은 자신의 정체성에 따라 투표합니다. 그들은 자신의 가치에 따라 투표합니다. 그들은 자기가 동일시하고픈 대상에게 투표합니다. 물론 그들은 자기 이익과 자신을 동일시할 수도 있을 것입니다.

---

* 2012년 2월 1일 당시 공화당 대선 후보였던 미트 롬니는 CNN과의 인터뷰에서 "극빈층에 관심 없다. 미국은 빈곤층 문제를 담당하는 사회안전망이 있다."라고 말했다. ─옮긴이

충분히 그럴 수 있습니다. 사람들이 자기 이익에 전혀 관심이 없다는 말이 아니라 자기의 정체성에 투표한다는 말입니다. 그래서 자기의 정체성이 자기 이익과 일치한다면 당연히 그쪽으로 투표할 것입니다. 이 점을 이해하는 것이 중요합니다. 사람들이 언제나 단순히 자기 이익에 따라서 투표한다는 가정은 심각한 오해입니다.

계몽주의에서 유래한 두 신화 외에 또 다른 오해는 [선거운동은 상업적 마케팅]이라는 은유입니다. 이 은유에 따르면 후보자들은 상품이고, 쟁점에 대한 후보자의 입장은 상품의 질이나 특성이 됩니다. 이러한 오해는 선거에서 어떤 쟁점을 전면에 내세울지를 여론조사를 통해 결정한다는 결론으로 이어집니다. 자, 여기에 여러 쟁점들의 목록이 있습니다. 이 중 우리 후보의 입장에 대해 가장 높은 지지도를 보여주는 쟁점이 무엇인지 찾습니다. 만약 노인과 소외 계층을 위해 값싼 처방약을 수입하자는 공약이 가장 높은 지지도를 기록했다면, 처방약 쟁점에 대한 공약을 전면에 내세워야 할 것입니다. 사회보장 제도 사수가 높은 지지도를 보인다면, 사회보장 공약을 내세워야 할 것입니다. 또한 시장 세분화 전략도 필요합니다. 지역별로 가장 중요한 쟁점을 발굴하고, 그 지역을 방문했을 때는 그 쟁점에 대해 집중적으로 언급해야 할 것입니다.

그러나 이러한 방법은 생각만큼 잘 통하지 않습니다. 물론 가끔은 유용하기도 하고, 사실 공화당은 그들의 실제 전략에 이 방법을 가미해 사용합니다. 그러나 그들의 진짜 전략, 진짜 성공 요인은 그것이 아닙니다. 보수와 공화당은 이상적 신념을 말하니다. 그들은 그렇게 말합니다. 즉 자기 지지자들의 프레임을 이용하여 그들을 향해 발언합니다. 자유주의와 진보주의의 후보들은 여론조사에 따라, 좀 더 오른쪽으로 이동하여 '중도적'인 입장이 되어야 한다고 판단하는 경향이 있습니다. 반면 보수주의자들은 전혀 왼쪽으로 이동하지 않습니다. 그들은 그러고도 이깁니다!

왜 그럴까요? 인지적인 관점에서 미국의 유권자는 어떤 존재일까요? 추측컨대 이 가운데 35~40퍼센트는 그들의 정치적 견해를 주관하는 '엄격한 아버지' 모형을 지니고 있습니다. 마찬가지로 자신의 정치적 견해를 주관하는 '자상한 부모'의 관점을 가진 사람들의 비중도 35~40퍼센트 정도입니다. 그리고 그 외의 사람들은 '중간층'에 속한다고들 말합니다.

중간층에 해당하는 이데올로기는 없습니다. '중간층'을 정의하는 어떤 도덕 체계나 정치적 입장도 없습니다. 중간층에 있는 사람들은 대개 어떤 쟁점에 대해서는 보수적이고 또 어떤 쟁점에 대해서는 진보적이며 이 두 성향이 다양한 비율로 배합되어 있는 이중개념 소유자들입니다.

제가 가정 모형이 사람들의 정치적 견해를 주관한다고 한 것을 주목하십시오. 우리는 능동적으로든 수동적으로든 두 가지의 모형을 다 가지고 있습니다. 진보주의자들도 존 웨인 영화나 아널드 슈워제네거 영화를 보고 이해할 수 있습니다. 최소한 그 영화가 무슨 얘길 하는 건지 모르지는 않습니다. 그들은 적어도 수동적인 형태로나마 '엄격한 아버지' 모형을 지니고 있기 때문입니다.

반대로 보수주의자라도 〈오프라 윈프리 쇼〉를 보고 이해할 수 있는 것은, 역시 적어도 수동적인 형태로나마 '자상한 부모' 모형을 지니고 있기 때문입니다. 두 가지 세계관이 우리 문화에 널리 퍼져 있기 때문에, 누구나 두 가지의 세계관을 다 가지고 있으며 어느 한 세계관에만 전적으로 기대어 살지는 않습니다.

그렇다면 여러분은 이 중 어느 쪽의 가정 모형에 더 의존하여 살아갑니까? 사실, 이 질문도 충분히 구체적이지는 않습니다. 삶에는 다양한 측면이 있고, 많은 사람들이 삶의 어떤 측면에서는 특정한 가정 모형에 기대다가도 또 다른 측면에서는 또 다른 모형에 의존하기 때문입니다. 제 동료 교수 한 명은 자상한 부모님 밑에서 자랐고 정치적으로도 자유주의자인데, 수업 시간에는 '엄격한 아버지'로 돌변합니다. 레이건은 노조 정치에서는 '자상한 부모'를 요구하는 블루칼라 노동자들이 집안에서는 '엄격한 아버지'일 때가 많다는 사실을 알고 있었습니다. 그는 가정과 가족에 근거한 정치적 은유를 이용하여, 그들의 '엄격한 아버지'식 사고방식을 정치적 영역으로까지 확장했습니다.

이 점을 이해하는 일은 매우 중요합니다. 우리의 목적은 '중간층'에 속해 있는 사람들에게 '우리의' 모형을 활성화하는 것입니다. 중간에 있는 사람들은 두 가지 모형을 모두 다 지니고 살면서 두 가지를 서로 다른 경우에 사용합니다. 우리가 해야 할 일은 그들이 우리의 모형을 사용하도록, 즉 정치적 의사결정에서 우리의 세계관과 도덕 체계를 활성화하도록 하는 것입니다. 그러려면 우리의 세계관에 근거한 프레임을 사용하여 말하면 됩니다.

그러나 그러는 과정에서, 여러분은 지금까지 반대편의 세계관을 택했던 사람들의 마음을 불편하게 만들고 싶지 않을 것입니다. 그들 또한 삶의 여러 국면에서 두 모형을 다 사용하기 때문에, 정치에서 반대편 모형을 활성화하도록 그들을 설득할 여지가 여전히 있습니다.

클린턴은 이 문제를 어떻게 다뤄야 할지 터득했습니다. 그는 상대편의 언어를 훔쳐 왔습니다. 예를 들어 그는 '복지 개혁'에 대해 말하면서 "큰 정부의 시대는 갔다."고 말했습니다. 그는 자기가 하고자 하는 바를 다 하되, 상대편의 언어를 사용해 자신의 소망을 기술했습니다. 이는 보수주의자들을 격분시켰습니다.

그러나 암거위에게 좋은 것은 수거위에게도 마찬가지로 좋은 법입니다. 아니나 다를까, 조지 W. 부시가 등장하면서 '온정적 보수주의'*가 출현했습니다. '깨끗한 하늘 사업 계획'**, '건강한

---

* compassionate conservatism. 기독교 복음주의와 전통적 보수주의의 이념을 결합하여 이를 빈곤층과 소수자의 복지 향상에 적용할 것을 주장하는 정치 철학을 말한다. 이는 2000년 조지 W. 부시가 내건 대선 슬로건이기도 하다. – 옮긴이

** Clear Skies Initiative. 1963년에 제정된 '대기정화법(Clean Air Act)'을 수정하여 2002년 조지 W. 부시 대통령이 발표한 사업 계획으로 2003년 '깨끗한 하늘 법안(Clear Skies Act)'의 모태가 되었다. 이 계획은 '기존의 혼란스러운 지휘 통제식 규제에서 탈피하여' 발전소에서 배출되는 3대 오염물질(이산화황, 질소산화물, 수은)에 대한 배출 상한 및 배출권 거래 제도를 확대함으로써 2018년까지 오염 물질을 약 70퍼센트 삭감한다는 목표를 내걸었다. 하지만 환경 단체들은 이 법이 기존의 대기정화법보다 대폭 후퇴한 것이라고 비판했다. 기존 법안에 규정된 것보다 배출 상한을 오히려 더 완화하거나 그 적용을 연기했으며 이산화탄소가 법제화에 포함되지 않았기 때문이다. – 옮긴이

숲'*, '낙오 학생 방지'** 같은 표현이 등장했습니다. 실제로 이 정책들은 '엄격한 아버지' 정책이지만, 그 표현에서는 '자상한 부모'의 가치를 지니고 있는 사람들을 달래기 위한 언어를 사용하고 있습니다. 이는 보수를 꺼림칙하게 여기는 중간층 사람들의 호감을 얻기도 합니다. 이렇게 조지 오웰의 소설 속에 등장할 법한 언어, 그것이 실제로 의미하는 바와 반대되는 언어를 사용함으로써 중간층 사람들을 달래는 동시에 지지층을 불리는 효과를 내는 것은 보수주의 전략의 일부입니다.

자유주의자와 진보주의자들은 이러한 전략에 대해 자충수로 대응하곤 합니다. 그들의 일반적인 반응은 이렇습니다. "저 보수주의자들은 나쁜 사람들입니다. 조지 오웰식 언어를 사용하고 있어요. 자신들이 의도하는 것의 정반대를 말하고 있다고요. 저들은 사기꾼입니다. 나쁜 놈들이에요, 나쁜 놈들."

모두 맞는 말입니다. 그러나 우리는 보수주의자들이 그럴 수밖에 없을 때, 즉 그들이 약할 때나 자기들이 의도하는 바를 정확히 밝힐 수 없을 때에만 오웰식 언어를 쓴다는 사실을 깨달아야

---

* Healthy Forests. 부시 행정부 초기에 제안된 건강한 숲 사업 계획(Healthy Forests Initiative)은 2003년 '건강한 숲 복원법(Healthy Forests Restoration Act)'으로 법제화되었다. 이 법안은 산불 위험 요인을 제거한다는 구실로 국유림 내에서의 벌목 규제를 대폭 완화하여 환경 단체들의 비판을 받았다. - 옮긴이

** No Child Left Behind. 1965년 제정된 초·중등 교육법을 수정하여 부시 행정부에서 2002년 통과시킨 법안의 이름이다. 일반 교육 과정에서 낙오하는 학생이 없도록 한다는 취지로 매년 성취도 평가를 실시하여, 각 주에서 정한 성취 기준을 만족시키지 못한 학교와 교사, 학생은 제재를 받도록 했다. - 옮긴이

합니다. 그들이 '더러운 대기 법안', '숲 파괴 법안', '공교육 파괴 법안' 따위를 들고 나왔다고 상상해보세요. 그랬다면 그들은 당연히 패배했을 것입니다. 그들은 자기들이 정말로 하고자 하는 것을 사람들이 지지하지 않는다는 사실을 알고 있습니다.

오웰식 언어는 약점, 즉 오웰식의 약점을 가리킵니다. 만약 여러분이 오웰식 단어를 듣게 되면 그 말이 어디에 쓰였는지 주목하세요. 그것은 보수주의자의 어디가 취약한지를 알려주는 지침이니까요. 그들은 이러한 언어를 아무데서나 쓰지 않습니다. 이것에 주목하는 것, 그리고 그들의 약점을 우리의 이점으로 활용하는 것이 중요합니다.

아주 좋은 예는 환경과 관련이 있습니다. 프랭크 룬츠(Frank Luntz)는 우익의 언어 전략가입니다. 그는 보수주의자들만을 위한 언어 사용 지침을 설명한 책들을 집필했습니다. 이 책은 모든 보수 후보, 변호사, 판사, 기타 대중 앞 연사들을 위한 교육 매뉴얼로 쓰이고 있습니다. 심지어 보수주의 저명인사가 되고 싶어하는 고등학생들도 그 책을 읽습니다. 이런 책에서 룬츠는 보수에 유리한 쪽으로 언어를 사용하는 법을 알려주고 있습니다.

'지구 온난화'라는 말을 쓰지 말라고 보수주의자들을 설득한 장본인도 룬츠였습니다. 이 말이 지나치게 무섭게 들리는 데다 인간이 여기에 일정한 역할을 한다는 암시를 품고 있기 때문이라는 거죠. 대신에 그는 '기후 변화'라는 말을 우리의 공적 담론에 끌어들였습니다. '기후'라는 말은 기분 좋게 들리고(야자나무를 떠올려보

세요), 변화는 인간의 개입 없이도 저절로 일어날 수 있는 일이니까요. 과학적 합의가 보수 세력에 불리한 방향으로 이루어지고 있던 2003년 무렵, 룬츠는 오웰식 단어들을 제안했습니다. 그는 심지어 화력발전소나 핵발전소에 대해 이야기할 때도 건강한, 깨끗한, 안전한 같은 단어를 사용할 것을 권했습니다. 그래서 '깨끗한 석탄'이라는 말이 나왔고, 실제로 오염을 가중시키는 보수적 법안에는 '깨끗한 하늘 법안(clear skies act)'이라는 이름이 붙었습니다. 그는 과학은 아직 합의되지 않았고 경제가 위협받아선 안 된다는 게 여론이라고 암시함으로써 지구 온난화를 부인하는 주장을 지원하고 있습니다. 최근 그가 포커스 그룹을 상대로 행한 조사에서 배출권 거래 법안에 대한 지지율이 높게 나오자, 그는 천연가스의 지속적 시추를 지지하되 지구를 살리는 것에 대해서는 말하지 않는 '에너지 독립'이라는 단어를 쓸 것을 제안했습니다.

룬츠는 여성들에게 말을 거는 방법에 대한 글을 쓴 적도 있습니다. 여성들에게 어떻게 말을 할까요? 룬츠에 따르면, 여성들은 사랑, 진심으로, 우리 아이들을 위해 같은 어구를 선호하므로 여성 청중들에게 말할 때는 이러한 어구를 가능한 한 자주 사용해야 합니다. 그래서 이 시기 부시의 연설문을 읽어보면 '사랑', '진심으로', '우리 아이들을 위해'라는 말이 끊임없이 반복해서 등장하는 것을 확인할 수 있습니다.

이런 식으로 언어를 사용하는 것은 과학입니다. 다른 과학과 마찬가지로, 이 또한 정직하게도 유해하게도 사용될 수 있습니다.

이러한 종류의 언어 사용은 따로 가르쳐야 하는 것이며, 훈련을 거쳐야 합니다. 보수주의자들은 메시지 훈련을 실시합니다. 이것은 우리가 사무실에서 모으는 '피자 기금'과도 비슷합니다. 이것은 욕설이나 비속어 같은 '나쁜' 말을 한 번 할 때마다 25센트씩 내서 피자 한 판 값을 모으는 놀이입니다. 이를 통해 사람들은 다른 것도 아닌 세금 구제나 부분 출산 낙태(partial-birth abortion)* 같은 말을 재빨리 학습했습니다.

그러나 룬츠가 말하고 있는 핵심은 언어 이상의 것입니다. 그는 언어를 올바로 사용하는 것은 개념(idea)에서 출발한다는 것을 깨닫고 있습니다. 그것은 쟁점을 올바로 프레임에 넣는 것, 우리가 엄격한 아버지 모형이라고 부르는 일관된 보수주의 도덕의 시각을 반영하는 프레임을 짜는 것을 의미합니다. 룬츠의 책은 단순히 언어에 대한 것이 아닙니다. 모든 쟁점에 대해, 그는 보수의 추론이 무엇이며 진보의 추론이 무엇인지, 보수적 시각에서 진보적 논증을 어떻게 가장 잘 공격할 수 있는지 설명하고 있습니다. 말 자체가 아니라 개념이 우선이라는 사실을 그는 명확히 하고 있습니다.

자유주의자들이 주로 오해하는 것 중 하나는 우리가 필요한 모든 개념을 갖추고 있다고 착각하는 것입니다. 그들은 대중 매

---

* 살아 있는 태아의 신체 일부를 인위적으로 모체 밖으로 꺼낸 뒤 태아를 사망시키는 낙태 방식. 낙태가 잔인한 살인임을 뒷받침하는 논거로서 낙태 반대론자들이 자주 드는 사례다.ㅡ옮긴이

체에 충분히 노출만 된다면, 자유주의 진영에 '부분 출산 낙태'에 상응할 만한 마법의 슬로건만 있으면 모든 게 해결된다고 생각합니다.

우리는 언어만 결여되었다고 생각하지만, 실제로 이는 개념이 결여된 것입니다. 개념은 프레임이라는 형태로 떠오릅니다. 프레임이 있으면, 언어는 자동으로 따라옵니다. 올바른 프레임이 결여되었는지 아닌지 알 수 있는 방법이 있습니다. 이러한 현상은 아마 여러분도 목격한 적이 있을 것입니다. TV에 출연한 보수주의자가 '세금 구제' 같이 두 단어로 된 말을 한 마디 합니다. 그러면 진보주의자는 자기 생각을 설명하기 위해 한 단락짜리 길이의 논설을 폅니다. 보수주의자는 세금을 내는 것이 고통이라는 이미 자리 잡은 프레임에 호소하는 데 '세금 구제'라는 짧은 한 마디면 충분합니다. 그러나 상대편에게는 확립된 프레임이 없습니다. 물론 그래도 그것에 대해 이야기하는 것은 가능하지만, 기존의 프레임도 이미 자리 잡은 개념도 전혀 없기 때문에 품이 훨씬 많이 듭니다.

인지과학에는 이러한 현상을 가리키는 용어가 있습니다. 바로 '저(低)인지(hypocognition)'입니다. 이 용어는 필요한 생각의 부재, 즉 한두 단어로 불러일으킬 수 있는 비교적 단순하고 고정된 프레임이 결여된 상태를 의미합니다.

'저인지'라는 개념은 1950년대 타히티에 대한 연구에서 비롯되었습니다. 이 연구를 수행한 사람은 인류학자이자 심리치료

사였던 고(故) 밥 레비(Bob Levy)였습니다. 그는 왜 타히티에는 그렇게 자살률이 높은지에 대한 의문을 풀기 위해 연구를 시작했고, 타히티 사람들에게 '비통'이라는 개념이 없다는 것을 발견했습니다. 물론 그들도 비통을 느끼고 경험했지만, 그 경험에는 이름도 개념도 없었습니다. 따라서 그들은 그 경험을 정상적인 감정으로 여길 수 없었습니다. 비통을 치유하는 의식도, 비통을 위로하는 관습도 없었습니다. 그들은 절실히 필요한 개념을 결여하고 있었기 때문에, 결국 그렇게 높은 자살률로 귀결된 것입니다.

진보주의자들은 대단히 심각한 저인지 현상에 시달리고 있습니다. 보수주의자들도 과거에는 같은 증상에 시달렸습니다. 1964년 대통령 선거에서 배리 골드워터가 낙선했을 때만 해도 그들에게는 오늘날 자신들이 무장하고 있는 개념이 거의 없었습니다. 그 사이 50년 동안 보수주의자들은 그 개념적 빈틈을 메웠습니다. 그러나 우리의 개념적 빈틈은 여전히 그대로 남아 있습니다.

세금 구제로 다시 돌아가봅시다.

세금이란 무엇일까요? 세금이란 문명 사회에서 살아가기 위해 내는 것입니다. 민주주의와 기회를 누리기 위해, 과거의 납세자들이 만들어준 고속도로 체계, 인터넷, 과학 연구 기반, 의료 시설, 통신 체계, 항공 체계 등의 기반시설을 이용하기 위해 내는 것입니다. 이 모두가 납세자들이 만들어주는, 혹은 만들어주었던 것입니다.

우리는 이것을 적어도 두 가지 방식으로 은유적으로 생각할 수 있습니다. 첫째는 과세를 일종의 투자로 보는 것입니다. 다음과 같은 광고를 상상해봅시다.

우리의 부모들은 세금을 통해 우리와 그분들의 미래에 투자했습니다. 그분들은 장거리 고속도로에, 인터넷에, 과학 연구 및 의료 시설에, 우리의 통신 체계에, 항공 체계에, 우주개발 계획에 자신들의 세금을 투자했습니다. 그분들은 미래에 투자했고, 우리는 그분들이 투자한 세금에서 나오는 혜택을 누리고 있습니다. 오늘날 우리는 그분들의 현명한 투자 덕택에 고속도로, 학교와 대학, 인터넷, 항공 등의 자산을 지니고 있습니다.

이러한 광고가 몇 년에 걸쳐 수없이 반복하여 게재되거나 방송된다고 상상해봅시다. 그러다 보면 어느덧 '세금은 미래를 위한 현명한 투자다.'라는 프레임이 확립될 것입니다.

그러면 또 다른 은유를 들어봅시다.

세금은 우리가 미국에 속한 한 사람의 구성원으로서 납부하는 회비다. 우리는 컨트리클럽이나 스포츠 센터에 등록하면 회비를 낸다. 수영장을 지은 것은 내가 아니지만, 내가 이것을 유지해야 하기 때문이다. 배구장을 지은 것도 내가 아니지만 누군가는 여기를 청소해야 하기 때문이다. 나는 스쿼시장은 이용하지 않을 수도 있지만 그래도 회비를 낸다. 그렇지 않으면 이것들은 유지될 수가 없고 무너지고 말 것이기 때문이다. 버

뮤다로 이전하는 기업들처럼 세금을 회피하기 위해 도망가는 이들은 나라에 대한 회비를 내지 않는 것이다. 납세자는 곧 애국자다. 우리나라를 저버리고 회비를 내지 않는 것은 나라에 대한 배신행위다.

어쩌면 빌 게이츠의 말이 이를 가장 잘 표현한 것인지도 모릅니다. 그는 자기와 자기 아들이 인터넷을 발명한 것이 아니라는 사실을 지적하면서 상속세를 유지해야 한다고 주장했습니다. 그들은 이미 깔려 있는 인터넷을 그냥 사용해서 수십억 달러를 벌수 있었습니다. 순수한 의미에서 자수성가하는 사람은 없습니다. 모든 기업가들은 납세자들이 지불하여 만들어준 미국의 광대한 인프라를 사용하여 돈을 법니다. 그들은 혼자 힘으로만 돈을 번 것이 아닙니다. 그들은 다른 납세자들이 지불해 마련해놓은 금융 제도, 연방 준비 기금, 재무부·상무부, 사법 체계(그 열에 아홉은 회사법과 연관된 소송이므로) 등의 기반을 바탕으로 부를 축적했습니다. 자수성가하는 사람은 없습니다! 부유한 사람들은 그때까지 납세자들이 지불한 것을 바탕으로 자신의 부를 이룩한 것입니다. 그들은 이 나라의 납세자들에게 엄청난 빚을 지고 있기 때문에 이를 되갚아야 합니다.

이것은 세금을 보는 정확한 관점이지만, 우리 머릿속에 아직은 그리 깊이 자리 잡고 있지 않습니다. 이러한 생각이 우리 뇌 시냅스의 올바른 위치에 자리 잡으려면 되풀이해서 강조하고 다듬어야 합니다. 그러나 이렇게 하는 데는 시간이 걸립니다. 하룻저녁에 일어나는 일이 아닙니다. 지금 시작합시다.

　보수주의자들이 쟁점의 프레임을 성공적으로 구성했을 때 승리를 거두는 것은 우연이 아닙니다. 그들은 40~50년이나 일찍 출발했으며 싱크 탱크인 두뇌 집단에 20억 달러 이상을 투자한 이득을 누리고 있는 것입니다.

　그리고 그들은 항상 앞서 생각합니다. 그러나 진보주의자들은 그렇지 못합니다. 그들은 보수주의자들에게 공격받고 있다는 느낌 때문에 당장 방어할 생각밖에 하지 못합니다. 민주당 정부의 고위 공직자들은 끊임없이 공격에 시달리고 있습니다. 매일 그들은 보수주의자들이 들고나오는 사업계획에 대응해야 하며 '오늘은 저들을 되받아치기 위해 어떻게 해야 하나?' 하는 묘안을 짜내기에 급급합니다. 이것은 능동적인 정치가 아니라 수동적인 정치입니다.

　공직자들뿐만이 아닙니다. 저는 전국의 민주당 지지자 그룹과 만나 그들과 대화하고 함께 일하며 쟁점을 프레임으로 구성하는 일을 도와왔습니다. 이러한 방식으로 거의 400개가 넘는 지지자 단체와 같이 일했습니다. 그런데 그들은 모두 공통의 문제점을 안고 있었습니다. 그것은 바로 그들이 항상 끊임없는 공격을 받아왔으며, 다음 공격을 방어하느라 애쓰고 있다는 것입니다. 현실적으로 그들은 계획을 세울 시간이 없습니다. 장기적인 견지에서 생각할 시간이 없습니다. 당면한 특정 쟁점 이상의 것을 생각할 시간이 없습니다.

그들은 모두 선하고 지적이며 헌신적인 분들입니다. 그러나 그들은 항상 방어적입니다. 왜일까요? 자금의 관점에서 생각해보면 설명하기 어렵지 않습니다.

우익의 두뇌 집단들은 막대한 포괄적 보조금*과 기부금을 받고 있습니다. 한 번에 몇 백만 달러씩을, 아주 풍족하게 지원받습니다. 게다가 그들은 내년에도 내후년에도 들어올 돈이 보장되어 있음을 알고 있습니다. 이것은 아무 조건 없는 포괄적 보조금이라는 것을 기억하세요. 이 돈은 필요한 곳에 자유롭게 쓸 수 있습니다. 그들은 지식인을 고용하고, 더불어 그들의 재능을 삽니다. 이연구소들은 미래를 위한 인적 자원도 구축하고 있습니다.

진보적인 재단들은 돈을 되도록 많은 곳에 드문드문 뿌립니다. 그들은 2만 5000달러, 또는 5만 달러, 어쩌면 10만 달러까지도 지원합니다. 때때로 이는 꽤 큰 지원금입니다. 하지만 재단에서는 중복 투자를 돈 낭비라고 보기 때문에, 수혜처들은 다른 곳들과는 구별되는 특정한 성과를 거두어야 합니다. 그뿐만 아니라 이것은 보수 재단들이 받는 식의 포괄적 보조금이 아니기 때문에, 수혜자들은 이 돈을 어디에 쓸지 온전히 자유롭게 결정할 수가 없습니다. 더구나 이 돈을 인재 개발, 인프라 건설, 서로 밀접하게 연관된 단기적 정책은 물론 장기적인 정책을 고민할 지식인들을 채용하

---

* block grant. 개별 프로젝트 단위가 아니라 한 단체의 연간 총 사업비 중 일정 비율을 지원하는 방식의 보조금 - 옮긴이

는 데 쓰는 것은 적절치 못한 일로 여겨집니다. 무엇보다도 당장 어떤 도움을 필요로 하는 사람들을 대상으로 한 직접적인 풀뿌리 지원이 우선입니다. 이는 인프라 창출과는 동떨어진 사업입니다.

이것이 대부분의 진보 재단들이 움직이는 방식입니다. 그런 이유로 이들이 지원하는 조직은 매우 협소한 전망을 갖게 됩니다. 조직은 자기들의 본래 활동 영역에만 집중하지 못하고 다른 여러 프로젝트들을 수행해야 합니다. 활동가와 지지자들은 과중한 업무와 낮은 급료에 시달리고, 어떻게 대중과 소통할지에 대해 고민할 시간과 에너지를 갖지 못합니다. 또 쟁점을 프레임으로 구성하는 것에 대해 생각할 시간과 교육 기회를 갖지 못합니다. 이러한 시스템은 협소한 전망과 고립을 초래합니다.

여러분은 왜 일이 이 지경이 되었는지에 대해 의문을 품을 것입니다. 여기에는 이유가 있습니다. 이것은 우리 모두가 숙고해야 할 심오한 이유입니다. 우익적 도덕 가치의 위계에서 최상의 가치는 도덕 가치 자체의 보존과 방어입니다. 이것이 주된 목적이라면 어떻게 해야 할까요? 인프라를 건설합니다. 미디어를 접수합니다. 장기적인 계획을 짭니다. 우익 법학도들이 로스쿨을 다닐 수 있도록 페더럴리스트 소사이어티* 가입을 조건으로 장학금을 수여합니다. 그리고 그들이 로스쿨을 졸업한 뒤에 좋은 직장을 다닐 수 있도록 알선해줍니다. 그렇게 해서 오랜 시간이 흐른 뒤에 필

---

* Federalist Society. 보수 성향의 법률가 단체 ─ 옮긴이

요한 인재와 자원을 확보할 수 있다면 그것은 현명한 투자입니다.

반면에 좌파의 최상의 가치는 도움이 필요한 사람들을 돕는 것입니다. 여러분이 재단 관계자이거나 재단을 설립하려 한다면 과연 어디에 투자하는 것이 선한 일일까요? 될 수 있는 한 많은 사람들을 도와야 합니다. 공공 예산이 삭감될수록 도움이 필요한 사람들은 더 늘어납니다. 그래서 돈을 풀뿌리 조직들에 되도록이면 널리 뿌립니다. 따라서 인프라 구축이나 인재 양성, 더구나 지식인에게 투자하기 위해 남겨둘 돈이 없습니다. 한 명이라도 더 많은 사람들을 도와야 하기 때문에 중복 투자에 낭비할 돈은 없습니다. 여러분 자신이 선하고 도덕적인 사람이거나 그런 재단이라는 사실을 증명하는 방법은, 그 동안 도와준 사람들의 명단을 나열하는 것입니다. 많을수록 좋습니다.

우리는 이런 식으로 우익에게 유리한 체계를 영속화하고 있는 셈입니다. 물론 이 과정에서 많은 사람들이 도움을 받습니다. 이 사람들은 분명히 도움을 필요로 합니다. 그러나 예산과 세금이 삭감될 때, 남겨진 영역은 우익에 의해 민영화됩니다. 우익은 좌파로 하여금 마땅히 정부가 지원해야 할 부문에 민간의 돈을 더 쓰도록 내몰고 있는 것입니다.

이런 상황을 해결하기 위해 우리는 많은 일을 해야 합니다. 먼저 어디서부터 시작해야 할지 이야기해봅시다.

우익들은 '가치'에 대해 이야기하는 법을 알고 있습니다. 우리도 가치에 대해 이야기할 필요가 있습니다. 잠깐만 시간을 내어 생각하면 우리의 가치를 목록으로 정리할 수도 있습니다. 그러나 이러한 가치를 개별 쟁점에 어떻게 맞출지를 생각하고, 그 쟁점에 대해 그들의 가치가 아닌 우리의 가치의 관점에서 말하는 방법을 파악하기란 쉽지 않습니다.

진보주의자들은 또한 쟁점의 통합을 내다보아야 합니다. 이것은 우익들이 아주 능수능란하게 해내는 일입니다. 그들은 제가 말하는 전략적 계획(strategic initiatives)을 잘 알고 있습니다. 전략적 계획이란, 주의 깊게 선택한 어느 한 가지 쟁점에서 변화가 일어나면 그것이 아주 많은 다른 영역의 쟁점에까지 자동으로 영향을 끼치도록 하는 계획을 말합니다.

예를 들어 감세를 들 수 있습니다. 이것은 간단해 보이지만, 결과적으로 이 때문에 정부의 모든 사회복지 프로그램을 집행할 예산이 부족해지고 말았습니다. 이를테면 노숙자나 학교나 환경 보호에 쓸 예산만 부족해진 것이 아니라, 모든 부문과 모든 분야에 쓸 돈이 부족해진 것입니다. 이것이 전략적 계획입니다.

또는 소송 개혁을 들어봅시다. 이것은 소송에 따르는 금전 배상액을 제한하는 법안입니다. 소송 개혁은 보수주의자들이 최우선 순위로 내세우는 것입니다. 왜 보수주의자들은 여기에 그렇게 연연할까요? 이것 하나로 어떤 효과를 거둘 수 있는지 알고 나면 이들이 왜 그렇게 여기에 목숨을 거는지 이해할 수 있을 것입니다. 이 법안 하나로 미래의 환경 입법과 규제의 근거가 될 모든 잠재적인 소송을 금지할 수 있기 때문입니다. 이것은 단순히 화학

공업, 석탄 산업, 핵발전 산업 등에 대한 규제만 걸려 있는 사안이 아닙니다. 모든 것의 규제가 걸린 일입니다. 만약 피해자가 비도덕적이거나 무책임한 기업 또는 전문직을 상대로 상당한 액수의 소송을 걸 수 없다면, 기업들은 돈을 버는 과정에서 무제한으로 자유롭게 공공에 해를 입힐 수 있을 것입니다. 그리고 이런 소송에 위험을 무릅쓰고 뛰어든 변호사들은 더 이상 그 위험에 합당한 보상을 기대할 수 없게 될 것입니다. 그리고 기업은 멋대로 공익을 무시하게 될 것입니다. 이것이 '소송 개혁'이 의미하는 바입니다.

게다가 이러한 기업을 상대로 한 소송에서 승소한 변호사들은 민주당 각 주 지구당의 주요 자금원이기도 합니다. 이런 변호사들은 민주당의 중요한 기부자들인데, 보수주의자들이 말하는 이른바 소송 '개혁'은 이 자금줄을 차단합니다. 별안간 민주당 텍사스 지구당으로 가는 기부금의 4분의 3이 사라져버리는 것입니다. 그뿐만 아니라 환경을 오염시키는 기업들은 잠재적 배상 액수를 확실히 예측할 수 있기를 바랍니다. 그러면 그들은 피해자들에게 지불할 비용을 미리 계산해서 그것을 사업비용에 넣을 수 있기 때문입니다. 무책임한 기업들은 소송 개혁을 통해 막대한 이득을 거둘 수 있습니다. 공화당 역시 마찬가지입니다. 하지만 그 진정한 목적은 숨겨져 있습니다. 이 쟁점은 겉으로는 뜨거운 커피를 쏟아놓고 300만 달러를 청구하는 식의 '천박한 소송'을 방지하기 위한 의도로 포장됩니다.

그러나 보수주의자들이 정말로 얻고자 하는 것은 그 제안 안에 들어 있지 않습니다. 그들이 얻고자 하는 것은 그 제안을 실행하는 과정에서 딸려오는 것들입니다. 그들은 소송 자체에 대해서는 크게 신경 쓰지 않습니다. 그들이 정말로 신경 쓰는 일은 환경 보호, 소비자 보호, 노동자 보호 등 전반적인 보호 조치를 박탈하는 것과 민주당의 자금줄을 끊는 것입니다. 이것이 바로 전략적 계획의 본질입니다.

좌파에도 전략적 계획이라 할 수 있는 것이 몇 가지 있었습니다. 환경영향평가와 멸종 위기종 보호법 등이 그것입니다. 그러나 이들 법안은 발효된 지 이미 30년이 지났습니다.

우익들과 달리 좌파들은 전략적으로 사고하지 않습니다. 우리는 쟁점별로 사고합니다. 대체로 우리는, 우리 자신이 이끌어낼 수 있는 최소한의 변화를 통해 다른 많은 쟁점에까지 영향을 미칠 수 있는 방법을 강구하려고 하지 않습니다. 여기에는 거의 예외가 없습니다.

또한 다른 종류의 전략적 계획도 있습니다. 저는 이를 '미끄러운 비탈(slippery slope) 계획'이라고 부릅니다. 미끄러운 비탈에서는 한 발자국만 앞으로 내딛으면 그대로 벼랑 아래로 떨어지게 됩니다. 보수주의자들은 '미끄러운 비탈 계획'에 아주 능합니다. '부분 출산 낙태'를 들어봅시다. 실제로 부분 출산 낙태의 예는 매우 드뭅니다. 왜 보수주의자들은 이 문제에 그렇게 신경을 쓸까요? 왜냐하면 이것이 모든 종류의 낙태를 차단할 수 있는 미끄러운 비탈의 첫 걸음이기 때문입니다. 사실 대부분의 중절 수술은 이런 식으로 진행되지 않는데, 부분 출산 낙태는 낙태를 무시무시한 과정으로 바라보는 프레임을 제공합니다.

다음으로 '학교 평가 법안'을 봅시다. '평가(시험)'라는 프레임이 학생뿐만 아니라 '학교'에까지 적용되면, 학교는 학생이 시험에 떨어져 그 벌로 용돈이 깎이듯, 평가에서 탈락한 대가로 예산이 깎일 수 있습니다. 자금 지원이 줄어들면 학교는 전보다 더 발전하기 어려워집니다. 이는 악순환을 불러와서 궁극적으로는 많은 공립학교가 사라지게 될 것입니다. 공립학교가 사라진 자리에는 사립학교를 지원하는 바우처 제도*가 들어서게 됩니다. 부자들은 과거에 공립학교를 지원하는 데 쓰였던 세금의 보조를 받아가면서 좋은 학교에 다닐 수 있게 됩니다. 한편 빈민들은 좋은 학교에 다닐 돈이 없습니다. '자격을 갖춘 부자'의 좋은 학교와 '자격이 없는 빈자'들의 열악한 학교라는 양극화된 교육 체제가 자리 잡게 될 것입니다.

보수주의자들은 쟁점마다 다 이기지 않고도 원하는 것을 얻

---

* voucher system. 자녀를 사립학교(여기서 사립학교에는 종교계 학교와 일부 주에서는 홈스쿨링도 포함된다)에 보내는 부모에게 그 학비의 일부를 쿠폰 지급식으로 직접 지원해주는 제도로, 아직 일부 주에서만 제한적으로 실시되고 있으며 그 적용 범위도 주마다 다르다. 지지자들은 이 제도가 부모의 학교 선택권을 넓히고 (국고로 운영되는) 공립학교와 사립학교 간의 자유 시장 경쟁을 활성화시킬 것이라고 주장한다. 한편 비판자들은 종교계 학교에 국고를 지원하는 것이 미국 헌법의 정교분리 원칙에 위배되며, 결국 공교육에 들어가야 할 예산을 사립학교에 간접적으로 지원함으로써 공교육의 붕괴를 가속화시킬 것이라고 주장한다. 또 최고급 사립학교들은 바우처 지원으로도 학비의 일부분밖에 충당할 수 없기 때문에, 바우처 지원을 받는 빈곤 가정들은 상대적으로 학비가 싸고 교육의 질이 떨어지는 사립학교를 택하게 되는 문제가 있다. ─옮긴이

을 수 있습니다. 진보주의자들이 해야 할 일이 많습니다. 여기에 11가지로 정리해보았습니다.

첫째, 보수주의자들이 무엇을 올바로 행했고 진보주의자들이 어디서 배를 놓쳤는지 인식해야 합니다. 이는 단순히 미디어를 통제하는 데 성공했느냐 실패했느냐의 문제를 넘어서는 것입니다(물론 이것도 결코 사소한 문제는 아닙니다만). 그들이 올바른 방향을 택했다는 것은 쟁점들을 자신들의 시각에서 프레임에 넣는 데 성공했다는 것입니다. 그들의 성공과 우리의 실패를 인정합시다.

둘째, "코끼리는 생각하지 마."라는 경구를 기억하십시오. 우리가 그들의 언어와 그들의 프레임을 사용하여 그들의 주장에 대항한다면, 결국 패배할 것입니다. 이렇게 하면 그들의 프레임만 더욱 강화되기 때문입니다.

셋째, 진실만이 우리를 자유롭게 하는 것은 아닙니다. 단순히 권력을 향해 진실을 말하는 것만으로는 통하지 않습니다. 진실의 프레임을 우리의 관점에서 효과적으로 구성해야 합니다.

넷째, 언제 어디서나 우리의 도덕적 관점에 입각하여 말해야 합니다. 진보적 정책은 진보적 가치에서 유래합니다. 우리의 가치를 명확히 하고 그 가치에 속한 언어를 사용하십시오. 전문가연하는 관료주의적 언어를 버리십시오.

다섯째, 보수주의자들이 어디서 왔는지 이해하십시오. 그들의 '엄격한 아버지' 도덕과 그 결과를 확실히 파악하십시오. 우리가 누구와 싸우고 있는지를 파악하십시오. 왜 그들이 그런 신념을 가지고 있는지 설명할 수 있어야 합니다. 그들이 무슨 말을 할 것인지를 예측해 보십시오.

여섯째, 개별 쟁점을 넘어 전략적으로 사고하십시오. 개별적인 정책의 관점에서만 보지 말고 더 큰 도덕적 목표의 견지에서 사고하십시오.

일곱째, 제안의 결과에 대해 생각하십시오. 우리도 진보적인 '미끄러운 비탈 계획'을 만들어봅시다.

여덟째, 유권자들은 자기의 정체성과 가치에 투표하며, 이것이 꼭 그들의 이익과 일치하지는 않는다는 점을 기억하십시오.

아홉째, 단결합시다! 협력합시다! 진보주의적 사고의 여섯 가지 유형인 사회경제적 진보주의, 정체성 정치 진보주의, 환경주의 진보주의, 시민 자유 진보주의, 영적 진보주의, 반권위주의적 진보주의를 상기해봅시다. 이중 내가 가장 많이 의존하는 유형이 무엇인지, 나와 내 주위의 사람들이 이 스펙트럼에서 어디에 해당하는지 파악하십시오. 그리고 각자 지니고 있는 특정한 유형의 사고방식에만 머물지 말고 시야를 넓혀 공통의 진보적 가치에 입각하여 생각하고 말하는 법을 배웁시다.

열째, 수동적으로 대응하지 말고 능동적으로 대응하십시오. 방어하지 말고 공격하십시오. 매일매일 모든 쟁점에 대하여 프레임을 재구성하는 작업을 해야 합니다. 단순히 우리의 신념을 말하는 것으론 부족합니다. 그들의 프레임을 사용하지 말고 우리의 프레임을 사용해야 합니다. 우리의 프레임만이 우리가 믿는 가치에 부합하기 때문입니다.

열한째, 이중개념을 소유한 유권자들에게서 자상한 가정의 모형을 활성화하려면 진보적 지지층을 향해 발언해야 합니다. 오른편으로 이동하지 마십시오. 오른편으로 이동하면 두 가지 측면에서 해롭습니다. 이는 우선 진보적 지지층을 소외시키고, 이중개념을 소유한 유권자들 내부의 보수주의 모형을 활성화함으로써 도리어 보수에게 보탬이 됩니다.

2부

프레임 밖에 있는 것을
어떻게 프레임에 넣을 것인가

02

프레임 밖에 있는 것을
어떻게 프레임에 넣을 것인가

사람들이 프레임을 구성하는 일에 대해 생각할 때 흔히 하는 두 가지 오해가 있다.

한 가지 오해는 프레임을 구성하는 일이 '사망세'나 '부분 출산 낙태'처럼 상당수 대중에게서 반향을 일으키는 영리한 슬로건을 고안하는 문제라고 믿는 것이다. 이런 슬로건은 세금이나 낙태 같은 쟁점들을 개념적으로 프레임에 넣는 장기간의, 흔히 수십 년에 걸친 캠페인이 선행되어, 많은 사람들의 뇌가 이런 문구를 받아들일 준비를 완료했을 때에만 먹힌다. 나는 어떤 지구 온난화 관련 법안의 프레임을 '다음 주 화요일까지' 재구성해달라는, 그러니까 이기는 슬로건을 짜달라는 요청을 받은 적이 있다. 나는 웃고 말았다. 프레임을 효과적으로 재구성한다는 것은 곧 수백만 명의 뇌를 바꾸어 실재를 인식할 준비를 시키는 것이다. 그 당시는 전혀 그런 준비가 되어 있지 않았다.

다른 한 가지 오해는, 어떤 현실에 대한 사실을 우리가 모종의 효과적인 방법으로 제시하면 사람들이 그 현실에 '눈떠서' 개인적 견해를 바꾸고 사회변화를 위해 정치적으로 행동하기 시작하리라고 믿는 것이다. 마치 사람들이 '잠들어 있어서' 각성만 시켜주면 곧 자기 주변 세상을 보고 이해하기라도 할 것처럼, "왜 사람들은 눈뜨지 못할까요?"라며 불평한다. 하지만 사실은 어떤 생각이 우리 뇌 안에 깊이 주입되어야 한다. 즉 우리의 이해에 맞춤한 프레임이 생겨나기까지 시간을 들여 꾸준히, 정확히 계발되어야 한다.

연금을 예로 들어보자. 심지어 연금을 옹호하는 이들조차 이를 고용주가 피고용인에게 하사하는 '부가적' 혜택으로 흔히 프레임에 넣곤 한다. 하지만 연금이 무엇인가? 연금이란 이미 제공한 노동에 대한 지연된 급여다. 취업 조건의 하나로서 연금은, 내가 벌어들인 급여의 일부를 고용주가 나중에, 나의 퇴직 이후에 지급하기 위해 떼어다 투자해둔 돈이다. 그러니까 고용주가 "우리는 당신 연금을 지급할 돈이 없다."고 말한다면, 이는 내가 번 돈을, 즉 계약서상으로 그가 내게 지불할 책임이 있는 돈을 그가 횡령했거나 훔쳤거나 낭비해버린 것이다. 고로 이 고용주는 도둑이다.

나는 노조 지도자나 노동자 단체를 상대로, 연금이란 자신들이 이미 제공한 노동에 대한 지연된 급여임을 무수히 여러 번 지적해주었다. 그러면 모두가 내 말에 동의한다. 내가 묻는다. "사장에게 이런 식으로 말해본 적이 있나요?" "아뇨." "방금 제 말 믿으시나요?" "네." "그럼 이제부터 사장한테 가서 그렇게 말해보시겠어요?" 일이 어려워지는 건 여기서부터다. 심지어는 진보주의자들 입장에서도, 연금이 '하지 않은 일에 대한 급여'라고 우익 논객들이 수년간 구조화한 프레임을 흔들기란 힘든 일이다.

그러나 연금이 지연된 급여임은 명백한 참이다. 이는 연금이 하지 않은 일에 대한 급여라고 우익 논객들이 널리 퍼뜨려놓은 생각을 뒤흔들 수 있다.

그런데 사람들은 자신들에게 중대한 주제를, 대중에게 널리 알려져야 할 중요한 진실을 인지하고도 왜 이를 말하지 않고 자신의 일상 담론의 일부로 만들지 않을까? 그 이유는, 대개의 경우 사람들에게 무슨 대단한 말을 한다고 해서 그 말이 그들이 매일 사용하는 신경 회로가 되지 않으며, 기존의 신경 회로망과 수월하게 들어맞는 새로운 신경 회로가 되지도 않기 때문이다. 기존의 신경 회로망에는 그들이 이전에 가졌던 이해 및 담론 형태가 정의되어 있다.

대중이 들을 준비가 되었는지 확신할 수 없는 것, 그 전에 수백 번 반복되지 않았던 것을 말하기란 어려운 일이다.

1장에서 언급한 것처럼 이 문제에는 '저인지'라는 이름이 붙어 있다. 이는 어떤 생각을 상식으로 받아들이는 전반적인 신경 회로가 결여된 것을 말한다. 사람들이 참여하는 일반적인 의사소통 형태, 즉 여러분은 기꺼이 하고자 하고 상대방은 기꺼이 듣고

자 하는 말에 부합하는 신경 회로가 부재한 것이다.

슬로건으로는 저인지를 극복할 수 없다. 지속적 공론을 통해서만 가능하다. 그리고 이를 위해서는 문제에 대한 지식과 더불어 변화를 위한 대대적이고 진지한 헌신이 필요하다.

지구 온난화에서 빈부 격차에 이르기까지, 지금 우리가 직면한 몇 가지 중요한 문제들에는 이런 식의 지속적인 논의와 헌신이 필요하다. 나는 다양한 독자들이 그런 프레임을 창출하기 위해 다방면에서 노력해주리라는 희망을 품고 2부를 시작하려 한다. 그런 프레임이란 우리에게 절실히 필요한, 자동적이고 자연스런 일상적인 이해 방식을 의미한다.

03

뇌와 세계의 반사 작용

여러분은 세계가 우리가 이해하는 모습과는 달리 독립적으로 존재한다고 여길지도 모르겠다. 하지만 이는 오해다.

세계에 대한 우리의 이해는 세계의 물리적인 일부다. 우리의 개념적 프레임 구성은 물리적인 신경 회로망 안에, 대부분이 의식 수준 아래에 존재한다. 이는 우리가 세계를 이해하는 방식을 규정하고 제한하며, 세계 안에서 우리가 하는 행동에 영향을 미친다.

따라서 세계는, 여러 면으로 볼 때 우리가 세계에 대한 프레임을 구성하고 그 프레임에 의거해 행동하는 방식의 반영이다. 그러니까 상당 부분 우리의 행동에 의해 프레임 지어진 세계가 만들어지고 있는 셈이다. 따라서 프레임을 내재한 세계, 프레임 지어진 우리 행동으로 구축된 세계는 이런 프레임을 더욱 강화한다. 또 다른 사람들이 이러한 세계에서 태어나 성장하고 성숙하는 과정에서 그 프레임은 이들의 머릿속에 새롭게 재창출된다.

이 현상을 반사성(reflexivity)이라고 한다. 세계는 우리의 행동을 통해서 우리의 이해를 반영하며, 우리의 이해는 세계를 반영한다. 이 세계는 다시 우리 자신과 타인들이 프레임의 영향을 받아 취한 행동으로써 형성된다.

반사성을 인식하면 이 세계에서 효과적으로 제 역할을 하는 데 도움이 된다. 어떤 프레임이 실재를 형성했고 지금도 형성하고 있는지를 인식하면, 세계를 더 나은 곳으로 만들기 위해 개입하는 데 도움이 된다.

반사성은 그 자체로는 선한 것도 악한 것도 아니다. 이는 그 어느 쪽으로도 작용할 수 있다.

2부에서는 이 반사성을 대다수 사람과 대다수 생명체의 유익을 위해, 그리고 물리적 세계의 모든 생명을 아름답고 풍부하게 유지하는 데 이용하는 방법을 다룰 것이다.

많은 경우 이 반사성을 이용하여 세상을 이해하고 개선하기 위해서는 새로운 프레임, 새로운 이해방식이 요구된다. 우리에게 닥친 문제들, 즉 프레임을 요하는 문제들이 복잡하고 유기적인 영향을 끼치는 경우에는 특히 더 그렇다. 지구 온난화와 빈부 격차, 지난 10년간 대단히 중요하게 떠오른 여타의 많은 문제들이 그러하다.

이제 시작해보자.

04

유기적 인과관계

인지언어학 연구는 쓸모가 있다. 세계의 모든 언어는 문법에 직접적 인과관계(direct causation)를 표현하는 나름의 방식을 지니고 있다. 그러나 문법에 유기적 인과관계(systemic causation)를 표현하는 방식을 담고 있는 언어는 세계 어디에도 없다.

직접적 인과관계와 유기적 인과관계는 어떤 차이가 있을까?

우리는 갓 태어났을 때부터 단순하고 직접적인 인과관계를 경험한다. 우리는 주변의 모든 것에서 직접적 인과관계를 본다. 가령, 장난감을 밀면 넘어진다. 엄마가 오븐 손잡이를 돌리면 불꽃이 일어난다. 물 한 컵을 집어들고 마시는 일은 직접적 인과관계다. 빵을 써는 일은 직접적 인과관계다. 상대의 콧등에 한 방 먹이는 일은 직접적 인과관계다. 창밖으로 돌을 던지는 일은 직접적 인과관계다. 지갑을 훔치는 일은 직접적 인과관계다.

어떤 물건이나 사람에게 힘을 가해 그 물건이나 사람을 그 자리에서 변화시키는 일은 직접적 인과관계다. 인과관계가 직접적일 때 원인이라는 단어는 전혀 문제가 없다. 직접적 인과관계는 우리가 일상에서 매일 경험하는 일이기 때문에 어렸을 때부터 저절로 배운다. 직접적 인과관계는, 그리고 이를 이해함으로써 가까운 주변 환경을 통제할 수 있는 힘은 모든 아이들의 삶에서 아주 중요하다. 이런 이유에서 직접적 인과관계는 모든 언어의 문법에 그 모습을 드러낸다.

유기적 인과관계는 그렇지 않다. 유기적 인과관계는 직접 경험할 수 없다. 이것은 학습을 해야 하고 그 사례들을 공부해야 하며, 널리 이해되려면 반복적 의사소통이 필요하다.

그렇다. 유기적 인과관계를 표현하는 문법을 지닌 언어는 세계 어디에도 없다. 우리가 더 많은 석유를 시추하고 더 많은 천연가스를 태우고 더 많은 이산화탄소를 공기 중에 배출할수록, 지구의 대기는 더 더워지고 바다에서는 더 많은 수증기가 증발하며 어떤 지역에서는 더 큰 폭풍이, 어떤 지역에는 더 큰 가뭄과 산불이, 그리고 어떤 지역에는 더 큰 추위와 폭설이 닥친다. 바로 이것이 유기적 인과관계다. 지구의 생태계는 세계 경제나 인간의 뇌와 마찬가지로 유기적 체계를 이루고 있기 때문이다.

그 결과로 우리 자신은 우리에게 절실히 필요한 개념을 결여하게 되었다. 예컨대 우리 시대의 가장 중요한 도덕적 쟁점인 지구 온난화에 대해 이해하고 소통하기 위해서는 개념이 필요하다.

생태계는 유기적 인과관계를 통해 작동하는 체계다. 일상 차원에서 유기적 인과관계에 대한 개념이 없으면 지구 온난화를 제대로 이해할 수 없다. 다시 말해서 유기적 인과관계의 프레임이 없으면, 우리가 지구 온난화에 대해 자주 반복해서 듣고 있는 사실들은 그 의미를 지닐 수 없다. 오로지 직접적 인과관계의 프레임만을 지닌 사람은 유기적 인과관계에 의한 지구 온난화 관련 사실들을 무시해버린다. 오래된 프레임은 남지만, 이 프레임과 맞지 않는 사실들은 사람들에게 이해되지 못한다.

유기적 인과관계의 구조

유기적 인과관계의 구조에는 네 가지 요소가 따로따로 존재하거나 서로 결합하여 존재한다. 복잡하고 유기적인 문제를 다룰 때는 이 요소들 중 하나나 둘, 셋, 혹은 넷 모두를 적용할 수 있다. 지구 온난화에 대한 대화에서 이것을 어떻게 설명할 수 있을지 살펴보기로 하자.

직접적 인과관계의 망 | ① 지구 온난화는 태평양을 데운다. 이는 곧 대양의 물 분자들이 더 많은 에너지를 가지고 더 활발하게 움직이며, 더 많이 증발해서 공기 중에서 더 많은 에너지를 가지고 움직인다는 뜻이다. ② 대양 위 높은 상공의 바람은 남서쪽에서 북동

쪽으로 불어 더 많은 양의 고에너지를 가진 수증기를 북극 쪽으로 밀어 보낸다. ③ 겨울에 눈으로 바뀐 이 수증기는 거대한 눈보라가 되어 미국 동해안 전역에 쏟아진다. 따라서 지구 온난화는 큰 눈보라를 유기적으로 초래할 수 있다.

순환 고리(feedback loops) | ① 북극의 거대한 얼음 덩어리들은 빛과 열을 우주로 반사한다. ② 지구 대기가 더워지면 북극의 이 유빙군(流氷群)이 녹아서 줄어든다. ③ 북극 얼음의 양이 줄어들면 빛과 열을 덜 반사해서 대기 중에 그만큼의 열이 남아 있게 된다. ④ 대기가 더 더워진다. ⑤ 순환 고리의 형성: 북극의 얼음이 더 녹으면 열은 또 그만큼 덜 반사되고, 더 많은 열이 대기 중에 남게 된다. 그러면 또 얼음이 더 녹는다. 이런 과정이 계속 반복된다.

다중적 원인 | 극소용돌이(polar vortex)와 제트 기류의 상호작용으로 소용돌이의 일부가 남쪽으로 이동하여 북아메리카 한복판에 들어와, 오클라호마와 조지아 같은 남부 지방에까지 비정상적인 한파를 일으킨다.

확률적 인과관계 | 많은 기상 현상은 확률적이며, 야기되는 결과는 곧 확률 분포다. 동전 한 개를 던져서 앞면이 나올지 뒷면이 나올지 예측할 수는 없지만, 동전을 아주 여러 번 던졌을 때 나타나게 될 추이는 예측할 수 있다. 거의 정확히 그 중 50퍼센트는 앞면이, 50퍼센트는 뒷면이 나올 것이다.

그렇다. 지구 온난화가 미국 남부의 한파를 유기적으로 야기했다. 그렇다. 지구 온난화가 허리케인 샌디, 중서부의 가뭄, 콜로라도·텍사스의 산불, 기타 전 세계의 극단적 기상재해를 유기적으로 초래했다. 자, 큰 소리로 말해보자. 여기에는 인과관계, 유기적 인과관계가 있다! (모두 지구 기상 체계의 일부로서 확률적으로 작용하는) 인과관계의 망, 순환 고리, 다중적 원인들이 유기적으로 기상재해를 일으켰다. 또 유기적으로 인간에게 막대한 피해를 주고 적어도 수십억 달러의 손실을 입혔다.

사실 유기적 인과관계는 우리에게 익숙하다. 흡연은 폐암의 유기적 원인이다. 인간 면역결핍 바이러스(HIV)는 에이즈의 유기적 원인이다. 탄광 노동은 진폐증의 유기적 원인이다. 음주 운전은 교통사고의 유기적 원인이다. 피임 없는 섹스는 원치 않는 임신의 유기적 원인이며 이는 다시 낙태의 유기적 원인이다.

유기적 인과관계를 이해하는 일이 더더욱 중요한 이유는 이것이 직접적 인과관계보다 덜 명백하기 때문이다. 유기적 원인은 수많은 다중적 원인들 중 하나일 수도 있다. 여기에는 모종의 특별한 조건이 필요할 수도 있다. 이는 좀 더 직접적인 원인들의 망을 통해 작용하는 간접적인 원인일 수도 있다. 혹은 상당히 높은 확률로 발생하는 확률적 원인일 수도 있다. 혹은 순환 기제를 필요로 할 수도 있다. 대체로 생태계나 생물 체계, 경제 체계, 사회 체계 내의 인과관계는 직접적이지 않은 경향이 있지만 그렇다고 인과적 성격이 약해지는 것은 전혀 아니다. 그리고 이러한 체계 내의 인과관계는 직접적 인과관계가 아니기 때문에 이를 이해하고 그 부정적 영향력을 통제하려면 훨씬 큰 주의가 요구된다.

무엇보다도 여기에는 유기적 인과관계라는 명칭이 붙어 있다.

허리케인 샌디의 정확한 세부적 특징은 사전에 예측할 수 없었다. 이는 흡연자가 언제 폐암에 걸릴지, 피임 없는 섹스로 언제 원치 않는 임신을 하게 될지, 음주 운전자가 언제 사고를 낼지, 혹은 이러한 일들이 발생할지 안 할지를 예측할 수 없는 것과 마찬가지다. 그럼에도 유기적 인과관계의 인과적 성격만은 부인할 수 없다.

의미론은 중요하다. 원인이라는 말이 흔히 직접적 원인을 뜻하는 것으로 여겨지기 때문에, 많은 경우 기후학자들은 정확성을 기하기 위해 특정한 허리케인, 가뭄, 산불의 원인을 지구 온난화에 돌리기를 기피한다. 유기적 인과관계에 맞는 개념인 프레임과 언어를 갖추지 못한 탓에, 기후학자들은 모호한 표현 뒤에 숨음으로써 의사 전달의 치명적 실수를 범했다. 제임스 핸슨, 마키코 사토, 레토 루디가 집필하여 〈미국국립과학원회보〉에 게재한 논문 「기후 변화에 대한 인식(Perception of Climate Change)」 중 다음 구절을 살펴보자.

…… 우리는 2011년 텍사스와 오클라호마, 2010년 모스크바에 일어난 이변과 같은 극단적 이상 현상들이 지구 온난화의 결과라고 높은 수준의 신뢰도로 말할 수 있다. 지구 온난화가 부재할 경우 이런 현상이 일어날 가능성이 극도로 적기 때문이다.

여기서 결정적인 단어들은 이상 현상, 결과, 높은 수준의 신뢰도, 부재, 가능성, 극도로 적다. 이 모호한 학술적 표현들이다! 이들 사이에서 있는 그대로의 진실(즉, 인과관계)이 품은 힘은 사라져버렸다.

이는 결코 사소한 문제가 아니다. 지구의 운명이 위험에 처해 있다. 과학은 탁월하다. 그러나 과학자들은 의사소통 능력이 부족하다. 언어가 없으면 생각은 표현조차 할 수 없다. 그리고 유기적 인과관계에 대한 이해가 없으면, 우리는 무엇이 우리에게 타격을 가하고 있는지 이해할 수 없다.

지구 온난화는 바로 지금 여기에 닥친 현실이다. 이는 죽음과 파괴와 막대한 경제적 손실을 초래한다. 그리고 그 인과적 영향력은 시간이 갈수록 점점 커지고 있다. 우리는 여기에 그냥 적응할 수도 없다. 그 비용은 헤아릴 수 없다. 우리가 직면하고 있는 위기는 거대하다. 현재 지구가 더워지면서 매일 추가로 축적되고 있는 초과 에너지의 양은 히로시마에 떨어진 원자폭탄 에너지의 40만 배에 달한다. 매일!

기자들이 해야 할 일

유기적 인과관계가 대부분 프레임도 이름도 지어지지 않은 채로 통용된 까닭에, 지금까지 기자들은 어찌할 바를 모르고 갈팡질팡하다가 대중을 호도하는 부적절한 은유에 의존할 수밖에 없었다.

찰스 프티(Charles Petit)는 2014년 1월 7일 MIT의 과학 저널리즘 연수 프로그램인 '나이트 사이언스 저널리즘(Knight Science Journalism)' 사이트의 KSJ 트래커(KSJ Tracker) 블로그에 올린 글에서 이런 은유들을 열거한 바 있다.

약해진 극소용돌이가 마치 점점 느려지는 팽이처럼 북극 주위를 움직이다가 결국 쓰러져서 북극 냉동고의 문을 확 열어젖히는 현상. ……

북극에 계류되어 있던 빙권의 치명적 대기가 풀려나와 캐나다 전역을 습격하고 미국 동부를 휩쓸었다. ……

바람이 약해지면 소용돌이는 마티니를 네 잔째 마시고 취한 사람처럼 비틀거리기 시작할 수 있다. …… 이번 경우에는 극소용돌이 거의 전체가 남쪽으로 곤두박질했다. ……

책임감 있는 기자라면 이 정도로는 부족하다. 그런 기자라면 유기적 인과관계를 논해야 한다. 지구 온난화와 그것이 기후에 미치는 영향에 대해, 또 셰일 가스 시추나 교육 사유화나 노조 쇠퇴 같은 다른 유기적 효과에 대해 논의할 때는 더더욱 그렇다.

또 책임감 있는 기자라면 우리 경제를 파괴하는 유기적 영향에 대해, 최근 발견되었지만 미디어가 공론으로 끌어들이지 못한, '생산에 의한 부'와 '재투자자에 의한 부' 사이의 유기적 효과에 대해 논의해야 한다.

　방금 논의한 형태의 유기적 인과관계는 지구 온난화 현상에 맞게 고안된 것이다. 앞으로 우리는 이것 말고도 이를테면 경제학 같은 분야에 존재하는 또 다른 형태의 유기적 인과관계를 논의할 것이다. 하지만 이 책의 목적과 관련하여 가장 중요한 형태의 유기적 인과관계는 바로 뇌 자체에 대한 것이다. 반사 현상도 일종의 유기적 인과관계다. 그리고 우리 정치와 인성(personhood) 개념 사이의 관계는 대중에게, 특히 정치 평론가, 정책 결정자, 전략가, 여론조사 전문가, 기타 정치 전문가들에게 전달하기 가장 힘든 유기적 인과관계의 사례 중 하나다.

05

정치와 인성

우리는 모두 개인적 정체성에 대한 감각, 즉 한 인간으로서 내가 누구인가를 인식하는 감각을 지니고 있다. 이 개인적 정체성의 중심에는 무엇이 옳고 무엇이 그른지, 무엇이 우리 행동을 정당화하는지를 인식하는 도덕적 감각이 존재한다. 우리가 믿고 이해하는 모든 것이 그렇듯 이 도덕적 감각 역시 물리적 실체로서 뇌의 신경 회로망 안에 장착되어 있다. 이것이 바뀌면, 즉 우리 도덕적 감각을 특징짓는 회로망이 바뀌면 우리의 인성도 바뀐다. 다시 말해, 우리가 옳다고 여기는 것, 우리가 행동하는 방식이 바뀜으로써 우리가 어떤 부류의 사람인지도 바뀐다.

앞에서 정치적 정책은 그릇되거나 부적절하지 않고 옳다는 전제를 깔고 있다는 의미에서 모든 정치가 도덕적이라는 점을 살펴보았다. 우리의 정치 진영을 둘로 가르는 것은 결국 도덕의 차이며, 이 차이는 우리 뇌 속에 존재하는 서로 완전히 다른 뇌 회로에 의해 만들어진다. 우리는 미국 정치의 두 주된 도덕적 분파가 (자상한 부모의) 진보적 도덕성과 (엄격한 아버지의) 보수적 도덕성이라는 상반된 두 가정 모형에서 유래함을 보았다. 가정생활은 한 인간으로서 자기 자신을 이해하는 방식에 깊은 영향을 미치므로 이것은 우연이 아니다.

가정생활은 복잡한 영향력을 끼치며 또래 집단 역시 영향력을 지니고 있다. 그 한 가지 결과가 바로 이중개념주의다. 이중개념 소유자들은 뇌 속에 두 종류의 도덕적 회로를 다 지니고 있다. 이 두 가지 회로는 서로를 억제하며 사람에 따라서 각기 다른 쟁점에 적용된다. 여기에 '중간'은 없다. 모든 중도파가 공유하는 도덕 기반 정치 이념은 전혀 존재하지 않는다.

그러나 당신이 진보이든 보수이든 이중개념 소유자이든 자신의 도덕성(사람이 어때야 하고 무엇을 해야 하는가에 대한 나름의 감각)은 나의 뇌가 감정을 촉발하고 어떤 상황에서 어떤 생각에 대해 좋은 기분이 드는가 나쁜 기분이 드는가를 판단하는 방식과 깊이 연결되어 있다. 우리는 그 이유를 이해해야 한다.

감정이입과 도덕성 이면의 과학

신경과학의 가장 큰 발견 중 하나는 거울 뉴런 체계다. 단순하게 말하면 이 체계는 우리 뇌 속에서 작동하면서 타인과 관계 맺고 그들의 감정을 알고 느끼며 자연 세계와 관계 맺는 능력을 우리에게 부여한다. 이는 감정이입 능력의 핵심이다. 감정에 대한 연구를 통해 우리는 특정한 감정이 안면 근육이나 자세 등 신체의 특정한 움직임과 연관됨을 알고 있다. 예를 들어 행복감을 느낄 때 안면 근육은 찌푸리거나 치아를 드러내는 것이 아니라 미소를 짓는 쪽으로 움직인다. 우리는 다른 사람의 감정을 알리는 물리적 신호가 대개의 경우 이를 관찰한 사람의 뇌에서도 똑같은 반응을 촉발하며 여기에는 똑같은 감정의 물리적 신호가 수반된다는 사실도 알고 있다. 바로 이런 연유로 우리는 상대방이 행복한지 슬픈지 화났는지 지루한지를 대충 알 수 있으며, 흔히 미처 의식하지도 못한 채 미소에 미소로, 하품에 하품으로 화답한다.

이 모두는 뇌의 운동 중추와 감각 중추를 연결하는 회로망인 거울 뉴런 체계 덕분이다. 그 결과로 내가 관찰하는 타인의 행동은 나 자신의 운동을 통제하는 뇌 활동과 신경적으로 짝을 이루게 된다. 근육은 뉴런의 점화로 활성화되며, 내가 어떤 행동을 취할 때와 다른 사람이 그와 같은 행동을 취하는 것을 보고 있을 때는 거의 같은 뉴런들이 점화된다. 이 '거울 작용(mirroring)' 덕분에 나는 타인의 감정과 결부된 근육 조직을 보고 바로 그 근육 조직이 내 몸에서 어떻게 움직일지를 내 뇌에서 느낄 수 있으며 따라서 바로 그 감정을 몸소 느낄 수 있다. 요컨대 그 덕분에 내가 타인의 감정을 느낄 수 있는 것이다! 이것이 바로 감정이입이다.

그러나 이 효과는 뇌에 그 이상의 영향을 미친다. 신경과학자들은 상상하는 뇌와 행동하는 뇌가 겹친다는 사실 또한 발견했다. 우리가 어떤 대상의 정신적 이미지를 머릿속에 떠올릴 때와 그 이미지를 실제로 볼 때 활성화되는 뉴런 영역이 상당 부분 일치한다는 것이다. 우리가 움직인다고 상상할 때와 실제로 움직일 때도 마찬가지다. 이는 우리가 지금 눈앞에 있는 사람뿐만 아니라 우리의 상상과 기억 속에, 책과 꿈 속에 등장하는 사람에게도 감정이입할 수 있는 능력을 지니고 있다는 뜻이다. 우리가 소설, 영화, 심지어 신문 기사를 읽고 깊은 감동을 받을 수 있는 것은 바로 이 때문이다.

신경과학자들은 우리가 사랑하는 사람이 고통을 겪는 모습을 볼 때 우리의 뇌에서 고통을 느끼는 중추가 활성화된다는 것 역시 보여주었다. 감정적 고통은 실재한다.

간단하게 들리지만, 이 이야기에는 약간의 반전이 있다. 우리가 보고 듣고 상상하는 대상에 대한 우리의 최종 반응에 신경이 영향을 끼치는 방식에는 다소 미묘한 측면이 존재한다. 전전두엽 피질에는 판단력을 발휘할 때 특별히 활성화되는 영역이 있다. 이러한 영역에는 우리가 특정한 행동을 취할 때는 활성화되지만 다른 사람이 같은 행동을 취할 때는 덜 활성화되는 뉴런이 있다. 가설에 의하면 이는 우리에게 감정이입을 조절하는 능력을 부여한다. 경우에 따라서 감정이입을 줄이거나 끊을 수 있는 능력이다. 그러니까 거울 뉴런 체계는 우리를 타인과 감정적으로 연결해주지만, 어떤 경우에는 우리를 타인에게서 감정적으로 멀리 떨어뜨려놓기도 한다.

전전두엽 피질은 내가 '행복/불행(well-being/ill-being) 체계'라고 이름 붙인 또 다른 신경 체계에서도 활성화된다. 이 체계는 내가 기분 좋은 일을 경험할 때 뇌에서 특정한 호르몬을 분비하고, 기분 나쁜 일을 경험할 때는 다른 호르몬을 분비한다. 요컨대 이 체계는 주어진 어느 시점에 내가 행복을 느낄지, 불행을 느낄지를 조절한다. 또한 이 체계는 무엇이 내게 행복을 줄지, 그렇지 않을지에 대한 상상에 근거하여 판단을 내리는 데도 관여한다고 추정할 수 있다.

행복 체계와 감정이입 체계는 서로 복잡한 방식으로 상호작용할 수 있다. 어떤 사람들은 자기가 만족했을 때는 물론 자기가 감정이입하는 사람이 만족감을 느낄 때에도 똑같이 행복감을 느낀다.

어떤 사람들은 두 체계가 이런 식으로 연결되어 있지 않다. 이들은 대략 네 가지 유형으로 구분된다. 첫 번째 유형은 행복 체계가 감정이입 체계를 압도한다. 즉 자신의 이익을 타인의 이익이나 타인에 대한 배려보다 우선시한다. 두 번째 유형은 자신의 행복을 유지하면서 타인의 행복에 기여함으로써 균형을 맞추는 복잡한 상호작용을 해낼 수 있다. 세 번째 유형은 항상 자신의 행복보다 타인의 행복을 우선시하면서 자기를 희생한다. 네 번째 유형은 내(內)집단의 일원으로서 자신의 행복과 내집단 성원의 행복을 우선시하고 집단 바깥의 사람들에게는 전혀 감정이입을 하지 않는다. 그 양상은 그 사람이 속한 내집단의 성격에 따라 변화할 수 있다.

도덕성은 나 자신 및 타인의 행복과 연관되어 있으므로, 위의 네 가지 유형은 각기 다른 도덕적 태도를 규정한다.

거울 뉴런 체계는 선천적 요인의 영향을 받을까? 분명히 그렇다. 특정 형태의 자폐증 환자들은 감정이입 능력이 적거나 거의 없다. 사이코패스들은 감정이입 능력을 통제한다. 사이코패스는 타인의 기분을 느낄 수 있지만 그것에 영향을 받지 않고 자신의 이익이나 쾌락을 위해 타인을 조종한다.

거울 체계는 양육방식이나 가정환경, 또래관계의 영향을 받을까? 정치적 도덕성이 사람의 감정이입 능력과, 즉 거울 뉴런 및 행복 체계의 작동과 상관관계가 있을까? 이에 대해서는 연구가 진행되고 있다. 그 중간 결과에 따르면 극단적 진보주의자와 극단적 보수주의자 사이에는 분명히 차이가 있다. 극단적 보수주의자는 감정이입 체계가 덜 활성화되는 양상을 보인다.

우리의 모든 생각과 느낌은 물리적인 뇌 회로망의 문제이므로, 방금 논의한 물리적인 뇌 구조가 우리의 도덕적 감수성을 형성한다는 것도 놀랄 일은 아니다. 이 뇌 구조는 우리의 도덕적 감수성뿐만 아니라, 이상적 인간상에 대한 우리 관점의 신경적 기초를 이룬다.

이상적 인간

이상적인 인간은 어떠해야 할까? 도덕성에 대한 보수와 진보의 관점이 서로 다르기 때문에 이에 대해서도 이 둘은 거의 상반된 관점을 지니고 있다. 이중개념 소유자들도 그 도덕적 관점의 분리 양상에 따라 서로 다른 관점을 지니고 있다.

보수에 가까운 이중개념 소유자들은 사람이 어떠해야 하는 가에 대해 대체로 보수적 관점을 띨 것이고, 진보에 가까운 이중 개념 소유자들은 사람이 어떠해야 하는가에 대해 대체로 진보적 관점을 띨 것이다. 또 극단적 성향이 덜한 이중개념 소유자들은 이상적 인간이 자기와 같은 식의 이중개념 소유자여야 한다고 믿을 것이다. 보수적 관점과 진보적 관점이 자기와 같은 식으로 분포된 인간이어야 한다고 믿는 것이다.

(자상한 부모의) 진보적 도덕 체계는 감정이입과 개인의 행복 체계 사이에서 미묘한 균형을 유지한다. 그 핵심에는 타인에 대한 감정이입과 그 감정이입에 의거해 행동해야 할 책임이 존재하지만, 이는 우선 나 자신을 돌보지 않으면 다른 사람을 돌볼 수 없다는 단서에 의해 조절된다. 즉 진보적 도덕 체계의 중심은 감정이입이며 여기에는 개인적 책임과 사회적 책임이 둘 다 포함된다.

보수적 도덕 체계의 중심은 행복 체계이며, 오로지 개인적 책임에 초점을 맞춘다. 보수적 도덕 체계는 타인의 공감과 돌봄에 의존하지 않고, 타인에게 감정이입하거나 책임을 지지도 않고 나 자신의 이익에 봉사하는 데 중점을 둔다.

　여기에는 미세한 변이들이 존재하지만 결국 이것이 두 체계의 핵심적 차이다.

감정이입과 공감

감정이입(empathy)과 공감(sympathy)은 둘 다 다른 사람이 느끼는 것을 아는 능력과 연관된다. 그러나 감정이입과 달리, 공감은 개인적이고 감정적인 느낌을 무시하며 이와 거리를 둔다. 공감하는 사람은 당연히 타인의 고통을 덜어주기 위해 행동하지만 그 스스로 고통을 느끼지는 않는다. 온정(compassion)이라는 말은 쓰는 사람에 따라 감정이입에도 공감에도 쓰일 수 있다. 예를 들어 조지 W. 부시는 대선 출마를 처음 선언하는 자리에서 마빈 올라스키(Marvin Olasky)의 『미국적 온정의 비극(The Tragedy of American Compassion)』을 인용하며 자신을 '온정적' 보수라고 칭했다.

　온정과 보수주의에 대한 올라스키와 부시의 접근 방식은 진보와 보수 사이의 주요한 차이를 시사하고 있다. 진보주의자들은 사회 전체가 물질적으로 부족한 사람들을 도울 책임이 있으며 세금으로 지원받는 정부가 그 주된 도구가 되어야 한다고 믿는 경향이 있다. 한편 보수주의자들은 비정부 기관을 통한 자선을 선호하며, 물질적으로 부족한 이들에 대한 원조를 거부하는 것이 그들을 진정으로 돕는 길이라고 믿는 경향이 있다. 그러니까 보수 세력의 모토는 물고기를 주는 것보다 물고기 낚는 법을 가르치는 편이 더 낫다는 것이다. 게다가 '자격 있는' 소수에게 자선을 베푸는 편이 세금으로 모두에게 혜택이 돌아가는 자원을 제공하는 것보다 비용도 훨씬 덜 든다고 생각한다.

이 이분법은, 이상적 인간이 어떠해야 하며, 순수하게 보수적이든 순수하게 진보적이든 둘의 알맞은 조합이든 '올바른' 도덕 체계를 지닌 이상적 인간을 길러내기 위해 우리 정치를 어떻게 조직해야 하는가에 대한 매우 상이한 두 가지 생각으로 이어진다.

반사성과 인성

이 시점에서 우리는 '인성의 반사성 문제'를 제기해야 한다. 언어적 프레임 구성으로 사람 성향을 변화시킬 수 있을까? 극단적 사례에서는 아닐지 몰라도, 답은 '그렇다'인 듯하다. 물론 이는 연령과 환경에 따라 다르다. 하지만 이런 변화는 장기간에 걸쳐 주로 이중개념 소유자들에게서 일어나는 현상인 것 같다.

프레임을 재구성하고, 비단 선거철만이 아니라 상시 작동하는 효과적인 소통 체계를 마련하더라도 (미국인의 약 25~30퍼센트로 추정되는) 극단적 보수주의자들을 변화시킬 수는 없다. 이는 어떤 사람들은 우리가 '다다를' 수도 없고 또 그들을 '일깨울' 수도 없다는 뜻이다. 하지만 이 두 가지 모두 진보의 부정확한 은유다.

부분적으로 보수적인 온건한 진보주의자가 있다고 가정해보자. 그녀는 미디어나 친구들, 혹은 그 양쪽으로부터 보수적 언어와 보수적 주장을 날이면 날마다 반복해서 듣는다. 보수적 언어는 보수적 도덕 체계를 활성화하며, 이 체계는 그런 언어를 들을 때마다 조금씩 조금씩 강화된다. 그녀 뇌 속의 보수적 회로망이 강해질수록(시냅스가 강해질수록), 쟁점을 보는 그녀의 관점은 진보에서 보수 쪽으로 바뀔 가능성이 높아진다. 그 결과 뇌 안에서 변화가 일어나 그녀는 부분적으로 보수적인 사람에서 거의 보수적인 사람으로 바뀌게 된다. 나는 수많은 사례에서 이런 일이 실제로 일어나고 있다고 믿는다.

이것이 보수적 메시지 전달 체계의 힘이며, 실제로 작동하는 반사성의 힘이다. 이런 식으로 충분한 시간이 흐르면, 그 사람의 인성 자체와 더불어 타인들이 어떠해야 하는지, 누구에게 투표해야 하는지에 대한 그 사람의 이상이 변화될 수 있다.

반사성의 또 다른 보수적 활용은 그들의 득표 여부에 달려 있다. 일단 당선되어 관직에 오른 보수주의자들은, 정부는 일해봤자 도움이 안 되며 최소화되고 민영화되어야 한다고 말하는 데서 그치지 않고 (그 자신이 정부에 있는 까닭에) 정부의 일을 중단시켜서 자기 충족적 예언을 실현할 수 있다고 여긴다. 어떻게? 세금을 깎고, 지원 기금을 깎고, 법을 통과시키고, 대법원에서 법을 재해석해주면 된다.

현대 미국에서 정치와 인성은 불가분의 관계에 있으며, 명백히 보수적인 방향으로 이동하고 있다. 이 방향을 바꾸기 위해, 진보 세력은 그 과정에서 뇌와 의사소통 체계가 어떤 역할을 하는지를 이해할 필요가 있다.

미국 건국이념에서의 정치와 인성

미국이 건국되었을 때도 정치와 인성은 함께했지만 그때는 진보적인 쪽을 향하고 있었다.

UCLA의 역사학자인 린 헌트(Lynn Hunt)는 자신의 저서 『인권의 발명(Inventing Human Rights: A History)』에서 그 역사를 상세히 기술하고 있다. 그녀는 인간의 권리를 규정한 미국 독립선언서의 한 구절로 책을 시작한다.

> 우리는 다음 사실을 자명한 진리로 받아들인다. 모든 사람은 평등하게 태어났고, 창조주로부터 양도할 수 없는 특정한 권리를 부여받았으며, 그 중에는 생명, 자유, 행복 추구의 권리가 있다.

그녀는 묻는다. 이러한 권리가 정말로 자명하다면, 왜 제퍼슨은 그것이 자명하다고 굳이 말해야 했을까? 언제부터 그러한 권리는 자명하게 되었을까?

미국역사학회 회장을 지낸 바 있는 헌트는 프랑스와 영국, 그리고 영국으로부터 최초로 독립한 미국 13개 주의 문헌과 문화를 연구했다. 그녀는 이런 관념이 1600년대까지 부재하다가 1700년대 중반, 특히 중요한 문화적 변화가 서유럽과 미국을 휩쓴 1760년대 이후부터 나타나기 시작했음을 보여준다.

이 변화는 당대의 소설에서 확인할 수 있는데, 그 한 예가 1761년부터 1800년까지 70판을 찍은 18세기 최고의 베스트셀러, 장 자크 루소의 『줄리(Julie)』다. 이 소설은 연인 한 쌍이 주고받은 내밀한 편지를 묶은 형식으로 되어 있는데, 편지가 거듭될수록 인물의 심리 상태가 점점 드러나고 발전하면서 평범한 사람들이 겪는 역경에 대한 감정이입을 불러일으켰다. 독자들은 이 등장인물들의 감정적 삶에 깊숙이 동화되었다.

1760년과 1780년 사이에 이런 소설이 크게 늘어났고, 고문이 비인도적이라는 이유로 국가적으로 금지하는 법률이 통과되었다. 또 대상의 개별적 특성을 묘사한 초상화가 그려지기 시작했고, (예를 들어 손수건으로 코를 푸는 등) 자신의 신체에 대한 개인적 통제를 강화하는 쪽으로 예절이 변화했으며, 개인의 자율성이라는 개념이 급속히 등장했다.

이런 변화를 촉발한 것은 바로 감정이입이었다. 감정이입을 통해 사람들은 고난과 역경을 겪는 평범한 이들과 자신을 동일시하고, 등장인물의 기분을 느끼고 자기 주위의 역경을 인식하며, 법률과 정부의 변화를 촉진할 수 있었다. 이렇게 동료 시민에 대한 감정이입 능력의 배양을 통해 1776년에 이르렀을 때 인권은 '자명한' 것이 되었다. 이러한 감정이입은 합중국과 미국 민주주의의 기초를 형성했다.

프린스턴 고등과학연구소의 역사학자 대니엘 앨런(Danielle Allen)은 『우리의 선언: 평등을 수호하는 독립선언서 읽기(Our Declaration: A Reading of the Declaration of Independence in Defense of Equality)』에서 미국 독립선언서 연구의 중요한 한 발을 내딛었다. 그녀는 이 책에서 독립선언서를 철저히 독해하지만 연구의 초점을 역시 자명한 진리에 대한 그 고전적 구절에 맞추었다. 그런데 선언문 초고를 면밀히 뜯어본 앨런은 이 구절 끝의 마침표가 원래 초고에는 없었다가 나중에 삽입된 것이라고 주장한다. 그녀의 주장은 그 뒤에 이어지는 구절의 문법이 뒷받침한다. 다음은 해당 구절 전체를 초고의 구두점을 살려서 인용한 것이다.

우리는 다음 사실을 자명한 진리로 받아들인다. 모든 사람은 평등하게 창조되었음을, 창조주로부터 양도할 수 없는 특정한 권리를 부여받았음을, 그 중에는 생명, 자유, 행복의 추구가 있음을, 이 권리를 확보하기 위하여 인류 사이에 정부가 세워졌으며 이 정부의 정당한 권력은 지배받는 자의 동의에서 유래함을, 어떤 형태의 정부이든 이러한 목적을 파괴할 때는 언제든지 정부를 교체하거나 폐지하여, 이러한 원칙에 기초를 두고 이러한 형태로 권력을 조직한, 자신들의 안전과 행복을 가장 효과적으로 실현할 새로운 정부를 세우는 것이 인민의 권리임을.

앨런은, 마침표가 붙으면 자명한 진리가 (앞에서 내가 행복 체계로부터 유래한다고 설명한) 생명과 자유, 행복의 추구에서 끝나게 되며, 모두의 행복을 위한 감정이입에 기초한 정부를 시민이 수립하고 실현한다는 개념은 여기서 빠지고 만다고 주장한다. 생명과 자유, 행복의 추구로 끝나는 구절은 자유에 대한 것이지만, 그 다음에 이어지는 구절은 평등과 이를 보장하는 정부의 중요한 역할에 대한 것이다.

원문*에서 (마지막 부분 'to effect their safety and happiness'까지) that절과 복수형의 연속은 이 문장이 행복의 추구를 넘어서서, 양도할 수 없는 권리의 평등을 보장하는 정부의 역할까지 포괄한다는 것을 확인할 수 있다.

이것이 중대한 문제라는 앨런의 주장은 옳다. 그녀가 말하는 요지는 단순히 마침표에 대한 것이 아니라, 우리의 정치적 분열에 대한 것이다. 나의 책 『자유는 누구의 것인가』에서 기술한 것처럼 진보와 보수는 자유에 대해 매우 다른 관점을 지니고 있다. 보수

---

* We hold these truths to be self-evident, <u>that</u> all men are created equal; <u>that they</u> are endowed by <u>their</u> Creator with certain unalienable rights; <u>that</u> among these are Life, Liberty, and the pursuit of Happiness; <u>that</u>, to secure these rights, governments are instituted among Men, deriving their just powers from the consent of the governed; <u>that</u> whenever any form of government becomes destructive of these ends, it is the right of the people to alter or to abolish it, and to institute new government, laying its foundation on such principles, and organizing its powers in such form, as to them shall seem most likely to effect <u>their</u> safety and happiness.

가 말하는 자유에는 평등도, 이를 보장하는 정부의 역할도 포함되어 있지 않다. 그들은 또한 이러한 자신들의 관점의 연원을 국부(國父)들에게서 찾는다. 그리고 보수주의자들은 급진적 변화를 추구하면서도, 마치 자기들이 미국 건국의 가치를 보존하는 것처럼 '보수'라는 단어를 쓴다.

여기서 쟁점이 되는 문제는 자유가 무엇을 뜻해야 하는가, 민주주의가 무엇을 뜻해야 하는가, 인성이 어떠해야 하는가다.

06

사적인 것은 공적인 것에 의존한다

건국 당시부터 미국은 공교육, 공공 병원, 공공 도로와 다리, 연합*
을 보호하는 군대, 연합을 규제하고 유지할 법률을 만드는 입법 기
관, 이 법률을 수행할 행정부, 이 법률을 집행할 사법 체계, 국립 은
행, 주(state) 사이의 통상을 촉진하는 특허청, 그리고 무엇보다도
대중이 자신들의 통치자를 선택할 수 있는 체계를 갖추고 시작했
다. 이런 공적 자원이 없었다면 미국인들은 만족스러운 사생활도,
제 기능을 하는 기업 사회도, 그리고 민주주의도 누릴 수 없었을
것이다!

　이는 미국을 비롯하여 서구 전반의 민주주의에 대한 심오하
고 중요한 사실을 우리에게 일깨워준다. 미국의 민주주의는 연합,

---

* 　union. 미국을 구성하는 각 주의 연합을 말한다. ─옮긴이

즉 서로의 안위와 나아가 국가 전체의 안위에 관심을 갖는 시민들의 모임이라는 개념에서 자라났다. 미국이 민주 국가로서 존립해 온 것은 많은 미국인들이 서로에 대한, 즉 국가에 대한 책임을 기꺼이 져왔기 때문이다. 그들이 자신의 정부를 이용하여 충분하고도 적절한 공적 자원을 모두에게 제공함으로써, 우리 대다수 시민들이 개인적으로 사람다운 삶을 누릴 수 있도록 뒷받침해 주었기 때문이다.

이를 이해하려면 우선 이런 공적 자원을 인식하고 그 가치를 인정하며, 이를 제공하는 공무원들의 가치를 인정해야 한다. 또 우리는 시민으로서 그 비용을 지불함과 동시에 이를 정치적으로 뒷받침할 책임이 있음을 이해해야 한다.

사적인 것은 공적인 것에 의존한다. 오늘날은 더더욱 그렇다. 시민으로서 궁극적으로 정부를 움직이는 우리는 이전보다 훨씬 많은 것을 제공하고 있다. 전력망, 공립 대학, 각 주를 서로 연결하는 고속도로 체계, 공적 지원에 힘입어 컴퓨터 과학 및 모든 컴퓨터 기술 분야를 창출해낸 과학 연구, 원거리 통신과 인터넷을 가능하게 한 위성 통신, 현대적 의료, 공항과 항공교통 관제 체계, 공군을 통한 조종사 교육, 질병통제센터와 식품의약국, 환경보호국, 국립공원과 천연기념물 관리 체계, 공적 자원 관리 체계, 낡고 부패한 매관매직을 대신한 공무원 제도 등, 이 목록은 끝이 없다. 그리고 이 중에서도 가장 큰 공적 자원은, 이 모든 공적 자원이 제 기능을 하도록 관리하고 보장하는 공공 체계, 즉 이런 직무를 감당하는 정부(통치 체계)일 것이다.

이 모든 것이 없다면, 현대 미국의 개개인과 사기업은 지금과 같은 축복을 누리지 못할 것이다. 사적인 것은 공적인 것에 의존한다. 공적인 자원이 사적인 삶을 가능하게 해준다.

이를 알기 위해 큰 수고가 드는 것도 아니다. 그 증거는 우리 일상과 주변에 널려 있다. 예전에는 공사 표지판에 "당신의 세금이 일하고 있습니다!(Your tax money at work!)"라는 문구가 쓰여 있었다. 하지만 요즘에는 이런 표지판을 볼 수 없다. 그 누구도 우리 민주주의의 가장 기초적인 진실을 말하지 않는다. 왜일까?

이는 진보의 도덕적·실용적 가정 중 일부이므로, 진보주의자들은 이를 숨 쉬는 것이나 하늘이 파랗다고 말하는 것처럼 당연하게 받아들인다. 이는 뇌가 작동하는 방식에 대한 중요한 사실이다. 어떤 생각이나 지식은 너무 깊숙이 들어앉아 있기 때문에 의식 위로 거의 떠오르지 않는다. 주변의 아무도 "사람은 숨 쉰다."라거나 "당신은 코를 갖고 있다."라고 말하고 다니지 않는다.

그러나 보수주의자들에게는 사적인 것이 공적인 것에 의존한다는 생각 자체가 혐오스럽고 비도덕적이다. 보수주의자들은 책임에 대해 다른 시각을 지니고 있다. 진보주의자들이 주로 감정 이입(동료 시민에게 마음을 쓰는 일)과 개인적·사회적 책임, 이를 위한 최선의 헌신이 옳다고 믿는 반면, 보수주의자들은 오로지 개인적 책임만이 옳다고 믿는다.

여기서 민주주의를 보는 완전히 다른 시각, 즉 민주주의가 이른바 '해방(liberty)'을 가져온다는 시각이 생겨난다. 여기서 해방이란 타인이 나를 도울 책임이나 내가 동료 시민을 도울 책임 없이 그리고 정부의 어떤 개입도 없이 나 자신의 이익을 추구할 수 있는 능력이다.

진보의 도덕적 비전이 진보주의자들의 뇌에 깊이 새겨져 있는 것처럼, 이런 도덕적 확신 역시 보수주의자들의 뇌에 깊이 새겨져 있다.

여기서 다시금, 나는 심층적이고 핵심적인 이성에 대해 '정신'이나 '마음'이 아니라 '뇌'라는 단어를 썼다. 모든 생각은 뇌 속의 신경 회로망에 의해 수행되는 물리적 과정이다. 생각은 그저 허공에 떠다니는 것이 아니다. 따라서 나는 내 뇌 안의 기존 회로망이 이해하도록 허용하는 것만을 이해할 수 있다. 내가 세상을 이해하도록 해주는 근본적인 프레임은 물리적이다. 나의 도덕적 정체성은 나의 폐나 코와 마찬가지로 나의 물리적인 일부다. 나는 내 뇌가 허용한 것만을 이해할 수 있다. 사실이 나의 뇌가 물리적으로 허용한 것과 맞지 않으면, 뇌 회로는 남고 사실은 무시되거나, 버려지거나, 웃음거리가 되거나, 맞서 싸워야 할 일종의 비도덕으로 여겨진다. 사적인 것이 공적인 것에 의존한다는 것은 사실이다. 아마 이것은 미국의 민주주의에서 가장 중요한 사실일 것이다. 그러나 엄격한 보수주의자들은 이를 아예 보지 못하거나, 어떤 대가를 치르고라도 무찔러야 할 근본적인 비도덕으로 본다.

이는 미국을 분열로 몰아가는 힘, 정부의 기능을 박탈하려는 보수적 움직임을 추동하는 주요한 힘이다. 교육, 공중 보건, 공공 안전, 수자원, 기업 규제, 국방의 상당 부분 등 정부의 많은 부분을 최대한 민영화하려는 보수의 움직임 뒤에는 이런 시각이 도사리고 있다.

과연 뇌가 변화할 수 있을까? 우리 민주주의의 기초적 사실을 이해하고 인정할 수 있을 만큼 많은 미국인들의 뇌는 변화할 수 있을까?

그렇지 않은 경우도 많다. 그러나 압도적 다수의 경우에는 그렇다. 이를 가능케 해주는 것은 바로 이중개념주의다.

뇌와 지속적인 공적 담론

이중개념주의는 우리 뇌에 엄연히 존재하는 사실이다. 대단히 많은 사람들의 뇌에는 진보적 도덕 가치와 보수적 도덕 가치가 온갖 종류의 조합을 이루며 공존하고 있다. 그들은 이러한 서로 다른 도덕 가치를 서로 다른 쟁점에 적용한다.

중도파의 이념, 즉 모든 중도파가 공유하는 관점은 결코 존재하지 않음을 기억하자. 중도적 진보주의자는 대부분 진보적이지만 일부 보수적인 관점을 띤다. 중도적 보수주의자는 대부분 보수적이지만 일부 진보적인 관점을 띤다. 하지만 '중간층'을 규정하는 어떤 단일한 정책 집합도 존재하지 않는다.

진보와 보수의 세계관은 서로 충돌하며, 둘 다 뇌 속에서 신경 회로를 통해 규정된다. 어떻게 우리는 하나의 뇌 안에 상충하는 신경 회로를 지닐 수 있을까? 간단하다. 해답은 상호 억제다. 이런 식의 뇌 회로망은 매우 흔하다. 한쪽 회로가 활성화되면 다른 쪽 회로는 꺼진다. 주어진 시점에 어느 쪽 회로가 켜지는가는 맥락에 따라 달라진다. 두 세계관을 모두 가진 사람은 이를 서로 다른 맥락에서 서로 다른 쟁점에 적용하며, 그 결과 서로 다른 가치에 결부된 뇌 회로를 쟁점에 따라 무의식적이고 자동적으로 넘나들게 된다. 이것이 바로 이중개념 소유자가 된다는 것의 의미다.

유권자로서 이중개념 소유자들은 흔히 집중적인 선거운동 대상이 되곤 한다. 그러나 이들에게 호소하는 방법은 공화당이 민주당보다 더 잘 이해하고 있다. 모든 정치는 도덕적이며, 도덕성에 대한 유권자의 암묵적 인식이야말로 그의 정체성에서 절대적 핵심이라는 사실을 상기하자. 이중개념을 지닌 유권자들은 두 도덕 체계를 다 지니고 있으므로, 즉 어느 한쪽이 주를 이루지만 다른 쪽도 부분적으로 지니고 있으므로, 보수는 자기의 유권자를 지키는 동시에 부분적 보수 성향을 지닌 중도파 민주당 지지자들을 끌어들여야 한다. 거꾸로, 진보는 자기의 유권자를 지키는 동시에 부분적 진보 성향을 지닌 중도파 공화당 지지자들을 끌어들여야 한다. 이 목표를 실현하는 데는 정직한 전략도 있고 오웰식 전략도 있다. 정직한 전략은 우리의 언어를 쓰고 상대편의 언어를 쓰지 않는 것이다. 이렇게 하면 상대 세력 중도파의 머릿속에서 우리의 도덕 체계를 최대한 활성화할 수 있다. 오웰식 전략은 상대편의 언어를 써서 중도적이거나 상반된 시각을 지닌 이들에게 '다 다르려' 시도하는 것이다. 하지만 오웰식 언어를 쓰면 상대편의 도덕 체계를 활성화하고 강화하여 결국 자기 발등을 찍게 된다.

하지만 일부 정치 조직은 오웰식 언어를 쓴다. 예를 들어 나는 이 글을 쓰기 한 시간 전에 노동자 자유 센터(Center for Worker Freedom)에서 '노동자 자유를 지원하는' 조치를 지지해달라고 요청하는 음성 메시지를 받았다. 전화 메시지에서는 언급되지 않았지만, 사실 그들은 반노조 단체였고 그 조치란 노조를 파괴하는 것이었다. 그들은 민주당 지지자들을 속여 아무것도 모르는 상태에서 노조에 반하는 조치를 지원하게 만들려 하고 있었던 것이다.

왜 단순한 사실의 열거가 먹히지 않는지, 왜 선거 때만이 아니라 지속적으로 공적 담론에 주의를 기울여야 하는지를 진보주의자들이 이해하는 것이 중요하다. 이제 진보가 이해해야 할 기본을 제시하려 한다.

공적 담론의 측면에서 뇌가 작동하는 방식에 결정적 영향을 미치는 논리가 있다. 다음은 이 논리의 요점을 열 가지로 정리한 것이다.

1. 뇌 회로가 활성화될수록 그 시냅스는 강화된다.
2. 시냅스가 강화될수록 시냅스의 점화 가능성은 높아지며 점화도 더욱 강화된다.

3. 두 회로가 상호 억제 관계에 있을 때, 한쪽 회로가 강해질수록 다른 쪽 회로는 약해진다.

4. 상호 억제하는 두 회로가 서로 다른 쟁점에 적용된다고 가정할 때, 한쪽이 강해지고 다른 한쪽이 약해지면, 강한 회로가 적용되는 쟁점은 더 늘어나고 약한 회로가 적용되는 쟁점은 더 줄어들기 시작한다.

5. 언어는 이러한 회로의 힘을 변화시킨다. 보수적 언어는 보수적 세계관과 결부된 회로망을 활성화하고, 진보적 언어는 진보적 세계관과 결부된 회로망을 활성화한다.

6. 어느 한쪽의 세계관과 들어맞는 이미지는 언어 이상으로 중요하다.

7. 언어와 이미지의 사용 빈도가 중요하다. 언어나 이미지가 자주 사용되고 상기될수록 그 힘은 더욱 강화된다.

8. 기자들은 공적 담론에서 가장 자주 쓰이는 언어를 사용하도록 훈련받는다.

9. 미국인들이 보수 쪽으로 기울어진 것은 공적 담론에서 보수적 언어가 꾸준히 사용되었기 때문이다. 이런 언어가 지나치게 보편화되어, 진보주의자들이 보수적 언어를 취해서 보수적 명분을 도와주는 현상이 자주 벌어지곤 한다.

10. 언어와 이미지가 뇌에 미치는 영향 때문에, 어느 한쪽 이념의 언어가 상대편의 언어를 누르고 지속적으로 사용되면 이는 우리 정치에 지대한 영향을 끼친다.

보수 세력은 자신들의 언어를 공론에 끌어들이는 일을 훨씬 잘 수행해왔다. 보수주의자들의 방대한 미디어 기업들은, 특히 사적인 것이 공적인 것에 의존한다는 민주주의의 중심 쟁점을 비트는 데 큰 효과를 거두었다. 공적 자원을 최소화하고 나아가 제거하기까지 하는 보수적 전략의 핵심은 바로 공적 자원에 들어가는 돈, 즉 세금을 제거하는 것이었다. 보수주의자들은 부자들에게 매기는 세금을 삭감하고, 거대한 탈세 도피구를 사수하고, 심지어는 국세청 예산을 대폭 삭감해서 대부분 부유층이 저지르는 탈세를 감시할 인력과 첨단 컴퓨터 부족 현상을 초래했다. 1970년대 이후로, 세금이 꼭 필요하고 많은 경우 존중받아 마땅한 공적 자원의 원천이라는 개념은 [과세가 부담]이라는 개념으로 바뀌었다. 다시 말해 '세금으로부터의 구제'라는 생각으로 전환했다.

과세가 고통이고 부담이라는 생각이 지속적으로 퍼지면서, 이중개념 소유자들은 세금이 우리의 사적 생활을 가능하게 해주거나 기업이 번성할 기반을 조성해주는 것이 아니라 부담이라고 여기는 쪽으로 시각을 전환하게 되었다. 보수 세력이 이러한 프레임을 지속적으로 주입하는 동안, 진보 세력은 자신의 프레임을 주입해야 한다는 것조차 깨닫지 못하다가 대화의 양상이 완전히 바뀌었음을 뒤늦게야 알아차리게 된다. '어느 날 갑자기', 비단 보수주의자들뿐만 아니라 미디어와 중도파도 공공 서비스의 가치 대신에 세금의 부담에 대해 이야기하고 있었다. 세금 구제라는 단어는 결국 진보적 담론에까지 파고들었다. 그리고 보수는 조세에 저항하는 행동에 애국적인 느낌을 부여하기 위해 '티파티'라는 단어를 선택했다.

사적인 것이 공적인 것에 의존한다는 생각을 전달하는 데 성공한 유일한 진보주의자는 엘리자베스 워런(Elizabeth Warren)이다. 그녀는 이를 거듭 주장했고, 2012년 상원의원 선거에 출마했을 때도 이 주장을 밀어붙여 특별한 성공을 거두었다. 오바마 대통령은 대선 기간의 어느 시점에 이 주장을 시도했다가 그만 일을 그르치고 말았다. 유세장에서의 즉석 공개 연설에서 "여러분이 회사를 경영한다 해도 그 회사는 여러분이 세운 것이 아닙니다. 다른 누군가의 지원 덕분에 그렇게 할 수 있었습니다." 하고 말한 것이다. 보수주의자들은 이 말에 펄쩍 뛰면서 그를 사납게 공격했다. 그는 바로 그 다음날부터 매일매일 정확한 논지를 거듭 밝혀서 이 생각을 공적 담론으로 이끌어내고, 미디어가 그 본분을 다해 압도적인 증거를 제시하게 만듦으로써 이 곤경을 돌파할 수도 있었을 것이다. 그러나 대통령은 너무 소심하게도 적극적 대응을 포기함으로써 공론을 변화시킬 중요한 기회를 놓치고 말았다.

진보 세력은 이 상황을 반전시킬 수 있을까? 그렇다. 하지만 진지하고 의식적인 헌신 없이는 불가능하다. 대통령과 모든 진보 세력의 후보들, 공직자들, 온갖 분야의 공인들은 바로 지금부터 시작할 수 있다. 올바로 말하고 반복해서 말하자. '사(私)는 공(公)에 의존한다'는 개념을 보수 세력이 이해할 무언가 중요한 개념, 즉 자유와 연결하자. 공적 자원은 우리에게 수없이 많은 자유를 허락하며 온갖 종류의 삶의 기회를 열어준다. 공적 자원이 우리에게 주는 자유야말로 바로 이 공적 자원을 민주주의의 중심으로 만들어주는 것이다.

이 점을 올바로, 계속 되풀이해서 말하라는 조언은 모든 쟁점에 적용될 수 있다.

3부

구체적인 쟁점의
프레임 구성

자유의 문제

민주당이 저지른 중요한 실수 중 하나는 선거운동에만 주력하고 공적 담론의 지속적인 프레임 구성에는 신경 쓰지 않은 것이다. 모든 정치는 도덕적이다. 유권자들은 자신들이 암묵적·자동적·무의식적으로 옳다고 믿는 것에 따라 투표한다. 요컨대 선거는 이중개념 소유자들이 어떻게 해서 어느 한쪽의 도덕적 전망을 취하게 되느냐와 밀접한 관계가 있다. 그리고 선거는 유권자들이 선거운동 기간뿐 아니라 일상에서 매일 접하는 언어와 이미지에 좌우된다.

민주당은 이익에 초점을 맞추는 경향이 있다. 말하자면 가정 경제에, 중산층과 서민 유권자들의 이익에 영향을 끼치는 객관적 사실에 초점을 맞춘다. 그러나 가난한 보수주의자들과 이중개념 소유자들은 흔히 자기 이익에 반하여 투표하곤 한다. 티파티 회원들 중에는 원래 가난하거나 보수적 정책 때문에 가난해진 이들도 많다. 그러나 보수적 메시지를 선전하는 기구는 집요하며 거의 모든 곳에 영향력을 뻗치고 있다. 보수적 메시지가 일상의 공적 담론을 지배한다. 그리고 일상의 공적 담론에 대한 지배가 우리의 정치 현실을 규정한다. 적어도 선거 담론만큼은 그렇다.

보수 세력은 자유와 해방이라는 단어를 소유하기에 이르렀다. 이 두 단어는 보수의 단어장에서 묵직한 비중을 차지한다. 자유는 민주주의의 중심 개념이므로, 이 둘은 우리 정치에서 가장 막강한 단어에 속한다. 보수 세력은 이 두 단어를 소유할 권리가 없다.

낱말은 논쟁의 여지가 있는 의미를 담고 있다. 그래서 '자유'라는 낱말은 진보와 보수에게 매우 다른 의미를 갖는다. 내가 『자유는 누구의 것인가』에서 지적했듯이 자유는 논쟁적 개념이다. 보수와 진보는 이 말을 사용해서 완전히 상반된 효과를 낸다.

우리가 앞에서 독립선언서 초고를 주의 깊게 읽어보고 파악했듯이, 그 진보적 의미는 우리 민주주의의 핵심에 있으며 지금은 그 의미를 되찾아 올 때다. 선거 국면에서든 일상적 의사결정에서든, 공적 담론의 쟁점 대부분은 결국 자유의 문제다.

건강보험

코미디언 지미 킴멜(Jimmy Kimmel)은 자기 쇼의 제작진 중 한 명에게 마이크를 들려 로스앤젤레스 길거리로 내보낸 다음 행인들에게 간단한 질문을 하게 했다. '오바마케어'*와 '저렴한 건강보험법' 중에 어느 쪽을 더 선호하십니까? 압도적 다수가 자기는 오바마케어는 싫지만 저렴한 건강보험법은 좋은 아이디어라 생각한다고 답했다. 그들 대부분은 이 두 개가 같은 법안임을 알지 못했다. 결국 명칭이 달라지면 일반적으로 그 지시물도 달라진다.

어떻게 그들은 오바마케어에 대해 부정적인 인상을 받게 되었을까?

2008년 당선되고 아직 취임하기 전에, 오바마는 새로운 건강보험법에 어떤 조항을 넣을 때 가장 인기가 있을지를 알아보기 위해 여론조사를 실시했다. 그 중 60~80퍼센트의 지지율을 기록한 조항은 가입 조건 철폐, 한도액 철폐, 대학생 나이의 자녀도 부모의 피부양자로 가입 가능 등의 익숙한 내용을 담고 있다. 이는 정책의 주요 항목이 되었다. 모든 주요 항목에 대한 지지율이 높으면 정책 전체에 대한 지지율도 높으리라고 가정했다. 다시 말해 정책의 지지율은 당연히 그 정책 내 세부 항목의 지지율에 달려

---

* Obamacare. 오바마 대통령이 내놓은 '저렴한 건강보험법(Affordable Care Act)'의 별칭 – 옮긴이

있다는 생각이었다.

그 어떤 보수주의자도 이렇게 인기 있는 조항을 공격하지 않았다. 보험 가입 조건이나 한도액을 유지하자고 주장하거나, 대학생 자녀의 피부양자 등록에 반대하는 보수주의 운동도 없었다.

그 대신 보수 세력은 정치가 도덕성의 문제임을 이해하고 도덕을 근거로 삼아 이 제도를 공격하기로 했다. 그들은 '자유'와 '생명'이라는 두 도덕적 영역을 택했다. '자유'와 관련하여 그들은 이 제도가 '정부의 [보험 산업 – 옮긴이] 장악(government takeover)'이라 공격했고, '생명'과 관련해서는 이 제도에 '사망선고위원회'*가 포함되어 있다는 말을 몇 달에 걸쳐 반복하고 또 반복했다. 그리고 대통령이 "이는 정부가 [보험을 – 옮긴이] 장악하자는 게 아닙니다." 하고 말할 때마다, 그는 정부의 장악이라는 어구를 사용함으로써 청중의 뇌 속에서 정부의 장악이라는 생각을 활성화하고 결국 보수 세력의 공격을 더 강화해주었다.

또 보수 세력은 '저렴한 건강보험법'이라는 명칭을 절대 사용하지 않았다. 대신에 그들은 '오바마케어'라는 자기들만의 명칭을 고안해냈다. 그래서 건강보험의 '저렴함'에 대한 강조를 증발시키고, 오바마케어를 정부의 장악 및 사망선고위원회와 결부했다. 언론은 보수의 공격을 인용하면서 저렴한 건강보험법이라는 투박

---

* death panel. 노인 환자의 연명 치료 방법에 대해 전문가와 상담하는 '전문가 위원회(Advance Care Planning Consultation, ACPC)'를 악의적으로 비튼 말. 공화당은 이 위원회가 노인의 생사를 결정하며 안락사를 강요하는 역할을 할 것이라고 공격했다. – 옮긴이

한 명칭 대신 오바마케어라는 용어를 사용했다. 결국 오바마는, 오바마케어는 "오바마가 케어한다."는 뜻이라고 말하면서 이 명칭을 자기에게 유리하게 전환하려 해보았지만 허사였다. 보수주의자들이 충분히 잦은 반복을 통해서 이 명칭에 자신들이 원하는 의미를 부여해 놓았기 때문이다.

대통령과 행정부 관료들은 사실, 즉 이 법안의 조항을 열거하며 반격했다. 이는 소용이 없었다. 오바마가 TV에 출연하여 기다란 목록을 읊었다. 그것도 소용이 없었다. 그의 고문인 데이비드 액설로드(David Axelord)는 지지자 수가 약 1300만에 달하는 '미국을 위한 조직'*의 이메일 리스트에 메모를 전송하여 주변 친구와 이웃들에게 대통령의 정책을 홍보해달라고 요청했다. 그는 이를 위해 기억해야 할 것이 24가지가 있다고 말했는데, 기억을 '좀 더 쉽게' 하기 위해 이러한 사실의 목록을 각각 8가지씩 세 묶음으로 나누었다!

어떤 인지과학자도 8개씩 세 묶음으로 구성된 목록은 아무도 기억하지 못할 것이라고 그에게 귀띔해주지 않았다. 나는 그렇게 했다는 사람을 만나보지 못했다.

보수 세력은 2009년의 프레임 구성 전쟁에서 승리했고, 이는 갓 태어난 티파티 운동을 강화하는 데 기여했다. 그해 여름 전국

---

* Organizing for America. 오바마의 선거운동 본부를 전신으로 하여 조직된 풀뿌리 운동 단체 - 옮긴이

의 주민총회(town meeting)에 파견된 티파티 회원들은 정부의 장악과 사망선고위원회와 오바마케어를 입이 닳도록 읊어댔다.

보수 세력의 프레임 구성 전술을 이해했다면, 오바마는 보수의 공격을 간단히 무력화할 수 있었을 것이다. 그는 진보적 시각에서 '자유'와 '생명'이라는 두 도덕적 쟁점을 취할 수 있었을 것이다.

만약 내가 암에 걸렸는데 건강보험이 없으면 나는 자유롭지 못하다. 아마도 나는 고통 받다가 죽게 될 것이다('생명'의 문제). 자동차 사고로 다발성 손상을 입었는데 건강보험이 없으면 자유롭지 못하다. 평생 불구로 살거나 죽게 될 테니까. 다리가 부러졌는데 건강보험 혜택을 받을 수 없다면 자유롭지 못하다. 다시는 걷거나 마음대로 뛸 수 없을 테니까.

건강을 잃으면 우리는 노예가 된다. 질병은 우리를 구속한다. 심지어 시력에 치명적이지만 현대 의학으로 쉽게 치료할 수 있는 백내장마저도, 건강보험이 없으면 우리를 장님으로 만들어 구속한다.

건강한 식품 또한 '자유'의 문제다. 대규모 농업은 많은 경우 건강에 해로운 식품, 설탕을 너무 많이 넣은 식품, 유해 첨가물이 들어간 식품, 살충제 처리 사료를 먹인 가축에서 얻은, 호르몬과 항생제가 들어간 고기 등을 생산한다. 건강한 식품을 먹는 것은 자유의 문제다.

보수 세력이 운영하는 주에서 메디케이드 지원을 거부하는 것 역시 자유의 문제다. 이는 비단 건강보험을 거부당한 사람들뿐만 아니라 나머지 모든 사람들의 자유를 구속할 수 있다. 이들이 매일 접촉하는 사람 중 상당수가 건강보험 혜택을 받지 못하면, 충분히 치료 가능한 질병이 그들에게까지 퍼져나갈 수 있기 때문이다.

자유의 문제는 강력한 쟁점이다.

교육

보수 세력은 공적 자원을 도덕적 쟁점으로 보고 이를 제거하고자 한다. 그들의 관점에서 볼 때 공적 자원은 거저 주는 것이므로 개인의 책임과 노동할 동기를 앗아가버린다. 교육은 그 주요한 예다. 위스콘신 주처럼 보수 정부가 운영하는 주에서는 공교육 지원 예산을 대폭 삭감했다.

공립학교 교육에 반대하는 보수주의 운동은 차터스쿨(charter school), 종교계 학교, 사립학교 등의 대안을 제시한다. 차터스쿨은 공적 지원을 받지만, 많은 경우 영리 기업이 사립처럼 운영하는 학교다.

2013년 스탠퍼드 대학 교육연구센터(CREDO)의 조사에 의하면, 차터스쿨의 약 75퍼센트가 전통적 공립학교들보다 나쁘거나 별로 다르지 않은 성과를 냈다. 물론 소수의 차터스쿨은 더 나은 성과를 냈다. 하지만 차터스쿨에 들어간 지원금이 공립학교 예산을 덜어낸 것이므로, 차터스쿨은 공립학교로부터 돈을 빼내고 공교육 전반을, 심지어 가장 훌륭한 공립학교의 상황까지 더 악화시키는 경향이 있다.

게다가 차터스쿨은 지역 교육구나 공공에 대해 책임을 지지 않는다. 예를 들어 텍사스 주에서는 차터스쿨이 진화론과 과학을 공격하고 창조론을 가르치는 경향이 있다. 미시건 주는 현재 전체 학교의 80퍼센트가 차터스쿨인데, 빈곤 아동들의 교육을 공립학교보다 별로 잘 수행하지 못한다.

보수가 구성한 프레임은 공립학교들이 '실패'하고 있으며 종교학교와 사립학교에 대한 바우처 제도가 부모들에게 '선택권'을 준다는 것이다. 바우처를 받는 빈곤 가정의 경우 자녀에게 양질의 교육을 제공하지 못하는 경우가 많으므로 이런 바우처는 양질의 학교에 쓰이지 않는 경향이 있다. 그러나 부유한 부모들에게 이 바우처는, 곧 부자들에 대한 공적 지원을 뜻하고 비부유층에 대한 지원 삭감을 뜻한다.

공교육에 대한 보수의 공격은 고등교육에서 더 극단적인 양상으로 나타나고 있다. 주 의회의 보수 세력은 고등교육에 대한 지원을 삭감하여 두 가지 무서운 결과를 낳았다. 과거 주립대학과 칼리지는 중·저소득층 학생들을 위한 교육의 관문 역할을 했다. 보수 세력이 주립대학 예산을 삭감하자 이러한 대학은 재정을 유지하기 위해 등록금을 올려야만 했고, 이로써 고등교육에 드는 비용은 대단히 많은 중·저소득층 학생들이 감당할 수 없을 정도로 높아졌다. 학생들의 유일한 대안은 돈을 빌리는 것인데 이는 학자금 부채라는 이차적 문제를 초래한다. 은행 금리가 1퍼센트일 때도 학생들은 8퍼센트의 대출 이자를 지불해야 하며, 졸업한 뒤에도 여러 해에 걸쳐 대출 상환 부담을 지게 된다. 그래서 대학원에 진학하거나 가정을 꾸리기는 점점 더 힘들어진다. 지금 정부가 모든 학자금 빚을 탕감해준다면, 그 대출액보다 훨씬 큰 국가경제 부양 효과를 거둘 수 있다는 계산이 나온다. 그럼에도 보수 세력은 대출 탕감은 물론, 학자금 대출 금리를 시중 은행 금리와 같은 수준으로 인하하는 데도 반대하고 있다.

미취학 교육과 초중고 교육, 고등교육을 불문하고 보수의 움직임은 공교육을 축소하거나 중단하는 쪽으로 나아가고 있다. 이는 공적 자원 전체를 철폐하려는 움직임의 일부다.

교육은 자유의 문제다. 그러나 지금 공적 담론에서는 이런 이야기가 들리지 않는다. 교육이 없으면 사람은 대단히 여러 가지 면에서 자유로울 수 없다. 교육은 우리에게 세계와 삶의 가능성에 대해 알려준다. 내게 무엇이 가능한지 알지 못하면 삶의 목표조차 세울 수 없다. 교육은 단순히 머리를 지식으로 채우는 것이 아니라, 생각하고, 인식하고, 비판하고, 합리적이며 실리적으로 행동하고, 실용적인 사람이 되고, 내게 유용한 사실에 접근하는 법을 가르쳐준다. 교육은 우리에게 기술을 가르쳐주고 그 전엔 불가능했던 일을 해낼 수 있는 역량을 부여한다. 물론 교육 받은 사람은 경제적으로도 더 큰 잠재력을 지니게 되며 우리를 여러 면에서 자유롭게 해주는 돈도 갖게 된다. 하지만, 교육이 제공하는 자유는 돈을 훨씬 넘어서는 것이다. 이 자유 덕택에 우리는 자연 세계와 유대를 맺고, 심미적이고 사색적인 삶을 누리며, 내 주변에서 일어나는 일들과 나 자신을 이해할 수 있게 된다. 또한 이 자유는 우리가 생산적인 시민이 되고 정치·사회 참여를 통해 나 자신과 타인의 자유에 기여할 수 있는 지식과 기회를 부여한다.

교육 전체가 자유의 문제라면, 공교육 전체는 훨씬 더 강력한 자유의 문제다. 여기에는 두 가지 중요한 요소가 있다.

- 공교육은 누구나 접근 가능하다. 공교육은 더 많은 사람들에게 교육에 접근할 수 있게 해주며 따라서 이들의 자유를 확대해준다. 또한 이는 개개인에게 광범위한 사람들에 대해 이해할 수 있게 해주며, 따라서 인간적 관계를 열어주고, 더 많은 사람들에게 감정 이입하고 그들을 이해할 수 있는 가능성을 열어준다.
- 공교육은 공공에 책임을 지는 교육이다. 공교육은 사익 집단이 교육 내용을 결정할 때 그 교육 내용이 협소해지는 것을 막을 수 있다.

나아가 유기적 인과관계는 교육을 자유의 문제로 만든다. 우리 교육의 주요한 문제 중 많은 경우가 빈곤에서 기인하기 때문이다.

대부분의 경우, 빈곤이란 여러 직장을 뛰어야 하는 부모들이 자녀를 제대로 양육할 수 없음을 의미한다. 책을 읽어줄 수도 없고, 교육에 대한 존중을 심어줄 수도 없고, 건강에 해로운 환경에서 벗어나게 해줄 능력도 없다. 빈곤이란 아이들이 아침에 고픈 배를 움켜쥐고 학교에 가서 수업에 집중할 수 없음을 의미한다. 그리고 빈곤과 교육 부재는 세대를 이어 되풀이된다. 아주 많은 경우, 학생들이 배움에 실패하는 것은 교사나 학교의 무능보다 국가 경제의 실패와 더 관련이 있다.

빈곤

빈곤은 자유의 문제다. 이 점은 명백하다. 가난한 사람들은 부유한 사람들보다 훨씬 적은 자유를 갖는다. 앞에서 보았듯이 빈자들은 부자들보다 건강보험과 교육의 혜택을 덜 받는다.

하지만 이보다 훨씬 더 많은 자유가 빈곤 때문에 약화되거나 완전히 사라져버렸다. 주택 사정도 빈자보다 부자들이 훨씬 더 낫다. 부자 중에는 노숙자가 없다. 빈자보다 부자들이 사는 동네가 더 좋다. 이사나 여행도 훨씬 더 쉽다. 먹는 음식도 더 좋다. 사회적 인맥도 더 풍부하다. 좋은 직업도 빈자보다 부자들에게 더 많이 열려 있다.

이 모두가 자유의 문제다. 내가 노숙자이거나, 나와 우리 가족이 사람답게 살 곳을 찾지 못한다면 나는 억압과 제약을 받고 있으며 자유롭지 못한 것이다. 제대로 먹지 못한다면 자유롭지 못한 것이다. 다른 사람들과 관계를 맺지 못한다면 자유롭지 못한 것이다. 직업이나 직장을 자유롭게 갖지 못한다면 자유롭지 못한 것이다.

사실상 삶의 모든 측면에서, 탈출할 수 없는 가난은 자유의 문제다. 그러나 많은 가난한 사람들은 자신들의 삶을 개선하기는 커녕 더 악화시키는 조치에 투표하는 경우가 많다. 보수의 지속적인 프레임 구성으로 인해, 바로 그것 때문에 삶이 본질적으로 황폐해질 수 있는 사람들의 머릿속에까지 보수적 세계관이 활성화되었기 때문이다.

보수 세력은 가난한 삶을 개인의 실패로, 개인적 책임의 실패로 본다. 그러나 사실 가난은 자유를 축소한다. 사람들이 "빈곤의 덫에 걸렸다."고 말하는 데는 이유가 있다. 정말로 그들은 덫에 걸려 있다.

다시 말하지만, 우리의 민주주의에서 사적인 것은 공적인 것에 의존한다. 우리는 동료 시민들이 자유로운지 그렇지 않은지에 대해 관심을 갖고 있는가?

인종, 성, 성적 지향에 따른 차별

인종주의가 자유의 문제임은 지금까지의 미국 역사를 볼 때 분명한 사실이다. 인종주의는 빈곤이나 교육의 부재, 건강의 박탈은 물론 더 심각한 문제를 초래한다. 트레이번 마틴(Trayvon Martin) 피살 사건*에서 보았듯이, 일부 주에서는 이것 때문에 사람이 살해되기도 한다.

우리의 현대사를 보면 동성애 혐오를 뜻하는 호모포비아(ho-mophobia)가 자유의 문제임을 분명히 알 수 있다. 왼손잡이가 정상이듯이 동성애자인 것도 정상이다. 동성애자인 사람이 결혼할 자유는 이성애자의 경우와 마찬가지로 사랑과 헌신의 문제며, 동성애자냐 이성애자냐를 근거로 결혼이나 그 밖의 권리를 부정하는 일은 자유의 문제다. 이 점은 미국 전역에서 점점 분명해지고 있다.

이 책의 초판은 동성애자 권리의 가장 깊은 진실을 적절히 프레임에 넣는 역할을 했다. 그때까지 이 문제에 대한 진보의 주장은 상속권이나 병실 면회 권리 등 금전적·사회적 차별에 초점을 맞추고 있었다. 이 책은 이것이 근본적으로 도덕적인 쟁점(사랑과 헌신의 문제)임을 분명히 했다. 모든 사람은 자신이 사랑하고 평생을 헌신하고픈 상대와 자유롭게 결혼할 수 있어야 한다. 10년 전부터 진보 세력은 이 메시지를 점점 더 자주 활용하기 시작했고, 우리는 결혼의 권리가 대폭 확대되는 것을 목격했다.

---

* 2012년 2월 26일 플로리다 주에서 흑인 소년 트레이번 마틴이 백인 자경단원의 총에 맞아 숨진 사건 - 옮긴이

가장 심오한 도덕적 차원에서 진실을 프레임에 넣는 일은 정말로 중요하다.

소위 '여성 문제'도 또한 자유의 문제지만, 이것에 대한 프레임은 그처럼 적절히 구성되지 않았다. 대체로 자유의 문제로는 다음의 것들을 들 수 있다.

- **신체 통제권** | 인간이 자기 신체를 통제할 권리는 자유의 문제다.
- **존중** | 인간이 제도적으로 한 인간으로서 존중받을 권리는 자유의 문제다.

여성은 인간이며 자신의 신체를 통제할 권리가 있다. 이것을 부인할 때 여성은 자유롭지 못하다. 여성의 신체에 대한 통제는 광범위하고 다양한 경우에 발생한다.

- **성교육** | 특히 여성들에게 자기 신체를 통제하도록 하기 위한 성교육이 필요하다. 여성은 월경, 미래의 출산에 영향을 끼칠 수 있는 성병, 섹스가 임신으로 이어지는 과정, 출산을 통제하는 방법 등에 대한 교육을 필요로 하기 때문이다.
- **출산의 통제** | 출산은 여성의 신체를 통해 일어나며 여성 신체에 아주 많은 방식으로 영향을 끼친다. 여성들은 출산 여부와 그 시기를 스스로 통제해야 한다. 따라서 가족계획 상담을 받거나 피임 수단을 확보하거나 중절을 할 수 있는 것은 여성 자신의 신체

에 대한 통제의 문제다.

- **가족계획에 대한 공격과 강제 초음파 검사** | 자신의 신체에 대한 통제권을 행사하려는 여성에게 강제로 수치를 겪게 하는 것은 자유의 문제다. 예를 들어 텍사스 주에서처럼 중절하기 24시간 전에 대부분 남자 의사가 집도하는 질 초음파 검사를 받게 하거나, 낙태 반대 운동가들이 병원까지 쫓아가 당사자를 괴롭히도록 방치하는 일은 여성에 대한 자유의 문제다. 또한 가족계획 클리닉 운영을 불가능하게 만드는 법을 통과시키는 일도 여성의 자유를 침해하는 것이다.
- **성범죄 피해자에 대한 모욕** | 자유로운 여성은 자기 신체에 대한 통제권을 갖는다. 강간, 성관계를 하려고 약을 먹이는 것, 성관계를 하려고 물리적·심리적 힘을 행사하는 것 등은 이 통제권을 침해하는 성관계에 포함된다. 강간당한 여성을 모욕하는 경찰과 법원은 그녀의 자유를 침해한 것이다.

이것은 모두 자유의 문제다. 여성에게 적용되는 상황에 근거하고 있긴 하지만, 이러한 쟁점은 인간이 자기 신체를 통제할 자유의 특정한 사례이다.

또한 제도적 차원에서, 그리고 여러 중요한 측면에서 여성이 다른 인간과 동등한 대우를 받지 못하는 상황도 있다.

- **동일노동 동일임금** | 이는 단순히 평등의 문제가 아니다. 이는 여성

이 다른 사람들과 동등한 대우, 혹은 인간으로서 응당 받아야 할 대우를 받고 있는가 그렇지 않은가의 문제다.

- **능력의 공정한 평가** | 자유로운 사회에서 성별은 취업, 승진, 입학, 공직 출마 등의 문제에 영향을 끼치지 않아야 한다.

이것들 또한 자유의 문제다. 내가 제도 내에서 수행하는 일과 관련하여 다른 사람들처럼 존중받지 못한다면 나는 자유롭지 못한 것이다.

평등과 자유는 별개의 쟁점이 아니다. 차별은 자유의 부인이다. 자유는 훨씬 더 보편적이다. 이는 열린 길(아무도 내 앞길을 막아서거나 장애물을 놓지 않는다.) 또는 내가 가질 권리가 있는 소유물과 관련이 있다. 민주주의의 핵심에는 자유가 있다. 그리고 자유는 욕구와 꿈, 목표를 가진 모든 사람들과 관련이 있다.

현재 민주당이 구성한 프레임은 공화당이 '여성과의 전쟁'*을 벌이고 있다는 것이다. 이것이 기부금을 걷는 데 좋은 전술인지 아닌지는 잘 모르겠다. 하지만 강경 페미니스트 진보주의자가 아닌 이들에게 이는 효과적인 프레임이 아니다. 엄격한 아버지의 도덕률은 여성을 보호하고 부양한다고 주장함으로써 여성에 대한

---

* War on Women. 공화당과 보수 세력이 임신과 출산에 대한 여성의 선택권을 제약하는 반여성적 법안들을 지원하고 있는 것을 비판하기 위해 민주당 여성 의원들과 페미니스트 진영에서 고안한 구호. 말 그대로 공화당이 여성들을 상대로 '전쟁'을 벌이고 있다는 뜻이다. – 옮긴이

남성의 권위를 보존하는 것과 관련이 있다. 이는 여성을 상대로 한 전쟁과는 거리가 멀다. 보수적인 여성 역시 남성의 권위가 여성의 기본 기능인 모성을 보호하거나 지원한다고 보는 경향이 있다.

'여성과의 전쟁'은 자신들의 가치가 공격받고 있음을 올바로 인식하는 진보적 페미니스트 여성들에게는 통한다. 하지만 보수적인 여성들이나 이중개념을 소유한 여성들에게는 그렇게 잘 먹히지 않는다. 반면 자유는 임신중절, 피임, 성교육에 대한 개별 여성의 관점과 상관없이 여성에게 스스로 결정할 권리를 부여한다.

노조와 연금

노동자는 이윤을 창출하는 사람이다.

보수주의자들은 부유한 기업주와 투자자들이 "일자리를 창출한다."고 말하길 좋아한다. 마치 실업자들에게 선물을 주려고 일자리를 만들기라도 하는 양, 보수주의자들은 사람들에게 일자리를 '준다'고 말하길 좋아한다. 터무니없는 소리다. 사실은 노동자들이 이윤을 창출하며, 기업주와 투자자의 이윤에 기여하지 못하면 아무도 고용되지 않는다.

이는 아주 기초적인 진실이다. 노동자는 이윤을 창출하는 사람이다. 하지만 이렇게 말하는 사람이 누가 있는가? 이 진실을 여러분은 들어본 적이 있는가? 그랬다면 몇 번이나 들어보았는가?

이는 중요한 진실이다. 이는 노동의 진실을 노동하는 사람의 기여라는 관점에서 재구성한 것이다.

앞에서 말한 것처럼, 연금은 이미 수행한 노동에 대한 지연된 급여다. 이는 연금에 대한 가장 기본적인 진실이며, 거의 전혀 언급되지 않는 진실이기도 하다. 이는 프레임에 넣어지지 않은 진실이다.

내가 취업을 하고 여기에 연금이 붙을 때, 이 연금은 내 급여의 일부이며 내 고용 조건의 일부다. 연금 액수가 상당할 때 노동자들이 더 높은 급여를 포기하는 것은 흔한 일이다. 연금은 내가 더 이상 일할 수 없을 때 먹고살 돈이기 때문이다. 이는 고용 계약의 일부다. 연금이라는 개념 뒤에는 회사가 노동자보다 더 높은 수익을 낼 수 있다는 전제 하에 봉급을 덜 지불하고 남은 돈을 가져다 투자한 뒤 그 투자 수익을 훗날 연금을 지불하면서 되돌려준다는 생각이 깔려 있다.

연금이라는 개념 뒤에 추가로 깔린 생각은, 연금이 있으면 직원들은 고용주에게 더 충성하게 되고, 그러면 고용주는 신규 노동자를 교육할 돈을 절약할 수 있으며, 따라서 신규 노동자보다 더 효율적이고 실무에 밝은 노동자들을 붙잡아둘 수 있다는 것이다. 한마디로 연금은 피고용인에게 주어지는 선물이 전혀 아니다. 이는 그들이 일해서 번 것이다. 그리고 이는 비단 피고용인뿐만 아니라 고용주의 이익을 위해서 마련된 것이다.

안타깝게도, 연금에 쓰일 돈은 기관이 유용하거나 잘못 관리하는 경우가 많다. 이 돈을 잘못된 곳에 투자하기도 하고, 주주 배당금이나 경영진 봉급 등 모종의 다른 목적에 쓰기도 한다. 그러므로 (이를테면 제너럴모터스 같은) 회사나 시청이나 주 정부가 연금을 지급할 '여력'이 없다고 말할 때 그들은 절도에 가담한 것이며 절도범들은 기소해야 한다.

이 돈은 노동자가 일해서 번 것이다. 이 돈이 어떤 다른 목적에 쓰였다면 이는 도둑맞은 것이다. 이 돈을 잘못 투자했다면 그 투자 손실은 회사의 몫이며, 연금 수령자들은 회사의 자산에 대해 권리를 행사해야 한다.

유감스럽게도 여기에는 프레임 구성이 개입한다. 연금과 건강보험은 마치 피고용인들에게 주어지는 너그러운 선물인 양 '혜택(benefits)'이라는 이름으로 불린다. 이는 선물이 아니다. 이는 이미 수행한 노동에 대한 지연된 급여로서 노동자들이 일해서 번 것이다. 회사가 이런 '너그러운 혜택'을 더 이상 감당할 여력이 없다고 직원들에게 말한 뒤 그것을 삭감할 때, 이는 프레임에 넣은 거짓말이다. 원인이 절도이든 투자 실수이든 경영상의 잘못이든 그 '혜택'은 직원들이 일해서 번 것이다. 이것은 분명하다.

연금과 혜택은 자유의 문제다. 자유로운 사회에는 절도범을 처벌하고, 계약 위반을 심판하고, 기금을 유용한 경우에 소송을 걸어서 자산에 대한 권리를 행사하여 심리적·금전적 손실 및 소송 비용을 벌충해주는 사법 체계가 있다. 이런 사법 체계가 없을 때 연금과 혜택을 빼앗긴 이들은 자유롭지 못하다.

대기업과 일부 중소기업의 피고용인들은 자산과 자원의 두 종류로 나뉜다.

'자산'에는 주요 경영진과 특별히 창의적이거나 숙련된 사람들이 포함된다. 이들의 창의성과 숙련은 회사의 성공에 필수적이다. 이들은 회사 주식 가치의 일부다. 이들은 헤드헌터를 통해 채용되며 높은 급여와 고액의 퇴직금, 즉 높은 연금과 일괄 급여를 받는다.

'자원'은 인력 풀에서 고용할 수 있는, 대체 가능한 노동자들이다. 이들은 인사팀에서 채용하고 관리한다. 천연가스나 석유나 강철 같은 자원을 최대한 싸게 구매할 수 있듯이, 인적 자원도 최대한 싸게 구매할 수 있다. 급여 등급은 숙련도와 대응하는 경우가 많으므로, 이들은 최소한의 숙련도와 최저 급여 수준에 맞추어 고용되는 경향이 있다. 실업률이 높고 인력 풀의 규모가 클수록, 기업들은 더 적은 봉급과 '혜택'을 제시하면서도 적합한 인적 자원을 획득하고, 이윤을 극대화하면서 '자산'에 지불할 돈을 극대화할 수 있다.

노조 설립은 자유의 문제다.

대체로 인적 자원을 고용하는 회사는 이런 일자리를 구하는 개개인보다 더 큰 힘을 지닌다. 기업이 크고 대규모의 인력 풀이 있으면, 일자리를 구하는 노동자들은 기업이 제시하는 조건을 받아들일 수밖에 없다. 그렇지 않으면 일자리는 인력 풀에 있는 다음 사람의 몫이 될 것이기 때문이다. 여기에는 단지 봉급과 혜택뿐만 아니라 직업 안정성, 노동 시간, 초과 근무 등의 노동 조건도 포함된다. 피고용인은 기업의 조건에 맞추어, 종종 기업의 변덕에 휘둘려가며 일하는 경우가 많다.

자본주의 경제 이론에서 고용이란, 고용주가 피고용인의 노동을 구매하고 피고용인은 고용주에게 자신의 노동을 판매하는 거래다. 노동 시장이라는 용어는 그래서 생겼다. 경제적 거래에서 양자는 각자에게 가장 유리한 합의를 추구한다고 전제한다. 노조는 인적 자원인 피고용인에게 가장 유리한 조건을 이끌어낸다.

노조는 피고용인과 기업의 힘을 대등하게 만드는 기능을 한다. 아웃소싱이 부족한 상황에서 인적 자원인 노동자가 전혀 없으면 기업들은 제대로 작동할 수 없다. 기업에 노조가 조직되면, 한 집단으로서의 모든 노동자들은 한 명의 노동자가 갖지 못하는 협상력을 가지게 된다.

그렇지 못할 경우, 즉 기업이 개개인에게 제시하는 조건을 다 받아들여야 하는 경우는 기업에 의한 강제 노동이나 임금 노예와 다름이 없다. 노조의 힘이 약화된 결과로 인적 자원인 노동자들의 임금은 지난 30년간 오르지 않았다. 한편 바로 이 기간 동안 부유한 투자자와 기업들의 부는 생산이 그만큼 늘지 않았는데도 급증했다.

노조의 쇠퇴는 국부에서 대다수 시민에게 돌아가는 몫이 줄어들었고 이로 인해 그 부가 가져다주는 자유가 줄어들었음을 의미한다.

노조 결성은 자유의 문제이며, 따라서 그렇게 이해해야 한다. 그러나 우리가 이 사실을 큰 소리로 외치고 최대한 자주 반복하지 않았기 때문에, 보수주의자들이 (마치 노조가 자유를 빼앗기라도 하는 것처럼) '노동자 자유 센터' 같은 단체를 만들고 (마치 노조가 기업 강제 노동과 임금 노예에서 벗어날 자유를 부여하는 대신 일할 권리를 빼앗기라도 하는 것처럼) '일할 권리' 법*에 대해 말하고 다닐 수 있게 된 것이다.

이민

미국은 이민자들의 나라다. 이들 중 다수는 폭정을 피해 떠나왔거나 그에 못지않게 폭압적인 빈곤을 피해 도망쳐온 난민이다. 그들은 자유를 찾아서 이곳에 왔다.

　나의 조부모님도 그러한 난민이었다. 그리고 여러분이 아메리카 원주민이 아니라면 여러분의 조상 역시 그랬을 가능성이 높다. 미국에 도착한 우리 조부모님은 '미국인'이라는 말이 지닌 가장 좋은 뜻에서 미국인이 되었다. 열심히 일하고, 가정을 건사하고, 높은 윤리 기준을 지키고, 이 나라를 사랑하고 이 나라에 감사했다. 아마 여러분의 조상들도 그랬을 것이라고 믿는다.

＊　Right to Work laws. 노동자의 노조 가입 혹은 노조 회비 납입을 의무화한 노조 안전 제도를 불법화하는 법안 - 옮긴이

'이민자' 문제는 이러한 난민들 중에서 최근에 들어온 세대와 관련이 있다. 오바마 대통령은 2012년 6월 22일 플로리다에서 열린 '전국 라틴계 선출직·지명직 공무원 협회' 연례회의의 연설에서, 이 문제에 대한 자신의 도덕적 이해를 뚜렷하고도 멋지게 표명한 바 있다. 그의 말은 현재 밀려들고 있는 난민들('미등록 이주민'이라고 불리는)이 여러 가지 면에서 이미 미국 시민임을 보여주었다. 그들은 힘들게 일함으로써 미국 사회와 미국 경제에 엄청난 기여를 하고 있음을, 자신이 사는 이 나라를 사랑하는 애국자이고 일상에서 다른 미국인들과 삶을 공유하며 개인적·사회적 책임을 다하고 있음을 보여주었다. 대통령은 단순한 자유 이상의 것을 제시했다. 즉 그들을 인정해주었다. 그들은 미국인으로서 인정받을 뿐만 아니라, 많은 경우 낮은 보수를 받으며 힘들게 일함으로써 이 사회에 기여한 공로에 대해 감사를 받을 자격이 충분하다.

그들은 이미 훌륭한 미국인이며, 다른 미국인들이 그저 이 땅에 태어났다는 이유만으로 거저 얻은 시민권을 미국인으로서 살아온 삶을 통해 땀 흘려 획득했다. 이는 진실을 말하는 도덕적 서사이므로 계속 반복할 필요가 있다. 하지만 현실은 그렇지 못하다.

이민자에 대한 두 가지 은유가 있다. 하나는 자유주의의 은유이고 다른 하나는 보수주의의 은유인데, 둘 다 난민의 입장에서 볼 때 공정하지 않다. 자유주의의 은유는 '시민권에 이르는 길(Path to Citizenship)'이다. 이는 마치 시민권이 림보에서 오랜 시간을 보낸 끝에 다다르는, 그 과정에서 거의 아무것도 허락되지 않는 길고 힘든 여정의 종착지이자, 이상적 시민으로 처신하고 대학을 다니거나 군대에 복무하는 이들에게만 주어지는 합법적 체류권이어야 한다는 인상을 준다. 아메리칸 드림의 기회를 부여한다는 '드림(DREAM)' 법안은 명칭이 잘못되었다. 이는 마치 그들이 이미 매일 미국 시민('가장 훌륭한' 시민)으로 살아가지 않기라도 하는 것처럼, 사실상의 미국 시민들을 그저 꿈만 허락받은 사람들로 만들어 버린다. 적어도 이들은 그 과정에서 건강보험, 살 만한 주택, 제대로 된 노동 조건, 생활 임금, 자신과 자녀들을 위한 교육 기회, 운전면허증을 딸 권리 등 최소한의 것을 얻을 자격이 있다. 그들은 비단 자유뿐만이 아니라 감사를 받을 자격이 있다.

보수주의 은유가 보여주는 것은 감사와는 거리가 멀다. 이는 '범죄자' 은유다. 이 난민들은 많은 경우 목숨을 걸고 미국으로 도망쳐 오면서 국경을 무단 침입했고 서류도 갖추지 않았다. 이는 합법이 아니다. 그래서 보수 세력은 마치 그들이 일상에서 범죄를 저지르고 있기라도 한 것처럼 그들을 '범죄자', 즉 '불법 체류자'로 낙인찍었다. 그러나 실제로 이들은 잔디를 깎고, 집을 청소하고, 아이들을 돌보고, 채소나 과일을 따고, 우리의 식사를 준비하고, 건설 현장에서 일하고, 할 수 있을 때마다 그 자신과 우리의 이익을 위해 자신들이 가진 모든 기술을 활용하고 있다. 또 그들의 자녀들은 학교에서 공부하며 집안일을 거들고 있다.

그러나 그들은 흔히 갈색 피부를 가졌고 가난하고 스페인어로 말한다는 이유로 차별받는다. 보수주의자들은 그들을 감옥에 가두고 추방하기를 원한다. 피부가 갈색이고 스페인어로 말하고 가난하고 미국에서 태어나지 않았기 때문에, 그들은 보수주의의 도덕적 위계에서 밑단으로 떨어진다. 그들은 피부색과 언어로 인해 차별받으며 가난하다는 이유로 비난받는다.

미국인들에게 적용되는 쟁점은 감정이입이다. 우리는 우리의 동료 시민으로서 제 역할을 하고 있는 동료 인간들에게 관심을 기울이고 있는가? 아니면 그들이 매일 힘들게 일해서 자유를 벌고 있음에도, 그 자유를 누릴 자격이 없는 열등한 존재로 대접하고 있는가? 압제와 빈곤의 폭압에서 탈출하여 이곳에 온 사람들에게 어울리는 쟁점은 자유다.

부모들이 보내서, 혹은 스스로 도망쳐서 국경을 넘어온 수만 명의 아이들에게는 더더욱 그렇다. 이들은 아이들을 살해하고 폭행하고 납치하는 과테말라와 온두라스, 멕시코 일부 지역의 인신매매범과 갱단, 암살단을 피해 여기까지 왔다. 조지 W. 부시가 퇴임 직전에 서명한 행정 명령에 의하면, 이 아이들은 미국 정부의 꽤 좋은 보살핌을 받고, 절차를 거쳐 재판을 받은 뒤, 미국에 있는 가족에게 보내거나 다른 나라로(만약 멕시코에서 왔으면 멕시코로) 추방해야 한다.

그때는 이런 아이들이 이렇게 많아지리라고 아무도 예상치 못했다. 보수주의자들은 이 상황을 오바마가 이 아이들을 즉시 추방하지 않은 탓으로 돌리고 있다. 그렇게 하는 것이 불법일 뿐만 아니라 비인도적인 행위임에도 말이다. 이 아이들을 법에 따라 인도적으로 대우하는 것이 아니라 단순히 문제를 보수주의 탓으로 돌리는 데만 초점을 맞춘다면 이 아이들을 '부시의 난민 아동'이라고 부를 수도 있겠지만, 그렇게 부르는 사람은 아무도 없다.

한편 국경 근처에 사는 남부의 보수주의자들은 이 난민들을 그냥 추방해 버리지 않고 인도적으로 대우하는 데 반발하고 있다. 보수 세력이 조직한 대규모 시위에 참가한 사람들은 길에 줄지어서 미국 국기를 흔들며 인종주의적 구호를 외친다. 미디어와 인터뷰하는 사람들의 말은 이러하다. "저 애들을 내보내라. 저 애들은 더럽다. 질병을 옮긴다. 범죄자다. 오바마는 왜 저 애들한테 깨끗한 방과 옷과 식량과 의료를 제공하는 데 우리 세금을 쓰는가? 곧 저 애들은 우리 학교에 다닐 것이다. 저 애들의 부모들은 어디 있는가? 얼마나 무책임하면 자기 자식들을 이곳으로 저렇게 혼자 내보내는가? 자기 자식을 사랑하지 않는가?"

이는 중요한 인도주의적 쟁점이며, 감정이입을 요하는 문제다. 자녀를 사랑하는 부모라면 자녀가 인신매매범에게 폭행당하거나 살해되거나 납치되기를 바라지 않는다. 이들 중 많은 아이들이 안전과 자유를 찾아서 1000마일 이상을 여행해 온 영웅이다.

문제는 이 난민들에게 감정이입하는 것이고, 그들을 인간으로서 존중하는 것이다.

08

빈부 격차의 가속화에 대한 피케티의 통찰

유기적 인과관계는 지구 온난화뿐만 아니라 경제에도 적용되며, 그에 못지않게 극적이고 중요한 결과를 초래한다. 초부유층과 나머지 모든 사람의 격차는 그냥 벌어지는 정도가 아니라 날로 가속화하고 있다. 왜일까? 그 유기적 원인과 유기적 결과는 무엇인가? 시간이 갈수록 일부 사람들이 그토록 부유해지고 계속해서 더 부유해지는 일은 뭐가 문제인가?

이러한 질문에 대한 대답은 2014년 프랑스의 경제학자 토마 피케티(Thomas Piketty)와 동료들의 통찰을 통해 분명해졌다. 이 통찰의 프레임은 아직 공적 담론 안에서 구성되지 않았다.

피케티의 통찰은 '부자'에 대해 현재 통용되는 개념이 빈부 격차 현상을 이해하는 데 적절치 않음을 보여주었다. 또한 '부'와 '부의 비율' 개념 역시 이해할 필요가 있다. 부는 재산을 취득할 자유, 여행할 자유, 특정한 문화적 이벤트를 누릴 자유 등 특정 형태의 자유와 상관관계가 있다. 또한 부는 특정 형태의 힘과도 상관이 있다. 예를 들어 다른 사람에게 돈을 지불하고 일을 시키는 것은 일종의 힘이다. 선거운동에 상당한 금액을 기부하는 것도 일종의 힘이다.

노동자는 이윤을 창출하는 사람이다. 즉 타인을 위해 부를 창출하는 사람이다. 그들은 자신의 노동으로 부를 획득할 수도 있지만, 고용주의 입장에서 그들의 가치는 그들이 고용주에게 창출해주는 부에 달려 있다. 여기서 자연스럽게 이런 질문이 떠오른다. 생산 노동에 의해 창출되는 부 중에서 노동한 사람에게 돌아가는 몫은 얼마나 될까? 또 그 밖의 사람에게 돌아가는 몫은 얼마나 될까? 어떤 수단에 의해 그렇게 될까? 부의 분배와 그 분배의 변화 방식을 결정하는 체계는 어떤 구조를 띠고 있을까?

피케티의 『21세기 자본』은 높은 수준의 학술서다. 이 책은 비단 경제뿐만 아니라 다른 많은 것에 대한 우리의 이해를 바꾸어놓으며 또 그래야 마땅하다. 그는 우리가 가장 필요로 하는 시점에 이 책을 펴냈다.

이 장에서는 피케티의 가장 기본적인 통찰을 소개한다. 그는 소득뿐만 아니라 부의 역사를 연구했다. 그리고 서로 근본적으로 다른 두 종류의 부가 존재함을 관찰했다.

• **생산에 의한 부**(Productive Wealth) | 이는 노동에 의해, 즉 물건이나

서비스를 생산하고 판매함으로써 생성되는 부다. 애덤 스미스가 말한 바로 그런 종류의 부다. 그 전형적인 예는 예컨대 제빵사나 가구 제작자 같은 개인들과 관련되어 있다. 각자가 물건을 만들고 판매하며, 또 그들 각자는 다른 사람들이 파는 것을 필요로 하고 구매한다. 제빵사는 자신의 소득을 가구 제작자에게 지불하고, 가구 제작자는 자신의 소득을 제빵사에게 지불한다. 각자는 스스로 일하고 물건을 생산해서 그것으로 돈을 벌며, 아주 단순화된 시장에서는 각자가 자기 자신과 타인을 위해 부를 생산한다. 이는 일종의 부, 생산에 의한 부로서 GDP로 환산된다. 피케티는 이를 'G'라고 부른다.

- **재투자에 의한 부**(Reinvestment Wealth) | 이는 투자에 대한 수익을 얻고 이 수익을 계속 재투자함으로써 생성되는 부다. 이런 종류의 부는 복리처럼 기하급수적으로 증가한다. 더 많이 가질수록 더 많이 투자하게 되며, 더 많이 투자할수록 더 많이 가지게 된다. 피케티는 이를 'R'이라고 부른다.*

바로 여기에서 비율의 개념이 등장한다. 피케티는 서로 다른 종류의 부의 비율, 즉 R과 G의 분포 비율을 살펴본다. 그리고 묻

---

* 피케티는 『21세기 자본』에서 R와 G를 정확히 다음과 같이 정의하고 있다. "R은 연평균 자본수익률을 뜻하며, 자본에서 얻는 이윤, 배당금, 이자, 임대료, 기타 소득을 자본총액에 대한 비율로 나타낸 것이다. 그리고 G는 경제성장률, 즉 소득이나 생산의 연간 증가율을 의미한다."(『21세기 자본』, 글항아리, 39쪽 참조) — 옮긴이

는다. 이것은 어떻게 변화하고 왜 변화하는가?

그의 연구는 18세기까지 거슬러 올라가는 여러 나라의 과세 기록을 검토함으로써 이루어졌다. 그는 1913년까지 대부분의 부가 재투자에 의한 부였음을 발견했다. 심지어 주로 생산에 의한 부의 관점에서 고찰되는 산업혁명 시기에도 R이 G보다 훨씬 더 컸다.* 다시 말해 피케티는 상식이 틀렸음을 보여주었다. 심지어 개인의 자유와 시장 덕분에 노동을 통한 생산적 부의 획득이 가능하다고 여겨지는 자본주의 민주 국가에서도 재투자에 의한 부가 압도적이었음이 밝혀졌다. 일례로 평등에 관심을 쏟는 자본주의 민주 국가 프랑스에서 1910년 전체 부의 70퍼센트가 대다수 국민에게 분포된 생산적 부가 아니라 매우 부유한 계층이 소유한 재투자 부였다.**

1913년부터 중요한 변화가 시작되었다. 제1차 세계대전과 대공황과 제2차 세계대전 때문에 재투자에 의한 부의 상당 부분이 파괴된 것이다. 이로써 생산에 의한 부, 즉 G가 R보다 커지게 되었다. 보수적이든 진보적이든 현대 경제 이론의 대부분은 1913년과 1980년 사이에 발전했으며, R보다 주로 생산에 의한 부, 즉 GDP에 그 기반을 두었다.

---

* R과 G의 세계적 변화 추이를 비교한 그래프는 『21세기 자본』, 426쪽, 도표 10.10. 참조 - 옮긴이

** 이는 1910년 프랑스 파리에서 상위 1퍼센트가 전체 부의 70퍼센트를 소유하고 있었던 사실을 가리키는 듯하다.(『21세기 자본』, 409쪽, 도표 10.2 참조) - 옮긴이

그런데, 1980년 미국의 레이건 시대에 국면이 크게 바뀌었다. 레이건은 부자들에 대한 세금을 대폭 삭감하고, 노조에 대한 공격, 따라서 평범한 노동자의 임금에 대한 대대적 공격을 개시하고, 기업활동에 대한 규제를 철폐하는 등의 조치를 취했다. 마거릿 대처도 영국에서 같은 일을 했다. 그리고 그러한 경제적 개념이 확산되었다. 1980년 전후로 역사적 변동이 일어났다. 다시 R이 G보다 커지게 되었다. 재투자에 의한 부가 현대 경제의 통제권을 넘겨받았다. 재투자에 의한 부는 복리가 불어나듯 기하급수적으로 증가했다.

1976년 미국에서는 상위 1퍼센트가 부의 19.9퍼센트를 소유하고 있었다. 2010년 상위 1퍼센트의 부는 전체의 35.4퍼센트로 늘어났다. 2010년 상위 5퍼센트는 전체 부의 63퍼센트를, 상위 20퍼센트는 88.9퍼센트를 차지했다. 남은 하위 80퍼센트가 가진 부는 전체의 11.1퍼센트에 불과했다.

이는 재투자에 의한 부가 기하급수적으로 증가한 결과다. 그리고 부호 순위를 들여다보면 상황은 더욱 악화된다. 월마트를 소유한 월튼 일가의 개인 6명이 미국 전체 가구(순자산이 마이너스인 가구들을 포함하여) 순자산의 41퍼센트 이상을 소유하고 있다.

국부 중 부자들에게 돌아가는 몫이 늘어날수록 나머지 모든 사람들에게 돌아가는 몫은 줄어든다. 또 무엇이 줄어들까? 부로 살 수 있는 자유, 부로 살 수 있는 삶의 질, 부로 살 수 있는 힘, 부로 살 수 있는 선거 영향력이 줄어든다. 엄밀히 말해 우리는 아직까지 1인 1표제를 유지하고 있지만, 1인 1표제의 영향력은 현저히 떨어지고 있다.

이 흐름을 되돌릴 수 있을까? 그렇다. 하지만 정치적 변화가 필요하다고 피케티는 말한다.

정치에서의 유기적 인과관계

피케티 자신은 R이 G보다 크다는 사실에 비관적이지 않다. 그는 정치적 변화가 이루어지면, 이를테면 재산세(부유세)를 통해 고삐 풀린 축적을 통제할 수 있다고 지적한다. 또 그는 중·저소득층의 임금을 올리고, 기업 경영진의 임금을 내리고, 탈세 도피구를 막고, 교육 접근성을 높이는 등의 전통적인 자유주의적 조치들도 그런 반전을 이끌어내는 데 도움이 될 수 있다고 제시한다.

그러나 정치적 해결을 방해하는 유기적 결과가 존재한다. 부유층의 부가 더욱 증가하면 다음과 같은 여러 가지 결과가 초래된다.

- **정치적 영향력 증가** | 부유한 개인과 기업은 공무원에 대해 엄청난 로비 능력을 지니고 있으며 이는 점점 더 커지고 있다.
- **공적 담론에 대한 통제 강화** | 부유한 개인과 기업은 매스컴을 소유하거나, 방송 프로그램에 협찬하거나, 대대적인 광고를 하는 등 여러 방법으로 공적 담론을 통제할 수 있다. 이러한 통제는 뇌를

통해 작동한다. 보수적 프레임을 활성화하는 언어와 이미지는 또한 보수적 도덕성, 대체로 엄격한 아버지의 도덕성 역시 활성화한다. 대중의 뇌 속에서 보수적 도덕성이 강해질수록 진보적 도덕성은 약화된다. 이는 사람들의 의식적·무의식적 믿음에, 따라서 사람들의 투표 양상에 큰 영향을 끼친다.

- **타인의 권리에 대한 통제 강화** | 부유한 이들은 주 의회를 통제함으로써 빈곤한 주민들의 투표권을 통제할 수 있다. 그리고 주를 통제하는 일은 연방 전체를 통제하는 일보다 비용이 싸게 먹힌다.

지금 필요한 일은 정부가 선거 자금을 지원하고, 미디어에 대한 정치적 통제를 심각하게 규제하는 것이다. 그러나 현재 미국과 다른 여러 나라에 부가 분포된 양상과 엄격한 아버지 도덕성이 분포된 양상을 고려할 때, 다른 중요한 변화가 일어나지 않는 한 꼭 필요한 정치적 변화가 일어날 가능성은 낮아 보인다. 그러한 변화는 진보 세력이 유기적 쟁점에 맞는 기본 프레임을 구축하고, 공적 담론에서 이 쟁점에 초점을 맞추며 그 초점을 계속 날카롭고 강하게 유지해나갈 때에야 비로소 가능할 것이다.

생산 노동의 만족도에 미치는 영향

재투자에 의한 부의 증가가 미치는 주요한 유기적 효과는 생산 노동 그 자체의 질과 관련이 있다. 생산 노동의 만족도가 여러 가지 면에서 떨어지고 있는 것이다. 가장 명백한 사실은, 생산 경제 체계에서 생산되는 부가 줄어들었으며, 그래서 상당수 시민에게 만족스런 삶을 제공할 정도의 충분한 돈을 대지 못하고 있다는 것이다. 또 일자리도 줄어들었고, 제공되는 일자리의 만족도도 떨어졌다.

만족스러운 노동은 급여나 노동 조건과도 관련이 있지만 사회에 유용하고 노동자에게 만족감을 주는 숙련 노동과도 관련 있다. 이런 노동은 아주 보수가 높거나 매력적일 필요가 없고 만족을 주기만 하면 된다. 내가 아는 사람들 중에는 목수, 정원사, 이발사, 치즈 판매원, 제빵사, 기계공, 사무실 총무, 재단사, 주택 페인트공, 요리사, 찻집 종업원, 교사, 주택 청소원 등의 직업에 종사하며 여러 방식으로 노동에서 만족을 얻는 사람들이 많이 있다. 그들은 변호사, 의사, 컴퓨터 과학자, 화학자, 생물학자, 금융 전문가, 음악가, 배우, 운동선수 같은 전문 직종이 아닌 평범한 서민들이다. 그들은 잘 교육받고 제 역할을 하는 시민이며 좋은 부모다. 그러나 이런 방식으로 노동에서 만족을 얻는 사람들은 점점 줄어들고 있으며, 가혹한 노동 조건 탓에 제대로 된 교육을 받고 공동체의 구성원이자 부모로서 제 역할을 하는 사람들도 날로 줄어들고 있다.

여기에는 구조적 이유가 있다. 기업들이 피고용인을 '인적 자산'과 '인적 자원'의 두 종류로 나누는 경향이 있음을 기억하자.

'자산'은 고위급 관리자와 꼭 필요한 창의적인 사람들이다. '자원' 은 교체 가능한 사람들이다. 가능한 한 최저 수준의 숙련도로, 최저 수준의 급여 및 혜택으로, 고용 보장, 연금, 의료 지원, 쾌적한 노동 환경 등의 노동 조건도 사회적으로 용인되는 최저 수준으로, 병가나 육아휴직도 노동 시간의 선택권도 임금 인상이나 보너스도 거의 받지 못하고 고용되는 이들이다. 이윤의 극대화로 정의되는 '효율'을 위해서 말이다. 노동자들은 자산이 아닌 자원으로 취급되며, 아웃소싱이 더 이익일 경우 해고, 계약직 노동자로서의 고용 불안, 실직 등을 겪는다. 기업들의 반노조 조치는 이러한 조건을 조성할 뿐만 아니라 더욱 악화시키고 있다.

자동화와 기계화로 인해, 점점 더 많은 일자리가 저숙련 · 저임금 자원의 일자리로 변해가고 있다. 한편 기업 경영진과 투자자들의 부는 더더욱 커지고 있다. 노동자를 해고하거나, 노동자의 숙련 수준과 임금 수준을 낮추거나 노동력이 싼 다른 지역으로 외주를 줄 수 있기 때문이다.

더욱 큰 재투자 수익을 요구하는 투자자들과, 자신의 부를 늘려 재투자 부유층의 일부가 되고자 애쓰는 경영자들은 이런 경향을 더욱 부추기고 있다. 기업 경영자들은 기업의 부를 관리하기 때문에 그 부의 큰 몫을 가져갈 수 있다. 기업 안에서 기업 자금의 향방을 통제하는 이들은 점점 더 많은 기업의 부를 자기들에게로 끌어들일 수 있다. 한편 그 부를 창출하는 노동자에게 돌아갈 몫은 점점 줄어든다.

일반적인 자유주의 경제 해법은 부적합한가

자유주의자들은 최저 임금 인상, 기반시설의 대규모 재건 사업, 안전망 확충, 유아기 교육 및 교육 전반의 개선, 건강보험 개선 같은 고전적인 자유주의 경제 이론에 의거한 조치를 제안하곤 한다. 이것들은 비부유층의 고통을 덜어주는 데 도움을 주며, 지극히 중요한 일이다. 그러나 자유주의적 경제 조치만으로 부자들의 걷잡을 수 없는 축적과 부자가 아닌 이들의 걷잡을 수 없는 손실을 개선할 수 있을까?

이런 고통 경감 조치만 실현하려 해도 정치적 분위기가 급진적으로 바뀌어야 한다. 그리고 앞에서 살펴본 것처럼, 피케티가 제시한 경제적 사실을 그냥 사람들에게 알려주는 것만으로는 별 도움이 되지 않는다. 프레임의 급진적 변화 없이는 이러한 사실이 진정한 효과를 발휘할 수 없기 때문이다.

급속한 부의 축적은 무엇이 문제인가

부의 급격한 기하급수적 축적은 개인의 만족스럽고 건강한 삶을 가능하게 해주는 공적 자원의 공급을 말살하는 경향이 있다. 이는 중대한 결과이지만 아직까지 프레임으로 구성되지 못했다. 예를 들어 정치적으로 봤을 때 부의 급증은, 부자에 대한 세금을 삭감하고 애초에 그 부를 가능케 했던 공적 자원에 대한 지원을 거두어버리는 결과를 가져온다.

대학 교육을 예로 들어보자. 최고 수준의 연구 중심 대학은 그리 많지 않으며 그 중 다수는 공립대학이다. 이런 '공립'대학에 대한 지원이 삭감되면 이러한 공적 자원은 등록금과 기타 부대비용을 인상해야 하고, 결국 진정한 공립보다는 사립에 더 가까워진다. 이와 비슷한 일은 초중등 교육에서도 벌어지고 있다.

이와 동시에 진정한 교육이 실종되고 있다. 고전적인 교양 교육(liberal education)은 다층적 목표를 지니고 있었다. 정신을 계발하고 총체적 비판 능력을 기르며, 세계에 대해 가르침으로써 삶의 가능성을 열고, 필요하다면 무엇이든 배울 수 있는 기술을 제공하고, 민주 사회에 기여하는 시민을 창조하는 것이다.

하지만 만족스러운 일자리가 급격히 사라지고 있는 까닭에 교육도 급격히 바뀌었다. 교육을 부나 만족스러운 일자리를 얻는 직접적 통로로 보는 학생들이 늘어나고 있는 것이다. 그래서 이들은 교양 교육이 가져다주는 무형의, 지극히 중요한 개인적 풍요를 맛보지 못한 채 당장의 취업을 위해서 '교육받고' 있다. 이는 교육을 도둑질하는 것이다. 교양 교육은 평생의 가능성을 열어주지만, 당장의 취업을 지향하는 교육은 그렇지 못하기 때문이다. 특히 현재의 일자리가 미래에는 사라질 수도 있기 때문에 더더욱 그렇다.

가치 있는 경험의 급속한 상실

큰 부자들이 해변을 소유하면 나머지 사람들은 그 해변을 경험할 기회를 박탈당하게 된다. 대다수 사람들은 접근이 금지된다. 이는 경험의 상실이다. 비단 해변뿐만이 아니다. 이는 초부유층만이 경험할 수 있고 중·저소득층이 경험할 수 없는 다른 많은 것들에도 해당된다. 그 중에는 훌륭한 학교, 쾌적한 주변 환경, 여름 캠프, 아름답거나 흥미로운 곳으로의 여행, 가족을 방문할 수 있는 여유, 노동에서 벗어난 휴식, 값비싼 미술 전시나 음악 공연, 좋은 옷, 최고의 의료 혜택, 대규모 스포츠 행사, 해외 문화, 대도시, 영화제 등이 포함된다. 사실상 삶의 많은 부분을 차지하는 개인적으로 가치 있는 경험은 돈으로 살 수 있다. 물론 한 명의 부유한 개인이 경험할 수 있는 것은 한계가 있다. 하지만 부유층의 부가 급속히 축적되고 나머지 사람들의 부가 급속히 사라지는 것은, 곧 대다수 사람들이 개인적으로 가치 있는 경험을, 즉 의미 있는 삶을 급속히 상실하고 있다는 뜻이다.

피케티와 지구 온난화

걷잡을 수 없는 부의 축적은 지구 온난화의 심화와 동시에 진행됨으로써 퍼펙트 스톰*을 일으켰다. 정치 담론에서 이 두 개념은 서로 연결될 필요가 있다.

부유한 기업과 개인들은 재투자를 거듭해서 점점 더 부유해지고 있다. 현재 보수주의자와 많은 주류 미디어의 지구 온난화 프레임 구성은 부인 전술과 공포 전술을 함께 동원하고 있다. 지구 온난화에 대처하려면 너무 비용이 많이 들고, 그러다 보면 경제가 결딴나고 대규모 실직이 발생하고 에너지 의존도가 높아진다는 등의 주장을 한다. 이들이 전부 잘못된 주장임은 여러 독립된 연구에서 이미 밝혀진 바 있다. 그러나 대중 매체에서 내보내는 내용을 부자들이 통제할 때, 그들은 언어와 이미지의 통제를 통해 공적 담론과 대중의 사고 기제를 통제할 수 있다. 그리고 지구 온난화 영향이 심해질수록 중·저소득층의 고통은 가중되는 반면, 그 영향을 초부유층은 좀 더 쉽게 견뎌낼 수 있다.

지구 온난화는 우리 세대가 직면한 가장 큰 도덕적 쟁점이다. 두 번째로 부유층이 부를 축적하는 속도가 점점 가속화되는 문제가 그 뒤를 바짝 쫓고 있다. 이 두 쟁점은 미국뿐만 아니라 전 세계가 당면한 위험을 명확히 제시하고 있다.

---

* (한꺼번에 여러 가지 안 좋은 일이 겹쳐) 더할 수 없이 나쁜 상황, 최악의 상황 - 옮긴이

성장

피케티의 통찰이 지구 온난화나 지속적 경제 성장 압박 같은 다른 주요 쟁점과 어떻게 연관되는지 생각하지 않고 이를 오로지 불평등이라는 관점에서만 프레임에 넣으면 한 가지 중대한 유기적 결과가 도출된다. 피케티는 전통적인 경제 이론의 틀에서 주장하고 있다. 그는 (정치를 올바로 한다면) 경제성장률인 G를 연간 2퍼센트 미만으로 유지하면서도 R을 원칙적으로 G(GDP의 관점에서 측정되는 경제 성장률)보다 낮게 묶어둘 수 있다고 말한다.

그러나 성장은 복리로 진행되므로 기하급수적이다. 경제 성장은 인구 증가, 자원 사용량의 증가, 지구 온난화의 심화, 기후 재해 증가, 자연계의 축소를 의미한다. 50년을 놓고 보면 불과 2퍼센트의 성장률도 어마어마한 것이다!

일단 지구 온난화에 대해 이야기하기 시작하면 인구 증가, 그 인구를 위한 그리고 그 인구에 의한 전 세계의 생산량 증가, 식량 수요 증가, 에너지 수요 증가, 자연 자원 수요 증가 등 성장 그 자체가 쟁점이 된다. 지구 온난화의 재앙을 피하려면 화석 연료 사용량이 역전되어야 한다. (심지어 2퍼센트처럼 낮은 성장률이라도) 이 모든 영역의 성장에 기반한 경제는 지구 온난화의 재앙을 막지 못할 것이다.

현재 새로운 '지속 가능한', 즉 비성장 경제학 모형이 개발되고 있다. 피케티의 통찰은 이러한 경제 모형과 들어맞을까? 그렇다면 어떤 식으로 들어맞을까?

이는 유기적 인과관계와 결부된 질문이며 꼭 필요한 질문이다. 예를 들어, 여성의 교육 수준과 피임 접근성 및 활용도는 인구 증가의 주요 변인이다. 여성의 교육 수준은 빈곤의 영향을 받지만, 종교도 그에 못지않은 영향을 끼친다. 가톨릭과 이슬람 같은 종교는 인구 증가를 촉진하며 따라서 지구 온난화를 통제하기 더 어렵게 만든다. 이는 단순히 R이 G보다 더 큰가 아닌가의 문제가 아니다.

서로 밀접하게 얽힌 유기적 효과들

이 책을 읽고 숙지해야 할 주된 요점 중 하나는 프레임 구성이 엄청난 유기적 효과를 낼 수 있다는 것이다. 또 적절한 프레임 구성이 부재할 때도 그에 못지않게 엄청난 결과가 초래된다.

피케티의 통찰을 그저 불평등에 대한 것으로만 프레임 지으면 우리가 방금 논의한 것들 대부분을 놓치게 된다. 즉 '유기적 효과'를 놓치게 된다.

프레임을 구성하는 일은 생각, 가장 깊은 차원에서의 이해, 우리 뇌의 회로 안에 유지되는 강력한 시냅스, 무의식적이고 자동적이고 수월한 이해와 관련이 있다. 다시 말해 상식을 변화시키는 일과 관련이 있다. 프레임의 변화 그 자체가 유기적 효과다. 바꾸어야 할 프레임은 대단히 많다. 어떻게 하면 이런 전면적 변화를 이끌어낼 수 있을까?

이는 진보적 도덕 체계의 프레임 구성을 강화함으로써, 감정이입과 그 감정이입에서 나오는 책임에 기초한 민주주의에 대한 진보적 관점의 프레임을 강화함으로써 시작된다. 다시 말해서 우리는 다른 사람들, 즉 우리가 만나지 못했고 앞으로도 만나지 못할 이 세계의 동료 시민들에게 관심을 쏟으며, 사적인 것이 공적인 것에 의존한다는 사실을 인식해야 한다.

그리고 이는 다시 또 다른 유기적 효과에 의해 좌우된다. 즉 언어와 뇌가 공적 담론에 미치는 효과에 의해, 또 그러한 효과를 가르치지 못하는 대학의 실패에 의해 좌우된다.

09

기업의 지배

앞에서 살펴보았듯이, 프레임이 구성되어야 함에도 일반 대중에게 여전히 구성되지 않은 것들이 대단히 많다. 다음은 그 중에서도 주목해야 할 것들이다.

- **급속히 증가하는 부유층의 부** | 전체 부 중에서 최고 부유층의 몫은 기하급수적으로 증가하고 있으며, 나머지 사람들의 몫은 그와 같은 속도로 줄어들고 있다. 하지만 적절한 프레임 구성이 이루어지지 않은 까닭에 대다수 사람들은 그 효과를 느끼면서도 이 상황의 유기적 원인을 이해하지 못하고 있다.
- **급속한 기후 재앙** | 지구는 위험하고도 빠르게 더워지고 있다. 온난화는 기후 재앙을 유기적으로 초래하고 있으며 여기에는 극단적 한파도 포함된다. 한파가 지구 온난화의 부인으로 이어지는

것은 유기적 효과를 이해하지 못한 까닭이다.

- **공적 자원의 급속한 사유화** | 사적인 것은 공적인 것에 의존하지만, 보수 세력은 공적 자원에 대한 지원을 대폭 삭감하는 한편 민영화(사유화)를 성공적으로 장려하고 있다. 그들은 정부가 일하지 않는다고 주장하며, 지원을 삭감함으로써 정부의 일을 실제로 중단시킬 수 있다. 나아가 모두를 위한 정부의 재원을 삭감함으로써 민주주의의 작동을 중단시킬 수 있다.

그러나 최근 인기를 얻기 시작한 중요한 프레임이 하나 있다.

- 헌법은 오로지 인간에게만 적용된다.

개념적 은유는 법적 지위를 가지지 않는다. 일반적으로 우리는 수천 개에 달하는 은유를 써서 사고하지만, 법은 이러한 은유에 법 그 자체 내의 공식적 역할을 드러나게 부여하지 않는다. 은유적 사고는 사방에 편재하지만 법에 관련해서는 존재하지 않는다. 그러나 현실에는 무의식 차원의 개념적 은유가 엄연히 존재한다. 그것들은 어디에나 존재하며 일정한 결과를 야기한다. 법과 인간의 뇌/정신 사이의 이 불일치는 프레임이 구성되지 않았다. 따라서 대다수 사람들의 일상적 의식이나 담론의 일부가 아니다. 동시에, 미국의 국민적 의식 속으로 한 가지 중요한 은유가 들어왔다. 이는 바로 '기업은 헌법상의 권리를 갖는 사람(Corporations Are

Persons with Constitutional Rights)'이라는 대법원의 판결 때문이다.*

여기에 반사성이 등장한다. 우리 법원이 내린 판결은 은유를 기정 사실로 만드는 힘이 있다. 사실로 받아들여진 은유는 더 많은 법원 판결을 낳고 이러한 판결은 그 은유를 확대한다.

은유를 사실로 바꾸는 힘은 어마어마한 정치적 영향을 끼치는 엄청난 힘이 될 수 있다. [기업은 사람] 은유는 너무나 큰 정치적 영향력을 띠고 있기에 여기서 잠시 논의할 가치가 있다. 하지만 그 근원에 있는 두 개의 막강한 은유를 먼저 살펴보는 것에서 논의를 시작하도록 하자.

은유적 사고를 연구하는 인지과학자들은 이 논의와 관련이 있으며 우리가 무의식적이고 자동적으로 취하는 두 가지의 공통된 은유를 찾아냈다.

은유 1. 다수는 집단이다 | [다수는 집단] 은유는 따로 떨어져 있는 개별자들에게 집단의 속성을 부여한다. 그것이 타당한가, 그렇지 않은가는 상관없다. 그 결과, 집단은 그 안의 개별자와는 다른 속성

---

* 원래 미국의 기업이나 단체는 선거 기간 특정 정당이나 후보를 지원하기 위해 자금을 지출하는 데 일정한 규제를 받고 있었다. 그런데 보수 로비 단체인 '시민연합(Citizens United)'이 힐러리 클린턴을 비판하는 광고를 배포했다가 법원으로부터 제지를 당하자 이것이 언론 자유에 위배된다는 소송을 제기했다. 이에 2010년 미국 대법원은 기업이나 단체가 자연인이 아니므로 헌법상의 권리를 부여할 수 없다는 주장을 기각하고, 기업이나 단체의 정치 자금 지출을 제한한 기존의 법률이 수정헌법 1조에 규정된 언론의 자유를 침해하는 위헌이라고 찬성 5표, 반대 4표로 판결했다. -옮긴이

을 지닌 개체로서 인식된다. 여기서 중요한 두 단어를 살펴보자.

- 다수(plurality)는 집단으로 묶이지 않은 개개의 사람들, 동물들, 식물들, 기타 사물들로 이루어진다. 예를 들어 지하철에는 많은 사람들이 탈 수 있다. 하지만 그들은 같은 지하철을 타고 있을 뿐 반드시 어떤 특정한 집단을 이루지는 않는다. 그들은 다수지만, 공통된 특성이나 목표나 기능을 가질 필요는 없다.
- 집단(group)은 하나의 개체이다. 이 개체는 은유적으로 다른 여러 개체들을 담은 그릇(container)으로서 개념화된다. 집단은 그 집단 내의 개별적 개체들과 분리된 속성, 자원, 목표, 기능을 가질 수 있고 대개의 경우 그렇다.

이 두 개념을 은유적으로 결합하면 다수에 대해 다른 방식으로 생각하게 된다. 예를 들어 클럽이나 교회, (미국은퇴자협회 같은) 협회는 그 개별 구성원에게는 해당되지 않는 돈과 집, 법적 책임 (그들은 소송 대상이 될 수도 있고, 그 재산에 대해 유치권이 행사될 수도 있다.), 채무를 지닐 수 있다. 마찬가지로 기업은 소송을 당할 수 있다. 반면 그 주주들 개개인은 그 소송의 영향을 받지 않을 수 있다.

은유 2. 기관은 사람이다 | 기관이 사람이냐고 물으면 대부분의 사람들은 아니라고 대답할 것이다. 실제로 여기 나오는 두 단어에 대한 우리의 정의는 매우 뚜렷이 구분된다.

- **기관**(institution)은 사람들을 담는 그릇으로서 은유적으로 개념화되는 추상적 개체다. 일반적으로 기관은 그 목표와 자원, 그리고 그 기관에 속한 사람들의 다양한 기능과 책임, 특권에 의해 정의된다. 기관은 거기에 속한 사람들과는 독립적으로 규정되며 고유의 기능을 수행한다.
- **사람**(person)은 인간(human being)이다. 인간은 목표와 자원을 지니고, 일반적으로 책임과 특권을 지니며, 나름의 기능을 수행한다. 또한 인간은 기관이 지니지 않는 속성, 즉 육체와 뇌, 느낌과 감정, 욕망과 믿음, 신체적 기능 및 욕구, 사회적 역할, 사고하고 소통하는 능력을 지닌다.

하지만 이 개념적 은유는 아주 오래 전부터 우리 뇌 속에 뿌리박혀 있다. 우리는 기관에 대해 이해하고 논의할 때 이런 은유적 사고방식을 끊임없이 사용한다. 예를 들어 우리는, 'EPA(미국환경보호국)는 법원의 판결에 대해 실망했다', '메이저리그는 경기력 향상을 위한 약물 사용의 근절을 원한다', '스탠퍼드 대학은 온라인 수업이 좋은 아이디어라 여기고 있다', '버클리 대학은 캠퍼스 내 강간으로 골머리를 앓고 있다', '가족계획연맹은 최근의 법원 판결에 대해 혐오감을 표시했다.' 등의 말을 한다.

[다수는 집단]과 [기관은 사람]이라는 이 두 개념적 은유는 세계의 많은 지역에 수천 년 전부터 존재해왔으며, 많은 경우 법

으로도 인정받았다. 로마법은 특정한 상업 기관과 종교 기관들을 목표, 자원, 기능, 책임, 특권 등 인간적 속성을 갖는 기관으로서 인정했다. 오늘날에도 우리는 기관에 은유적으로 이런 인간적 속성을 부여한다.

인간의 어떤 속성을 은유적으로 기관에 부여하는가에 대해서는 오랜 역사가 존재한다. 예를 들어 중세 교회는 수도원을 목표와 자금과 책임과 특권을 지닌 기관으로 보았지만, 영혼을 결여했다는 점에서 사람과는 구분했다. 영국에서 '회사'는 그 주주들과 영국 군주의 금전적 이익을 위해 사업을 수행할 배타적 권리 또는 '특허장'을 받은 기관이었다. 그 중에서 가장 큰 성공을 거둔 것이 동인도회사다.

매사추세츠베이 식민지는 뉴잉글랜드 지역에서 사업을 벌일 수 있는 특허장을 받은 매사추세츠베이사(社)에 의해 세워졌다. [정부는 기업]*이라는 은유적 개념은 1623년 이 매사추세츠베이사와 더불어 미국으로 들어왔으며, 그 이후로 미국 정치의 일부가 되었다.

1819년 이전에는 [기관은 사람]이라는 흔한 개념적 은유가 기업에 적용되고 목표, 자금, 책임, 특권** 등의 영역에 한정해서 사용되기 시작했다. 그러나 이런 기업의 인간적 속성에 대한 매우

---

* Government Is a Business. 그러므로 정부도 기업처럼 경영해야 한다는 의미 – 옮긴이
** 여기서 특권(privilege)이란 헌법에 규정된 보편적 권리와 구별되며, 정해진 특정한 이익을 누릴 수 있는 법적 권리를 말한다. – 옮긴이

흔한 제한된 관점과, 기업에 헌법적 권리를 주어야 한다는 시각 사이에는 차이가 있다! 이 차이로 인해 [기업은 사람] 은유는 통상적인 개념적 은유의 영역 밖으로 나와 법원의 권력 속으로 들어갔다.

1819년 대법원은 '다트머스 대학 이사회 대 우드워드' 재판에서 운명적인 판결을 내렸다. 미국 혁명 이전, 조지 3세는 다트머스 대학에 특허장을 부여하며 뉴햄프셔 주에 부지를 하사하고 이사회에 대학 운영 권한을 주었다. 1819년 이사회가 대학 총장을 해임하자, 격분한 뉴햄프셔 주 의회는 이 대학이 조지 왕에게서 받은 특허장을 거두어들이고 대학 운영을 주 정부에 맡김으로써 다트머스를 사실상 주립대학으로 만드는 법안을 통과시켰다. 이사회는 주 정부에 반기를 들어 소송을 제기했고, 그 변호인인 대니얼 웹스터(Daniel Webster)는 이 사건을 대법원까지 끌고 가 존 마셜(John Marshall) 대법관 앞에서 열정적 변론을 펼쳤다. 대법원은, 비록 조지 왕과의 모든 정치적 관계가 단절되었음에도 이 특허장에 의한 자연인 조지 왕과의 '계약'은 여전히 성립한다고 판결했다. 법원은 이 계약이, 주 정부가 기존의 계약 내용을 뒤집는 법을 통과시키지 못하도록 금지한 헌법의 '계약 조항'*에 해당된다고 판단했다. 헌법의 조항은 사람 사이의 계약에 적용되는 것이

---

* Contracts Clause. 개인 간 계약의 자유를 보장하고 국가의 간섭을 배제한 연방헌법 제1조 제10항을 말한다. ─옮긴이

었지만, 법원은 이것이 기업에도 적용된다고 본 것이다. 다트머스 대학은 사립으로 남아 계속 이사회의 통제 하에 있게 되었다.

그 과정에서 이 판결은 한 가지 중요한 선을 넘었다. 사람에게 계약의 권리와 재산권을 부여한 헌법의 조항이 이제는 기업에도 적용되기에 이른 것이다. 그리고 환유적으로 '영국 왕관(British Crown)'이라 불리던 영국 군주제라는 기관이 이제는 글자 그대로 조지 왕이라는 한 자연인 대우를 받게 되었다.

1868년에 수정 헌법 13조, 14조, 15조가 통과되어 노예가 해방되고 이들에게 법에 의한 평등한 보호와 투표권이 보장되기에 이르렀다. 수정 헌법 제14조 제1항은 이렇게 적혀 있다.

미국에서 태어났거나 귀화했거나 그 관할권에 속하게 된 모든 사람은 미국 시민이며 자신이 거주하는 주의 시민이다. 어떠한 주도 미국 시민의 특권 또는 면책권을 제한하는 법을 제정하거나 시행해서는 안 된다. 또한 어떤 주도 적정한 법적 절차 없이 사람의 생명이나 자유, 재산을 빼앗아서는 안 된다. 또한 그 관할권 안에 있는 그 어떤 사람에 대해서도 법의 동등한 보호를 부인해서는 안 된다.

이 수정 헌법이 통과될 무렵에는 이미 대규모 산업과 은행과 철도가 기업의 형태를 갖추었으며 부유하고 막강해져 있었다. 많은 주가 그들을 규제하고 그들의 힘을 제한하는 데 착수했다. 철도 회사는 원래 해방 노예들을 보호하기 위해 제정된 수정 헌법

14조를 가지고 이런 규제를 우회할 길을 찾았다.

철도 회사는 [다수는 집단] 은유의 역을 취했는데, 이 은유는 집단 개체의 속성을 그 구성원들의 개별적 속성과 구별했다. 이렇게 해서 나온 새로운 은유 [집단은 다수]는 집단의 속성을 그 구성원들의 속성과 동일시했다. 철도 회사는 기업이 사람이며, 그 속성 중의 하나로서 사람과 똑같은 헌법의 보호를 받는다고 주장했다. 철도 회사는 이 주장을 거의 20년 동안 계속했지만 번번이 패소했다. 하지만 철도 회사는 이런 생각을, 특히 철도 회사에 고용된 사람들 사이의 공적 담론 안으로 끌어들였다.

그리고 1886년 마침내 철도 회사는 행운을 잡았다. 그들은 대법원에 세금과 관련된 네 건의 소송을 걸었는데 그 중 하나가 '산타클라라 카운티 대 서던퍼시픽 철도' 재판이었다. 산타클라라 카운티에는 자산 담보 대출을 상환하는 사람들에게 대출 금액만큼을 세금에서 공제해주는 세금 조항이 있었다. 막대한 담보 대출을 안고 있던 서던퍼시픽 철도는 이 대출 금액을 세금에서 공제받고자 했다. 그렇게 되면 이 철도 회사는 큰 이익을 보고 산타클라라 카운티의 세수는 크게 줄어들 터였다.

이 재판은 모리슨 웨이트(Morrison Wait) 대법관의 주재로 대법원에서 진행되었다. 웨이트는 철도 회사의 변호사 출신이었다. 그리고 이 법정의 기록관이었던 J. C. 밴크로프트 데이비스(J. C. Bancroft Davis)는 작은 철도 회사의 사장을 지낸 바 있었다.

기업의 인격성에 대한 판례는 바로 이 소송에서 나왔다. 그러나 이 판례는 이 사건의 공식적인 변론에서 나온 것도 아니고, 원고에게 유리하게든 불리하게든 재판부의 그 누군가가 작성한 문서에서 나온 것도 아니었다. 이 판례는 웨이트 대법관의 구두 발언을 재판 기록관 J. C. 밴크로프트 데이비스가 받아 적은 내용에서 나왔다. 이 발언은 이 재판의 판결 요지문에만 나와 있고 다른 문서에는 전혀 나와 있지 않다. 요지문에서 웨이트의 말을 인용한 부분은 다음과 같다.

> 재판부는, 주 정부가 그 관할권 안의 모든 사람에 대해 법의 동등한 보호를 부인하지 못하게 한 수정헌법 14조의 조항이 이러한 기업에도 적용되는지의 문제에 대해 변론을 청취하지 않는다. 바로 그렇다*는 것이 우리의 의견이다.

바로 이 구절이, 그 후 이어진 여러 사건에서 전례로 인용되었다.

이러한 일련의 소송을 살펴보는 동안, 영국의 보통법은 기업과 그 주주를 정의하면서 주주들의 자산을 기업의 자산과 구분하고 있음을 염두에 두기 바란다. 이는 주주들을 기업의 특정한 책임에서 자유롭게 해주기 위한 것이며, 그래서 유한책임회사(LLC)라는 이름이 붙었다. 이 사건 이후의 모든 법원 판결은 주주들이

---

* 그 조항이 기업에도 적용된다는 의미 – 옮긴이

지니는 특정한 헌법적 권리를 자동적으로 기업에 부여함으로써 기업의 이 핵심적 속성을 침해했다. 그 헌법적 권리란 주로 (정치 캠페인에 기부하고 미디어에 지출하는 돈으로 나타나는) 표현의 자유, 종교의 자유, 불합리한 압수와 수색으로부터의 자유, 동일한 범죄에 대해 두 번 재판받지 않을 자유를 정당한 절차에 따라 보장하는 헌법상의 권리를 가리킨다.

2012년 대선 기간에 미트 롬니가 했던 다음의 말을 생각해 보자. "친구 여러분, 기업도 사람입니다. 기업이 버는 모든 것은 결국 사람들에게로 갑니다." 그는 그들이 어떤 사람들인지에 대해서는 말하지 않았다.

1889년 법원은 수정헌법 14조에서 규정한 '적정한 절차에 의한 보호'를 기업에게 제공했다. 그리고 1893년에는 수정헌법 5조의 '일사부재리 원칙에 의한 보호'를, 1906년에는 수정헌법 4조의 '불합리한 압수와 수색으로부터의 보호'를, 1978년에는 수정헌법 1조에 의거하여 주민 발의 운동에 기부할 권리를 기업에 적용했다.

이후의 재판에서 이 은유는 더욱 확장되었다. 비록 기업이 여론조사나 투표에 참여할 수는 없지만, 그 주주들이 자유로이 발언할 권리를 가지고 있으므로 기업은 '사람'으로서 자유로이 발언할 권리를 가지게 되었다. 그리고 여기서 한 걸음 더 나아간 은유, 즉 [발언은 돈(Speech as Money)]이 선거에 관여하기에 이르렀다. 후보자(진짜 사람)가 아니라 기업에 영향을 끼치는 정책을 지지하면서 말이다. 이는 '시민연합'을 향한 하나의 움직임이었다.

흥미롭게도, 시민연합은 기업의 인격성을 직접 내세우지도 않고 [기업은 사람]이라는 일반적인 은유에 의존하지도 않는다. 대신에 그들은 다른 두 가지 은유에 의존하고 있다.

- 돈은 곧 발언이다.
- 비인간도 발언할 권리를 지닌다.

이 두 은유는 다음과 같은 논리를 형성한다. 사람은 자신이 원하는 만큼 발언할 권리를 가진다. 돈은 곧 발언이고 비인간도 발언할 권리가 있으므로 자신이 원하는 만큼의 돈을 선거에 쓸 권리가 있다고 귀결된다.

보수 성향의 대법원이 내린 이 5 대 4의 판결(앞의 162쪽 주 참조) 뒤에는 정치적 동기가 있었다. 기업은 정치 캠페인에 쓸 수 있는 돈이 노조보다 훨씬 더 많다. 이 판결은 보수 세력에 막대한 돈을 안겨준 반면 진보 세력에는 거의 보탬이 되지 않았다. 앞에서 보았듯이 발언이란 그저 큰 목소리를 내는 것이 아니다. 시민연합은 보수 세력이 세심하게 프레임을 구성하고 목표를 정한다면 이 중개념 소유자들의 뇌를 변화시키고 수많은 선거에서 이기며 이 나라를 급격히 우경화시킬 수 있는 기회를 주었다.

하비로비와 휘튼 대학 소송* 역시 보수 세력의 승리였다. 하비로비 재판의 평결은, 가족이나 소집단(이중 절반 이상이 5인 이하다.)

의 완전한 통제 하에 운영되는 기업들에게 수정헌법 1조의 종교의 자유를 부여했다. 여기서 부여된 권리는 '새로운 권리'다. 이는 기업을 지배하거나 소유한 개인들의 소집단이, 기업에 적용되는 법이 자신들의 종교적 원칙을 침해한다고 느끼면 그 조항을 무시할 수 있는 권리를 말한다.

이는 [기업은 사람] 은유를 수정헌법 1조의 권리로 새롭고도 매우 다르게 확장한 것이다. 이를 계기로, 자기들이 임의로 규정한 종교적 원칙을 근거로 특정 법률 조항의 적용에서 면제해줄 것을 요구하는 광범위한 소송이 봇물 터지듯 쏟아져나왔다. 요컨대 이는 기업을 법률 위에 올려놓았다. 이는 기업에 의한 지배의 합법화를 향한 수순이다.

이는 급진적으로 보수적인 정치적 판결이다. 왜일까? 급진보수주의자들은 지배의 공적 담론과 공적 측면, 즉 인간 입법자들이 통과시킨 법에 의한 지배를 제거하길 원한다. 동시에 이는 지배를 공적 영역에서 사적 영역으로, 인간의 영역에서 비인간의 영역으로 옮겨놓는다.

이로써 우리는 공적 담론 안에서 프레임이 구성되지 않은 또 다른 진실에 다다르게 된다.

---

* 하비로비는 기독교계 공예품 회사이고 휘튼 대학 역시 기독교계 학교다. 이들을 비롯한 여러 기독교계 기업과 비영리 단체들은 오바마의 건강보험개혁법 중 직원의 낙태 및 피임에 보험료 지급을 의무화한 조항에 반발하여 소송을 제기했다. 하비로비는 2014년 6월 대법원에서 승소했다. ─옮긴이

- 기업은 우리의 삶을 지배한다.

기업은 많은 위대한 혁신을 이루어왔다. 그들은 기하급수적으로 축적한 자신들의 부를 유용한 컴퓨터 기술, 전자 통신, 제약 분야, 의료 장비, 교통 등 수없이 많은 분야의 혁신에 투자하여 사람들의 삶을 개선해왔다.

내가 아는 한, 우리 삶을 개선한 이런 온갖 혁신이 궁극적으로 가능했던 것은 바로 공적 자원 덕택이었다. 정부의 지원을 받는 연구와 대학 교육에 힘입어 발전한 분야는 컴퓨터 과학, 인공위성, 의학 연구, 의학 교육 등 이루 셀 수 없다. 기업의 모든 위대한 혁신 스토리는 사적인 것이 공적인 것에 의존한다는 진실을 더욱 빛나게 해줄 뿐이다.

그러나 기업이 부를 걷잡을 수 없이 축적함으로써 발생하는 부정적 효과는 그 프레임이 개념적으로 구성되지 않았고 따라서 거론되지 않는다. 다음은 그러한 부정적 효과 중 몇 개를 나열한 것이다.

- **기업의 로비 활동과 정치자금 기부 증가** | 이러한 효과는 대단히 많은 쟁점에서 공공의 이익에 거의 불리한 쪽으로 작용한다. 심지어 이제는 의원이 제출하는 법안을 그 의원에게 정치자금을 기부한 기업이 직접 작성하는 지경에까지 이르렀다. '시민연합' 판결은 이러한 효과를 한층 더 심화시켰다.

- **비용의 외부화 증가** | 기업은 더 부유해질수록 더 큰 정치적 영향력을 행사해 규제를 피해야 한다. 그 결과 그들은 자신의 사업 비용을 타인에게 전가하고 그럼으로써 더더욱 큰 이익을 얻을 수 있다. 이 현상에는 '비용의 외부화'라는 멋진 이름이 붙어 있다.

그 좋은 예가 바로 위험한 폐기물을 투기해서 납세자들에게 그 처리 비용이나 그로 인한 고통을 전가하는 일이다. 셰일 가스 시추 회사들이 오염 용수를 주변 지역에 폐기하거나, 시추 과정에서 땅을 파헤친 뒤 그 상태로 방치하거나, 지하수면과 인접한 다공성의 셰일 암반에 대량의 독성 화합물을 주입하여 식수와 농업용수를 오염시켰을 때 어떤 일이 벌어지는지 생각해보자. 그 부담은 사기업에서 공공의 몫으로 넘어간다. 물론 온실가스 오염을 배출하여 지구 온난화를 일으키는 기업들도 그 좋은 예다. 그 비용은 바로 여러분이 뒤집어쓴다. 기후 변화에 대처하거나 대규모 폭풍의 잔해물을 치우는 데 세금을 더 내는 식으로, 심한 가뭄이 들어 채소를 더 비싼 값에 사야 하는 식으로 부담하게 되는 것이다.

심지어 여러분이 하다못해 회사 웹사이트를 검색하거나 고객 센터에 전화를 걸고 대기하느라 시간을 보낼 때에도 비용은 외부화되고 있다. 기업이 고객 응대 직원을 너무 적게 고용해서 이윤을 얻는 동안 바로 여러분의 시간이 소비되고 있는 것이다. 주유소, 슈퍼마켓, 대형 마트에서 시행하는 다양한 형태의 '셀프 서비스'도 마치 우리의 편의를 위한 것처럼 보이지만, 사실은 기업이 소비자들에게 공짜로 일을 시키는 수단이다.

- **독점으로 인한 소비자 비용 증가** | 예를 들어 경쟁자가 없는 인터넷 서비스 회사는 바가지요금을 청구하면서 서비스는 최소한으로 줄여, 소비자에게 과도한 비용과 열악한 서비스의 부담을 전가할 수 있다.

- **의류 회사의 치수 선택권 박탈** | 많은 의류 제조업체들은 가장 일반적인 체격에 맞춘 치수만을 생산할 것이다. 모든 소비자들에게 맞는 다양한 치수의 옷을 제공하는 것보다 그 편이 더 이익이기 때문이다.

- **비윤리적인 기업 관행의 증가** | 예를 들어 제너럴모터스는 죽음을 초래할 수도 있는 결함이 있는 자동차를 판매한 적이 있다. 회사 사람들은 그 위험을 알고도 침묵을 지켰다.

- **기업의 비효율 증가** | 대기업에서 일하는 사람이라면 누구나 기업의 비효율에 익숙하다(딜버트 만화를 보라). 예를 들어 메디케어와 비교할 때 의료보험 회사들의 비효율로 인한 비용이 훨씬 높다. 이런 비효율로 인한 비용은 틈날 때마다 소비자에게로 전가된다.

- **기업 경영진의 보수 인상과 단기 이익 압박 증가** | 초부유층이 급속히 부유해지고 나머지 사람들이 부에 접근할 수 있는 기회가 그만큼 급속히 줄어들면, 단기적 이익에 대한 압박을 피할 수 없다. 기업의 부를 관리하는 경영자들은 급속히 증가하는 부를 자기 것으로 취할 동기를 갖게 된다.

기업은 광범위한 측면에서 우리를 지배하며, 우리의 이익이 아니라 자신들의 이익을 위해 우리 삶을 좌지우지하고 있다. 그 목록은 끝도 없이 이어진다.

대체로 토마 피케티가 지적한 걷잡을 수 없는 부의 전유(expropriation)는 기업에 의한 지배가 가져온 결과다. 피케티는 정치적 해법이 필요하다고 지적하지만, 우리의 정치가 대중이 아니라 상당 부분 기업의 로비에 의해 지배되고 있는 지금 이 해법의 실행 가능성은 크게 줄어들었다.

보수주의자들은 '정부'가 자신들의 자유를 빼앗는다며 욕하길 좋아한다. 하지만 기업에 의한 지배는 모르긴 몰라도 그러한 '자유'를 훨씬 더 많이 빼앗아갈 것이다.

기업에 의한 지배는 프레임이 구성되지 않은 중요한 현실이다. 이는 초부유층이 걷잡을 수 없이 부를 축적하는 것과 유기적으로 연결되어 있다. 개인과 기업의 걷잡을 수 없는 부의 축적이 우리 정치에 미치는 유기적 효과 때문에, 부의 축적은 지구 온난화가 우리 행성의 미래에 가하는 위협과, 또 민주주의를 체계적으로 위협하는 우리 정치의 근본적인 분열과 유기적으로 연결되어 있다. 그런데 그러한 정치의 분열이 민주주의를 위협하는 방식은 명백하지 않아서, 아직은 그러한 방식의 프레임 역시 공적 담론에서 구성되지 않았다.

4부

지난 10년을
돌아보며

10

'결혼'은 수많은 의미를 품고 있다

2004년 2월 18일
(2014년 일부 내용 보강)

이 장의 초고는 게이 결혼의 사회적 수용이 아직 중요한 진전을 이루기 전인 10여 년 전에 썼다. 이 책에서 권고한 내용을 활용한 전략은 성공을 거두었다. 그 내용은 사랑과 헌신을 강조하고, 게이 결혼을 단지 동성애자만의 문제가 아닌 모든 사람의 문제로 쟁점을 일반화하는 것이었다.

이제는 미국인의 절반 이상이 게이 결혼을 지지한다. 19개 주에서는 게이 결혼이 합법이다. 그러나 나머지 31개 주에서는 아직 갈 길이 멀다. 게이 결혼은 성경에 위배된다, 결혼의 정의 자체를 위협한다, 자기들이 좋아서 택한 생활방식일 뿐이다,* 아이들을 동성애로 유인할 것이다, 게이 결혼은 섹스가 전부다 등의 보수적 프레임은 바뀌지 않았다. 최근의

---

* 따라서 법으로 보호해줄 필요가 없다. ─옮긴이

보수주의자들은 '섹스'라는 단어와 '호모'라는 비어가 들어간 '호모섹슈얼(homosexual)'이라는 말을 반복해서 쓴다.

일례로, 보도에 의하면 텍사스 주지사 릭 페리(Rick Perry)는 이렇게 말했다. "설혹 특정한 라이프스타일을 따라야만 될 것 같은 기분이 들더라도, 그렇게 하지 않기로 결단할 능력이 여러분에게는 있습니다. 나는 알코올 중독에 빠지기 쉬운 유전자를 가지고 태어났을지 모르지만 그렇게 되지 않겠다는 열망을 품고 있으며, 호모섹슈얼 문제도 이와 같다고 봅니다."

이 모든 노력에도 불구하고 보수는 사랑과 헌신, 가정과 공동체를 상대로 지는 싸움을 하고 있다. 젊은 세대는 절대 다수가 게이 결혼을 수용하고 있다.

취임 직전 오바마 대통령은 게이 결혼을 대놓고 지지하지 않고 이 문제에 대한 자신의 입장이 "진화하고 있다."며 해석을 열어놓았다. 이제 그는 '진화했다.' 진화의 은유는 변화하는 정치적 맥락에 대한 적응을 암시한다.

단어 하나는 수많은 뜻을 품고 있다. 더구나 그 단어가 '결혼'이라면 더더욱 그렇다.

결혼은 우리 문화에서 핵심적인 개념이다. 결혼에는 수백 가지 법적인 혜택이 부여되지만, 그것은 물질적인 측면에 불과하다. 결혼은 제도이며, 사랑에 기반한 평생에 걸친 헌신의 공적인 표현이다. 이것은 짝짓기의 완성이며, 많은 사람들에게 인생의 주된 목표를 실현하는 것이고, 미래의 계획, 데이트, 뒷공론, 불안감, 약혼, 결혼 선물, 결혼식 계획, 의례, 초대장, 웨딩드레스, 들러리, 가족 모임, 결혼 서약, 신혼여행 등의 개념을 수반한다. 결혼은 가정생활의 시작이며, 일반적으로 미래에 자녀와 손자 손녀, 가족 모임, 사돈, 자녀의 야구 시합, 졸업식 등의 개념을 기대하게 된다.

결혼은 또한 심오하고 영속적인 수많은 은유의 관점에서 이해할 수 있다. 평생토록 함께하는 긴 여행, 협력 관계, 유대, 상호 보완하는 부분으로 이루어진 하나의 결합체, 안식처, 성장의 수단, 신성한 서약, 집⋯⋯. 또 결혼은 사회적 지위를 부여한다. 결혼한 커플은 새로운 사회적 역할을 맡게 된다. 그리고 아주 많은 사람들에게 결혼은 섹스를 정당화해준다. 한마디로 결혼은 중대사다.

보수 세력은 동성 결혼(same-sex marriage)에 반대하면서, 결혼의 '정의(definition)'와 결혼의 '신성(sanctity)'이라는 두 개의 강력한 개념을 이용했다. 우리가 할 일은 이것을 되돌려놓는 것이다. 우리는 정의에는 정의로, 신성에는 신성으로 대항해야 한다.

미국의 결혼 관습에 대한 인류학적 연구에 따르면, 결혼에 대한 보수 세력의 정의는 틀렸다. 하나의 이상적인 개념으로서 결혼은 '평생에 걸친 공적 헌신을 통한 사랑의 실현'으로 정의된다. 미국에서 사랑은 신성시되며, 헌신 또한 그렇다. 결혼에는 정말로 신성한 속성이 있다. 그것은 다름 아닌 사랑과 헌신의 신성함이다.

대부분의 중요한 개념이 그렇듯이, 결혼에도 다양한 원형적인 사례가 있다. 이상적인 결혼은 행복하고, 지속적이고, 풍족하고, 자녀들을 키우고, 안락한 집에서 살며, 다른 기혼 부부들과 친분을 나눈다. 평범한 결혼은 좋을 때가 있는가 하면 나쁠 때도 있고, 기쁠 때가 있는가 하면 힘들 때도 있다. 그리고 일반적으로 자녀나 양쪽 집안 문제로 골머리를 앓는다. 악몽 같은 결혼은 무능력, 학대, 배신 등으로 인해 이혼으로 막을 내린다. 결혼은 매우 풍부한 개념이다.

지금까지 논의한 결혼의 풍부한 의미, 즉 결혼의 정의, 신성함, 의례, 가정생활, 꿈과 희망 중에서, 이성애적 결혼에만 해당되는 개념은 없다. 결혼이 이성애적이라는 생각은 널리 퍼져 있는 문화적 고정관념에 불과하다.

이 고정관념을 불러내는 데는 언어가 중요한 역할을 한다. 예전에 극우들은 게이 결혼(gay marriage)이라는 용어를 사용했다. 요즘엔 호모섹슈얼 결혼(homosexual marriage)이라고 한다. 내가 생각하는 한 가지 이유는 '결혼'이란 단어가 '섹스'라는 개념을 불러일으키고, 미국인들 대다수는 이성애가 아닌 섹스에 대해 그리 호의적이지 않다는 것이다. 결혼은 이성애적 고정관념을 취하고 있다. 우익에게 '게이'란 거칠고 일탈적이며 성적으로 방종한 생활방식을 의미한다.

그러나 게이 결혼이라는 말은 양날의 칼과 같다. 부시 대통령은 국정 연설에서 게이 결혼이란 말을 사용하지 않는 편을 택했다. 나는 그가 이 단어를 일부러 사용하지 않은 이유가 있다고 생각한다. 부시의 입장에서 '결혼'은 남성과 여성 사이에 존재한다고 정의되며, 따라서 게이 결혼이라는 말은 모순 어법이고 '게이 사과'나 '게이 전화'라는 말만큼이나 무의미하다. 게이 결혼이란 말이 많이 사용될수록 동성 결혼이라는 개념은 더욱 더 정상적인 쪽으로 변화할 것이며, 결혼의 정의가 동성 결혼의 가능성을 배제하지 않는다는 점이 분명해질 것이다. 문법은 중요하다. 문법적으로 게이는 결혼의 종류를 한정하는 수식어다. 여러분이 이 표현을 이해한다면 이는 용어상 모순이 아니며, 결혼의 정의는 게이를 배제하지 않는다.

결혼은 가정생활의 중심이기 때문에 여기에는 정치적인 측면이 있다. 이 책 앞부분에서 말했고 나의 책 『도덕, 정치를 말하다』에서도 아주 길게 썼듯이, 보수주의 정치와 진보주의 정치는 두 가지 서로 다른 결혼 생활의 모형을 중심으로 조직되어 있다. 바로 엄격한 아버지 모형과 자상한 부모 모형이다.

엄격한 아버지는 도덕적 권위자이자 가정의 주인으로서, 어머니와 자녀들을 지배하고 필요한 규율을 부과한다. 현대의 보수주의 정치는 이 가정의 가치를 위계적 권위, 개인적 규율, 군사적 힘을 중시하는 정치적 가치로 변형시켰다. '엄격한 아버지' 가정에서 결혼이란 이성 결혼이어야 한다. 남성적이고 강하고 단호하며 지배적인 아버지는 아들의 역할 모델이며, 딸에게는 장래 남편감의 모델이 된다.

자상한 부모 모형에는 두 명의 동등한 부모가 있으며, 이들은 자녀들을 보살피고 자녀들이 타인을 보살필 수 있도록 가르칠 의무가 있다. 자상한 보살핌에는 두 가지 측면이 있다. 바로 자기 자신과 타인에 대한 감정이입과 책임이다. 책임에는 강함과 능력이 요구된다. 강하고 자상한 부모는 자녀를 돌보고 보호하며, 신뢰와 유대를 쌓고 가정의 행복과 충족, 공정성, 자유, 개방성, 협력, 공동체 발전을 촉진한다. 이들은 진보주의 정치의 강력한 가치다. 이 모형의 전형도 이성애적 가정에 바탕을 두고 있기는 하지만, '자상한 부모' 모형에는 동성 결혼을 배제하는 요소가 없다.

이 두 가지 가정 모형에 기반한 정치적 시각으로 사회가 양분되어 있는 상황에서, 우리는 동성 결혼 문제가 왜 그렇게 폭발성을 띠고 있는지 이해할 수 있다. 이 쟁점은 결혼의 물질적인 혜택뿐만이 아니라, 우리의 정체성과 핵심적인 가치가 걸린 문제다. 이것은 단순히 동성 커플만의 문제가 아니라, 우리 사회를 어떤 가치가 지배하느냐의 문제다.

보수주의자들이 '결혼을 수호'하겠다고 선포하자 자유주의자들은 혼란에 빠졌다. 사실 동성 결혼 때문에 진짜로 결혼을 위협받는 사람은 한 명도 없다. 그저 전보다 더 많은 사람들이 결혼을 허락받을 수 있게 된 것뿐이다. 그러나 보수주의자들은 '엄격한 아버지'의 가정과 더불어 자신들의 정치적 가치가 공격받고 있다고 생각한다. 사실 그들의 우려는 옳다. 이것은 그들의 정치와 도덕적 가치 전반에 심각한 문제다. 심지어 '시민 결합'*도 전통적인 엄격한 아버지 가정이 될 수 없기 때문에 위협적이긴 마찬가지다.

이 문제와 관련하여 진보주의자들은 두 가지 입장으로 나뉜다. 실용적 자유주의자들은 상속, 건강보험, 입양 등의 쟁점을 혜택의 문제로 본다. 이러한 혜택이 전부라면 시민 결합만으로도 충분하며, 이는 확실히 전보다 진일보한 것이었다. 시민 결합은 법의 동등한 보호를 받을 수 있게 해주었다. 최초로 시민 결합을 도입하고 그 후에 동성 결혼을 인정한 버몬트 주처럼, 시민 결합은 주 정부에서 주관하고 결혼은 교회에서 주관하면 되지 않는가?

이상주의적 진보주의자들은 물질적 혜택도 중요하다고 여기지만 그 이상의 것을 추구한다. 특히 게이 활동가들 대부분은 사랑에 기초한 공적 헌신, 그 모든 은유와 의례, 기쁨과 슬픔, 가족적 경험 등의 문화적 의미와, 다른 사람들과 똑같이 정상적인 의미를 둘 다 지닌 온전한 결혼을 원한다. 이 쟁점은 또한 개인의 자유에 대한 쟁점이기도 하다. 주 정부는 누가 누구와 결혼하느냐 하는 문제에 간섭할 수 없다. 또 이는 공정성과 인간의 존엄성에 대한 문제이기도 하다. 법 앞의 평등은 물질적 혜택은 물론 사회적·문화적 혜택도 포함하기 때문이다. 이 경우에 내거는 슬로건은 '결혼할 자유'다.

『코끼리는 생각하지 마』 초판이 출간된 2004년 당시 민주당의 많은 유력 후보들은, 결혼은 교회에서 주관할 문제이며 주 정부의 적절한 역할은 시민 결합을 승인하고 물질적 혜택을 보장하

---

* civil union. 결혼이 허용되지 않는 동성 커플의 법적 지위를 보장하기 위해 마련된 제도로, 당국에 신고하면 건강보험이나 연금 등 부부가 누리는 혜택을 보장받을 수 있다. - 옮긴이

는 것이라고 주장했다. 예나 지금이나 이러한 주장을 나는 이해할 수 없다. 목사와 신부, 랍비가 결혼식을 주재할 권한은 정부가 부여하는 것이지 종교가 부여하는 것이 아니다. 그리고 결혼식을 관공서에서 치르는 경우도 널리 확대되고 있다. 또 이러한 주장은 기껏해야 실용적 자유주의자들만 만족시킬 뿐이다. 이상주의적 보수주의자들은 시민 결합을 결혼과 거의 마찬가지로 취급하며, 이상주의적 진보주의자들은 이것이 동등한 보호 조치에 한참 못 미친다고 생각한다.

그리고 수정헌법의 어느 부분에 남성과 여성만이 결혼을 할 수 있다고 법적으로 규정되어 있는가? 보수주의자들은 이를 헌법에 명시하자고 주장하고 있으며, 결혼에 대한 이성애적 고정관념을 지닌 이들도 이를 지지할 것이다. 그러나 19개 주가 게이 결혼을 합법화하고 미국인 대다수가 이를 지지하게 된 지금, 헌법이 이렇게 수정될 가망은 거의 없다.

진보 진영은 도덕적 우위, 즉 자유, 공정성, 인간의 존엄성, 법 앞의 완전한 평등 같은 위대한 미국적 전통을 되찾았다. 이제는 시민 결합과 그 물질적 혜택에만 국한해 말할 필요가 없다. 남은 31개 주의 평범한 시민으로서 우리가 할 일은, 우리의 말과 글을 통해 우리의 도덕적 원칙에 입각하여 논쟁의 프레임을 재구성하는 일이다.

이성 결혼의 이혼율이 폭증하고 있는 지금 결혼의 신성함은 그 어느 때보다 중요하다. 신성함에 대해 이야기하라. 우리에게는 결혼의 이상을 정의하는 사랑과 헌신이라는 가치가 있다. 바로 이것이 결혼의 본질이다. 자신들의 사랑과 평생의 헌신을 공적으로 인정받기 위해 기꺼이 투쟁하려는 커플이라면, 신성함은 바로 그들의 편이다.

우리 모두는 자신의 생각을 밝혀 우리 후보자들이 그러한 생각을 언급할 수 있게 해주어야 한다. 예를 들어 사무실이나 교회에서 토론이 벌어졌는데 누군가 "나는 게이들은 결혼할 수 없다고 생각해요. 안 그래요?"라고 말했을 때 간단하게 대응하는 방법이 있다. 그것은 "나는 권리는 누구에게나 평등하다고 믿어요. 주 정부가 사람들한테 너는 누구랑 결혼하고 누구랑은 결혼하지 말라고 할 권리는 없다고 생각해요. 결혼은 사랑과 헌신의 문제죠. 그러니까 서로 사랑해서 공식적으로 평생을 서약하고 싶어하는 사람들이 결혼할 권리를 부인하는 건, 인간의 존엄성을 침해하는 거예요."라고 응수하는 것이다.

언론은 우익의 프레임을 받아들일 필요가 없다. 실제로 시간이 갈수록 더 많은 주의 기자들이 이를 거부하고 있다. 기자들은 "게이 결혼에 찬성하십니까?"라고 묻는 대신에 이렇게 질문할 수 있다. "주 정부가 주민들을 상대로 누구와 결혼해라, 하지 말아라 해야 한다고 생각하십니까?" 이렇게도 물어보아라. "자기가 원하는 사람과 결혼할 자유가 법 앞의 평등한 권리의 문제라고 보십니까?" 또는 "결혼이 평생의 서약을 통한 사랑의 실현이라고 보십니까?" 또는 "사랑하는 두 사람이 공식적으로 평생을 서약하고 싶어하는 것이 사회에 도움이 될까요?"

도덕에 기초한 프레임 구성은 우리 모두가 할 일이다. 특히 기자들의 임무는 더욱 막중하다.

자신들의 프레임을 불러일으키는 구절을 계속해서 반복하여 들려주고, 그런 식으로 쟁점을 정의하는 것은 우익이 오랫동안 써먹어온 전략이다. 이러한 반복을 거치면서 보수의 언어는 정상적인 일상용어가 되며, 그들의 프레임은 정상적이고 일상적인 사고방식이 된다. 기자들은 이를 똑똑히 깨닫고 여기에 말려들지 말아야 할 의무가 있다. 이러한 상황을 받아들이거나 우익의 프레임을 사용하지 않는 것이 기자들의 의무다. 또 프레임 구성에 대해 공부하고, 겉으로는 일상적이고 평범하게 보여도 그 속에 정치적 의도를 숨기고 있는 프레임을 꿰뚫어보는 법을 배우는 것이야말로 기자들의 특별한 의무다.

테러의 은유

2001년 9월 16일
(2014년 8월 재편집)

9·11 이후 우리의 뇌는 물리적으로 변화했다

우리가 알고 있는 모든 것은 뇌의 신경계 내에 물리적으로 구체화
되어 있다.

9·11 이전에 우리가 미국, 맨해튼, 세계무역센터, 항공 교통,
펜타곤에 대해 알고 있던 것들은, 우리의 정체성과 우리가 일상에
서 당연하게 받아들이는 방대한 양의 정보와 결부되어 있었다. 그
것은 우리의 신경 시냅스에 물리적으로 저장되어 있었다. 예컨대
맨해튼은 수세대의 이민자들이 미국으로 들어온 문이었으며, 전
쟁, 학살, 종교적·정치적 억압이 없는 곳에서 살 수 있는 기회의
문이었다!

맨해튼의 스카이라인은 나의 삶에서 내가 알고 있는 이상의 의미를 지니고 있었다. 맨해튼을 생각하면 내 머릿속에는 어머니가 떠오른다. 나의 어머니는 폴란드에서 태어나 젖먹이 때 미국으로 이민 와서 맨해튼에서 성장했고, 25년간 이곳 공장에서 일했다. 가정과 친구들과 삶과 자녀들이 모두 맨해튼에 있었다. 그분은 수용소에서 숨을 거두지 않았다. 그분은 삶을 두려워하지 않았다. 그분에게 있어 미국은 자신이 바라던 완벽한 나라는 아니었지만 그래도 많은 것을 제공해주었다.

내가 자란 뉴저지의 베이욘에서는 만을 사이에 두고 맨해튼의 스카이라인을 볼 수 있었다. 그 자리에 세계무역센터가 들어선 이후, 이곳은 여타의 사람들은 물론 내게도 오랫동안 스카이라인의 중요한 부분으로 각인되었다. 이곳은 미국 경제의 심장부일 뿐 아니라 문화와 소통의 심장부로서 뉴욕의 상징이었으며, 그 자체로 미국의 상징이 되었다. 또한 이곳은 우리가 일상생활을 억압 없이 영위하며 비서나 예술가, 매니저, 소방관, 세일즈맨, 교사, TV 스타로서 각자의 일을 하고 삶을 살아갈 수 있음을 의미하는 상징이기도 했다. 나는 이를 의식적으로 자각하지는 않았지만, 이러한 이미지는 미국인으로서, 또는 개인으로서의 내 정체성에 긴밀히 연결되어 있었다. 그리고 2001년 9월 11일 아침까지 이 모두는 내 뇌의 물리적인 일부분이었다.

그날 아침 무역센터를 강타한 참화는 나 또한 강타했다. 은유적으로 [빌딩은 사람]이다. 우리는 건물의 창문에서 눈, 코, 입

같은 얼굴의 요소를 구분해낸다. 남쪽 빌딩에 내리꽂힌 비행기의 이미지가 내 눈에는 마치 사람의 머리를 뚫고 지나가는 탄환의 이미지처럼 비쳤다. 비행기가 뚫고 나올 때 건물의 뒤쪽에서 터진 화염은 사람의 뒤통수에서 뿜어나오는 피였다. 그것은 살인이었다. 무너지는 빌딩은 쓰러지는 사람이었다. 쓰러진 사람들은 나, 내 친척, 친구들이었다. 길거리를 지나치면서 내게 미소 짓던 낯선 사람들이 비명을 지르며 떨어졌다. 그 다음에 덮친 이미지는 지옥이었다. 재와 연기와 증기가 올라왔고, 건물은 해골만 남았다. 어둠과 고통과 죽음이 뒤덮었다.

빌딩을 공격한 사람들은 3000마일이나 떨어져 있었지만 내 머릿속으로 침투했다. 이 모든 상징들은 내가 깨달을 수 있었던 것보다도 나의 정체성과 더 긴밀히 연결되어 있었다. 이것을 이해하기 위해 나의 뇌 자체는 변화를 겪어야 했다. 그리고 그 변화는 밤낮으로 고통스럽게 이루어졌다. 낮에는 그 잔해들이 마음속으로 흘러 들어왔고, 밤에는 그 이미지들이 머릿속에 밀려들어 나는 거친 숨을 몰아쉬며 악몽에 시달리고 뜬눈으로 밤을 새워야 했다. 그 상징들은 내 뇌의 감정적 핵심부에 자리 잡고 있었기에, 그 의미가 변화하는 과정에서 나는 감정적인 고통을 느꼈다.

나뿐만이 아니다. 이 나라의 모든 이들과 다른 나라의 많은 이들도 비슷한 고통을 겪었다. 이 살인은 수천 명의 사람을 죽였을 뿐만 아니라, 모든 미국인들의 뇌에 침투하여 그 내부를 바꾸어놓았다.

이 나라 2억 명의 국민들 또한 나와 마찬가지로 괴로움을 느꼈다는 사실은 놀라운 일이다.

이미지의 힘

은유를 분석하는 학자로서, 나는 이미지의 힘과 그 힘이 어디서 오는지에 대한 이야기부터 시작하고자 한다.

빌딩에 대해서는 많은 은유가 있다. 그 중 가장 흔한 시각적 은유는 빌딩을 사람의 머리로, 창문을 눈으로 보는 것이다. 이 은유는 우리 머릿속에서 깨어나길 기다리며 잠들어 있다. 비행기가 세계무역센터의 남쪽 건물을 뚫고 들어간 이미지는 이 은유를 활성화했다. 빌딩은 머리이고 창문은 눈이며, 빌딩 모서리는 관자놀이다. 빌딩을 관통한 비행기는 사람의 머리를 관통하는 총알이고, 빌딩 뒤편에서 쏟아진 화염은 뿜어나오는 피가 되었다.

은유적으로, 높은 빌딩은 서 있는 사람이기도 하다. 높은 빌딩이 쓰러지는 것은 사람이 쓰러지는 것과 같다. 우리는 이러한 은유적인 이미지를 의식하지는 못하지만, 이 이미지는 우리가 그 장면을 목격했을 때 경험한 전율과 공포의 일부가 되었다.

우리 모두는 뇌의 전운동 피질에 시각 영역과 연결된 이른바 '거울 뉴런'을 가지고 있다. 이 뉴런은 우리가 어떤 행동을 할 때 점화하는데, 다른 사람이 똑같은 행동을 하는 것을 볼 때도 마찬가지로 점화된다. 뇌의 이 부분은 감정을 느끼는 핵심부와 연결되어 있다. 과학자들은 이러한 신경회로가 감정이입의 토대라고 믿는다.

우리는 이 과정을 말 그대로 몸으로 느낄 수 있다. 우리는 비행기가 빌딩으로 돌진하는 것을 보면서 그 빌딩 안에 있는 사람들을 상상할 때, 비행기가 마치 나를 향해 돌진하는 듯한 느낌을 받는다. 또 빌딩이 쓰러지는 것을 보면서 그 빌딩이 나를 향해 쓰러지는 듯한 느낌을 받는다. 이 과정은 또한 은유적으로도 작동한다. 비행기가 빌딩을 관통하는 장면을 보면서 우리는 무의식적으로 빌딩이 사람의 머리이고, 비행기가 그 정수리를 관통하는 은유를 떠올린다. 그리고 마치 내가 정수리를 맞은 듯한 느낌을 받는다. 그 느낌은 무의식적이지만 강렬하다. 한편 빌딩을 서 있는 사람으로 보는 은유를 불러낸다면, 우리는 빌딩이 무너져 산산조각나는 광경을 보면서 마치 내가 쓰러져 산산조각 나는 듯한 느낌을 받는다. 이것도 마찬가지로 무의식적이지만 강렬하다. 우리의 은유적 사고 체계는 거울 뉴런 체계와 상호 작용하여, 글자 그대로 우리 몸 밖에 있는 공포를 우리 몸으로 체감하는 은유적 공포로 바꾼다.

다음은 또 다른 은유와 상징적 효과이다.

- **[통제는 위]** | 상황을 통제하는 자는 모든 상황을 내려다본다. 이것은 언제나 고층건물을 힘의 상징으로 보는 중요한 근거였다.

이 경우에 탑의 붕괴는 통제의 상실과 힘의 상실을 의미한다.

- **남근 이미지** | 고층건물은 남근의 힘을 상징하며, 이것이 무너지는 것은 권력의 붕괴라는 개념을 강화한다. 여기서 더 중요했던 것은 또 다른 종류의 남근 이미지였다. 그것은 화염과 불꽃을 뿜으며 탑을 꿰뚫는 비행기와, 공중에서 보면 여성 성기의 이미지를 지닌 펜타곤에 미사일처럼 내리꽂히는 비행기의 모습이다. 이러한 남근적 해석은, 이번 공격과 TV 화면의 이미지로 인해 성폭행당한 느낌을 받은 여성들이 증언한 내용이다.

- **[사회는 건물]** | 한 사회는 견고하든 그렇지 않든 '기초(foundation)'를 지니며, '쓰러지'거나 '무너질' 수도 있다. 세계무역센터는 우리 사회의 상징이었다. 그것이 쓰러지고 무너졌을 때 느꼈던 위협은 단순히 한 건물에 대한 것이 아니었다.

- **[지속은 서 있음]** | 우리는 오랜 시간 지속되는 상황을 은유적으로 '서 있다(standing)'고 이해한다. 걸프전 기간 조지 H. W. 부시는 반복해서 "이 전쟁은 '서 있지' 않을 것입니다."라고 말했는데, 이는 이 상황이 오래 가지 않을 것임을 의미하는 말이었다. 세계무역센터는 1만 년을 버틸 수 있도록 지어졌다. 이러한 건물이 허무하게 무너졌을 때, 그것은 은유적으로 미국의 힘과 미국 사회가 '서 있을(유지될)' 것인가 하는 의문을 불러일으켰다. 또 바로 그것이 무역센터가 공격 목표물이 된 이유였다.

- **성전(聖殿)으로서의 건물** | 이 테러를 통해 우리 사회의 심장부에 있는 자본주의 무역의 성전이 파괴되었다.

- **마음의 착각** | 맨해튼 스카이라인의 이미지는 그 균형이 깨지게 되었다. 우리는 무역센터가 있는 스카이라인에 익숙해져 있었다. 우리의 마음은 무역센터의 옛 이미지를 떠올렸지만, 그것이 사라져 있는 풍경을 보았을 때, 마치 맨해튼이 가라앉고 있는 것 같은 불균형한 착각을 일으켰다. 맨해튼은 약속의 땅인 미국의 상징이기 때문에, 은유적으로 그 약속이 가라앉고 있는 것처럼 보였다. 지금은 세계무역센터가 있던 자리에 '프리덤 타워'가 서 있지만, 그렇게 눈에 띄지 않으며 그 의미도 같지 않다. 또 미국인이 영위하는 일상적 삶의 안정성을 상징하지도 않는다.
- **지옥** | 우리는 시커멓게 타서 연기를 내뿜는 잔해, 곧 지옥의 이미지를 매일같이 대면해야 했다.

세계무역센터는 우리 국가와 우리 자신에 대한 이해와 무수한 방식으로 결부되어 있는 강력한 상징이었다. 우리가 아는 모든 것은 우리 뇌에 물리적으로 신체화되어 있다. 여기에 새로운 지식을 결합하려면, 우리 뇌의 시냅스가 물리적인 변화를 겪어야 하며, 신경계가 물리적으로 다시 형성되어야 한다.

물리적 폭력은 뉴욕과 워싱턴에만 가해진 것이 아니다. 물리적 변화는 폭력적인 방식으로 모든 미국인들의 머릿속에서도 일어났다.

정부는 이 사건의 프레임을 어떻게 구성했는가

부시 행정부가 프레임을 짜고 다시 고치고 은유를 찾아헤맨 과정을 주목할 필요가 있다. 그 주된 프레임은 희생자에 대한 범죄로서, 그 범죄자들은 재판에 회부되고 처벌받아야 한다는 것이었다. 범죄의 프레임은 법, 법정, 변호사, 재판, 선고, 항소 등의 개념을 수반한다. 그 범죄가 전쟁으로 바뀌고, 여기에 사상자, 적, 군사 행동, 전쟁수행 권한 같은 개념이 따라오는 데는 불과 수시간이면 충분했다.

도널드 럼스펠드와 정부 고위 관리들은 이러한 상황이 전쟁에 대한 우리의 이해와 들어맞지 않음을 인정했다. 물론 적과 사상자는 존재하지만, 적군, 부대, 탱크, 전함, 전투기, 전쟁터 따위는 존재하지 않으며 전략적 목표나 명확한 승전도 없다. '전쟁' 프레임은 들어맞지 않았다. 콜린 파월은 구체적인 타격 목표, 분명하고 달성 가능한 승전의 정의, 명확한 철수 전략 없이는 부대를 투입할 수 없으며, 무제한의 투입을 동원해선 안 된다고 항상 주장했다. 그는 이 '전쟁'의 경우 자신이 거론한 것 중 아무것도 존재하지 않음을 지적했다.

전쟁의 개념이 들어맞지 않았기 때문에, 그들은 필사적으로 은유를 찾아헤매기 시작했다. 첫째로 부시는 테러리스트들을 '겁쟁이'라고 불렀다. 그러나 이 말은 도덕적·종교적 이상을 위해 기꺼이 자신을 희생한 순교자들에게는 잘 들어맞는 것 같지 않았다. 그러자 그는 그들을 설치류에 빗대어 "입구에 연기를 피워 그들을 구멍 밖으로 유인하겠다."고 말했고, 럼스펠드는 그들을 뱀이나 저급한 늪지 동물에 비유해 "그들이 사는 늪을 말려버리겠다."고 말했다. 여기에 쓰인 개념적 은유는 [도덕은 위]와 [비도덕은 아래], [비도덕적인 사람은 동물](따라서 비도덕적인 사람은 신분이 낮으며, 지면 가까이에나 땅속에 사는 동물)이라는 은유이다.

부시의 연설문을 담당했던 데이비드 프럼(David Frum)은 악의 축(Axis of Evil)이라는 말을 만들어냈다. 이 말은 2002년 연두교서에서 이란과 이라크, 북한을 가리키는 데 쓰였고, 그 이후로도 부시 행정부가 이라크 전쟁을 정당화하는 데 두고두고 활용되었다. 축은 제2차 세계대전 때의 적국이었던 '추축국(Axis: 독일, 이탈리아, 일본)'에서 따온 말로, 미국을 위협하는 적들이 동서양을 아울러 전 지구적으로 분포되어 있음을 나타낸다. 이라크를 이란, 북한과 함께 묶은 것은 이라크가 핵무기(존재하지 않는 '대량살상무기')를 개발 중임을 암시하고 이라크 침공의 구실을 부여하기 위함이었다. '추축국'은 여기에 일본이 포함되어 있었기 때문에 진주만 '기습'을 연상시키며, 9·11 공격을 진주만과 상징적으로 동일시하는 효과가 있었다. 이 역시 전쟁을 정당화하려는 의도다. 미국이 도덕과 민주주의의 정수인 '언덕 위의 빛나는 도시'*를 구현하고 있다는 가정에 의하면 미국을 공격하는 자는 누구든지 악이다. 그래서

* 성서의 한 구절로, 17세기 미국의 청교도들이 스스로를 부패한 유럽과 구분하기 위해 미국을 가리켜 일컬은 말 ― 옮긴이

9월 11일에 벌어진 일은 확실히 사악하게 느껴진다.

행정부의 담론에서 악이라는 단어는 다음과 같이 작용했다. 보수주의의 '엄격한 아버지'의 도덕(『도덕의 정치』 5장 참조)에 따르면, '악'은 세상에 존재하는 힘으로서 매우 명백하게 감지할 수 있다. 악에 맞서기 위해서는 강한 도덕성을 지녀야 한다. 내가 약하면 악이 승리할 것이므로, 약한 것은 그 자체가 일종의 악이다. 악은 약점을 조장한다. 악은 타고나는 것으로, 세상에서 당신이 어떻게 행동할지를 결정하는 본질적 특질이다.

악한 사람들은 악한 행동을 한다. 더 이상의 설명은 필요치 않다. 악의 사회적 원인은 없으며, 종교적으로도 설명할 수 없고, 이를 설명하는 어떤 논리나 주장도 있을 수 없다. 악의 적은 선이다. 우리의 적이 악하다면, 우리는 선을 타고났다. 선은 우리의 본성이며 우리가 전쟁터에서 악에 대항하여 하는 모든 일은 선하다.

선과 악은 교착 상태의 전투를 벌이고 있으며, 전투는 은유적으로 강자가 승리하는 물리적 싸움으로 개념화된다. 강한 힘만이 악을 쳐부술 수 있으며, 오직 힘을 보여줌으로써 악을 궁지에 몰아넣을 수 있다. 압도적인 힘을 보여주지 않으면 악한 자들은 자기들이 처벌받지 않는다고 생각해서 악한 행동을 더욱 많이 저지르게 되므로, 힘을 행사하지 않는 것은 부도덕하며, 힘을 행사하는 데 반대하는 것 또한 부도덕하다. 악에 대항한 선의 전투보다 더 중요한 것은 없으며, 선량한 비전투원이 이 가운데 끼어들었다가 다친다면 그것은 유감스럽지만 어쩔 수 없는 일이다. 실제로 선의 이름으로 자잘한 악을 행하는 것은 정당화된다. 여기서 '자잘한 악(lesser evils)'이란 개인의 자유를 박탈하고 정치적 암살을 사주하며, 범죄자를 고용하고 '부수적 손실(군사 행동으로 인한 민간인의 인적·물적 피해)'을 감수하는 것 등을 의미한다.

다음으로는 기본적인 안보에 대한 은유가 있다. 이 은유에서는 안보를 악한 자들이 들어오지 못하도록 '봉쇄'하는 것으로 본다. 그래서 우리의 국경을 지키고, 악한 자들과 그들의 무기를 우리 공항에 들어오지 못하게 막고, 비행기에 경찰관을 탑승시킨다. 그러나 보안 전문가들 대부분은 테러리스트들이 이런저런 무기를 사용하지 못하게 완벽히 방지하는 확실한 방법이 없다고 말한다. 자금이 풍부한 테러리스트 조직이 작정하고 덤벼들면 어떠한 보안 시스템도 뚫을 수 있다는 것이다. 아니면 기름 탱크 같은 다른 목표물을 선택할 수도 있다.

그러나 [안보는 봉쇄] 은유는 강력한 효과를 발휘한다. 이 은유가 바로 미사일 방어 계획의 배후에 놓여 있는 것이다. 합리적으로 말하자면, 9·11은 미사일 방어가 무의미하다는 것을 입증했다. 그러나 9·11은 [안보는 봉쇄] 은유의 사용을 강화했다. '국가 안보'라는 말을 하는 순간 [안보는 봉쇄] 은유가 활성화되고, 그와 더불어 미사일 방어의 개념도 활성화될 것이다.

보수의 우세

부시 행정부의 반응은 우리가 보수주의적 반응에서 예상할 수 있는 바로 그 엄격한 아버지의 도덕이다. 세상에는 악이 횡행하고 있다. 우리는 우리의 힘을 보여주고 악을 일소해야 한다. 보복과 징벌이 필요하다. 그 과정에서 발생하는 사상자나 부수적 손실은 불가피하다.

자유주의자들과 진보주의자들의 반응은 이와는 매우 다르다. 그들은 우리에게 필요한 것은 보복이 아니라 정의라고 주장한다. 이해와 신중함이 바로 우리에게 필요한 것이다. 우리가 따라야 할 행동 모델은 폭파범이 아니라 구조 요원과 의사, 즉 치유자에게서 찾아야 한다.

우리는 그들과 같아서는 안 된다. 범죄자들에게 정의를 보여준다는 이유로 무고한 생명을 빼앗아서는 안 된다. 아프가니스탄과 이라크의 대규모 폭격은 무고한 인명을 살상할 것이며, 우리가 그들보다 별로 선하지 않음을 보여줄 것이다.

그러나 미디어를 지배한 것은 부시 행정부의 보수주의적 메시지였다. 이 사건의 프레임은 그들의 관점으로 구성되었다. 뉴트 깅그리치는 폭스 뉴스에 나와서 "응징이 곧 정의다."라고 말했다.

지금 이 프레임 구성의 역사를 이해하는 것이 지극히 중요한 이유는 비슷한 일이 또다시 벌어지고 있기 때문이다. 보수 진영은 외교적·경제적 영향력을 의미하는 이른바 '소프트 파워'의 활용을 촉구하는 오바마를 거세게 공격하는 한편, 군사력을 증강하고 세계의 분쟁 지역에 개입할 것을 요구하고 있다.

나는 "변화를 원하면 스스로 변화하십시오."라고 했던 간디의 말을 거듭 상기하고자 한다. 이 말은 개인뿐만 아니라 정부에게도 적용된다.

급진적 이슬람 테러리즘의 원인

급진적 이슬람 테러리즘의 원인은 최소한 다음 세 가지로 나누어 볼 수 있다.

- **세계관** | 종교적 논리
- **사회적 · 정치적 조건** | 절망의 문화
- **공격 수단** | 테러를 가능케 하는 조건

부시 행정부는 이 중 세 번째 것, 즉 공격을 수행할 수 있는 수단에 대해서만 논의하고 있다. 이를테면 지도자(일례로 빈 라덴), 테러를 지원하는 국가, 훈련 시설과 기지, 자금 지원, 세포 조직, 정보망 등이다. 여기에 첫 번째와 두 번째 원인은 들어 있지 않다.

세계관: 이슬람의 종교적 논리

테러 이후 언론에서 줄곧 제기했던 질문은 이것이었다. 왜 그들은 우리를 그렇게 증오하는가?

이 논의를 시작하면서 우리는 온건한 이슬람 및 자유주의 이슬람을 과격한 이슬람 근본주의자들과 구별해야 한다. 이슬람 근본주의자들은 대부분의 무슬림을 대표하지 않는다.

급진적 이슬람 근본주의자들은 우리의 문화를 증오한다. 그들이 지닌 세계관은 미국이나 서구인들이 살아가는 방식과 양립할 수 없다.

첫째, 그들의 세계관에 따르면 여성들은 몸을 가려야 하며 재산권도 없다. 서구의 성 관념과 관습, 음악, 여성의 평등권 등은 모두 그들의 가치에 위배되며, 영화나 음악 등 도처에 널린 미국 문화 상품들은 세계 곳곳에서 그들을 위협하고 있다.

둘째, 신정(神政) 정치를 신봉한다. 그들은 정부를 엄격한 이슬람 율법에 따라 성직자들이 통치해야 한다고 믿는다.

셋째, 그들은 예루살렘 같은 성지를 이슬람의 정치적·군사적 통제 하에 두어야 한다고 믿는다.

넷째, 그들은 이슬람의 영토에 대한 서구인들의 상업적·군사적 침입을 증오스러운 십자군의 침략에 빗대고 있다. 그들의 눈으로 보기에 우리 문화는 그들의 얼굴에 침을 뱉고 있다.

다섯째, 그들은 자신들의 믿음을 방어하고 수호하기 위한 성

전(聖戰)을 의미하는 지하드(Jihad)를 추구한다.

여섯째, 그들이 가진 순교자의 개념이다. 순교자란 대의를 위해 기꺼이 자신을 희생하는 사람인데, 그 상으로 사후에 영광을 얻게 된다. 즉 자진해서 자기 몸을 바치는 젊은 처녀들에 둘러싸여 천국에서 영원히 살 수 있다. 어떤 경우에는 공동체가 그의 가정을 돌봐줄 것을 약속한다.

사회적 · 정치적 조건: 절망의 문화

대부분의 이슬람 예비 순교자들은 이러한 믿음을 공유하고 있을 뿐 아니라 더 이상 잃을 것이 없는 절망의 문화 속에서 성장하였다. 만일 그러한 빈곤을 제거한다면 대부분의 테러리스트들을 길러내는 토양도 제거될 것이다. 비록 9·11 테러리스트들은 비교적 유복한 환경 출신이었지만 말이다. 부시 행정부가 테러를 제거하겠다고 발표했을 때, 사람들이 자기 삶을 포기하고 순교에 뛰어들게 만드는 절망의 문화와 사회적 조건을 제거하겠다는 말로 들리지는 않았다.

아스펜 연구소의 프린스턴 리만(Princeton Lyman)은, 테러의 원인이 되는 현실 세계의 조건을 해결하기 위한 전 세계적 반(反)테러 연합을 결성하자는 중요한 제안을 하였다. 절망에 이르는 (물질적 · 정치적) 조건에 대해 나라별로 대처하며 여기에 종지부를 찍기 위한 전 세계적 노력을 해야 한다. 이것이야말로 테러의 원인을 해소하는 데 꼭 필요한 부분이며 올바른 방법이기 때문이다! 하지만 이런 일은 실현되지 않았다.

그럼 첫 번째 원인인 급진적 이슬람 세계관 자체에 대해서는 어떻게 대응해야 할까? 군사 행동으로는 세계관을 변화시킬 수 없다. 사회적 활동으로도 세계관을 변화시킬 수 없다. 세계관은 사람들의 마음속에 살아 있다. 어떻게 사람의 마음속을 바꿀 수 있을까? 현재가 힘들면 미래에라도 그 마음을 바꾸는 방법이 있을까? 서구인들은 절대로 이 일을 할 수 없다. 오로지 성직자, 교사, 원로, 공동체의 존경받는 일원 등 온건한 자유주의적 무슬림들만이 이들의 마음을 바꿀 수 있다. 이들은 결코 적은 수가 아니다. 다만 그들이 잘 조직되어 있는가는 의문의 여지가 있지만, 세계는 그들에게 조직적이고 효과적으로 행동할 것을 요구한다. 온건한 자유주의적 무슬림들이 증오와 테러에 대항하여 일치된 목소리를 내는 것이야말로 지극히 중요하다.

탈레반이 '학생'이라는 뜻임을 기억하자. 이슬람 학교에서 증오를 가르치고 있는 이들은 마땅히 교체해야 하지만, 우리 서구인들은 그런 일을 할 수 없다. 오로지 조직화된 온건한 비폭력적 무슬림들만이 그 일을 할 수 있다. 서구는 제안을 하거나 필요한 자원을 제공할 수는 있지만 아무 도움 없이 그 일을 수행하기에는 역부족이므로, 온건한 이슬람 지도자들의 선의와 용기에 기댈 수밖에 없다. 그들의 도움을 얻기 위해, 우리는 절망으로 이끄는 사회적·정치적 조건을 해결하기 위한 진지한 노력을 시작함으로써 우리의 선의를 보여줄 필요가 있다.

적을 악으로 간주하는 것은 그 근본적인 원인을 진지하게 숙고하지 않는다는 뜻이다.

공적 담론

바버라 리(Barbara Lee) 하원의원(민주당, 캘리포니아 주)은 부시 대통령의 '테러와의 전쟁' 수행에 대해 유일한 반대표를 던져 하원 만장일치를 막은 인물로, 내가 자랑스럽게 인정하는 우리 지역구의 대의원이다. 그녀는 이렇게 발언했다.

나는 군사 행동을 통해서는 미국에 대한 국제적인 추가 테러 행위를 방지할 수 없다고 확신합니다. 이는 매우 복잡다단한 문제입니다.

…… 이번 표결이 아무리 어렵더라도 우리 중 일부는 자제를 외쳐야 합니다. 지금 우리나라는 상(喪)을 치르고 있습니다. 최소한 우리 중 일부는 잠시 한 발자국 물러나서 보아야 한다고 말해야 합니다. 잠깐 멈추어서서 우리의 조치가 암시하는 바를 숙고해 봅시다. 이러한 상황이 통제를 벗어나 걷잡을 수 없는 지경에 이르지 않도록 말입니다.

저는 이번 표결을 앞두고 많은 고민을 했습니다. 그러나 저는 오늘 이 표결에 직면했고, 매우 고통스럽고도 매우 아름다웠던 추도식을 지켜보면서 이 결의안에 반대표를 던지기로 결심했습니다. 한 목사님께서 감동적으로 말씀하신 대로, "우리의 행위가 우리가 개탄하는 악을 닮아가지 않도록 합시다."

물론 나는 이 연설에 동의한다. 그러나 언어학자로서 내가 놀란 것은 이 연설문에서 '방지할 수 없음', '자제(이 단어에는 부정적 의미가 내재되어 있다.)', '걷잡을 수 없는 지경에 이르지 않도록', '우리가 개탄하는 악을 닮아가지 않도록' 등의 부정적 어구를 많이 사용하고 있다는 점이다. 내 친구들은 '보복 없는 정의'를 호소하는 탄원서를 돌리고 있었다. '없는'도 부정적 의미를 품고 있는 단어다. 이러한 부정적 진술이 틀렸다는 말이 아니다(이 문장에도 부정적 단어가 무려 세 개나 있다.)! 우리에게 필요한 것은 '긍정적' 형태의 담론이다.

여기에 한 가지 예가 있다.

그 중심 개념은 책임이다. 책임은 진보주의·자유주의 도덕의 핵심이다(『도덕의 정치』참조). 진보주의·자유주의의 도덕은 타인을 이해하고 타인의 기분을 느낄 수 있는 능력인 감정이입으로부터 시작한다. 사람에 대한 책임, 보호에 대한 책임, 공동체에 대한 책임, 보살핌이 필요한 사람들을 돌보는 책임은 모두 감정이입을 전제한다. 그것은 우리가 9·11 테러 직후 목격한 구조대원들의 행동에 내재되어 있는 바로 그 가치다.

책임은 능력과 효율성을 요구한다. 만약 테러에 책임 있게 대처하고자 한다면, 종교적 원인이든 사회적 원인이든 그 직접적 수단을 제공한 물질적 원인이든 그것을 유발한 모든 원인에 효율적으로 대처해야 한다. 테러의 직접적 원인 또한 효율적으로 대처해야 한다. 선량한 시민들을 폭격하고 그들 나라의 기반시설을 파괴하여 해를 입히는 일은 비도덕적일 뿐만 아니라 반(反) 생산적이다. 책임은 어줍지 않은 압도적인 힘을 과시하는 것이 아니라 보살핌을 필요로 한다.

대규모 폭격은 무책임한 행동이다. 테러의 종교적·사회적 원인을 다루지 않는 것도 무책임한 행동이다. 책임 있는 반응은 보살핌의 관점에서 테러의 세 가지 원인, 즉 사회적·정치적 조건, 종교적 세계관, 직접적 수단 모두를 다루는 국제적인 협력과 행동을 시작하는 것이다.

대외 정책

국가가 아닌 개인들의 집단이 테러의 위협을 가하고, 국가 내부에서 전쟁이 일어나며, 자유 없는 '자유 시장'이 존재하고, 인구 폭발이 안정을 위협하는 동시에 치명적인 지구 온난화를 초래하고, 불관용적인 문화가 자유를 제한하고 폭력을 조장하며, 초국가적 기업이 억압적인 정부처럼 행동하고, 석유 경제가 이 행성의 미래를 위협하는 이 시점에서, 오늘날 세계의 핵심적인 문제는 국가 차원의 접근 방법으로는 해결할 수 없다.

국가 차원의 해답은 전 지구적 상호 의존을 깨닫고 대외 정책의 초점을 외교, 제휴, 국제기구, 강력한 방어·평화 유지력에 맞추며 전쟁은 최후의 수단으로 돌리는 것이다.

그러나 더욱 필요한 것은 세계가 더 나은 곳이 되어야 미국도 더 나은 곳이 된다는 사실을 깨닫는 새로운 종류의 도덕적 대외 정책이다. 미국은 인간의 기본적 가치에 기반을 둔 도덕적 리더가 되어야 한다. 세계의 문제에 대응할 능력과 더불어 보살핌과 책임감을 발휘해야 한다.

가치에 기반을 둔 대외 정책의 경우, 이전에는 대외 정책의 일부로 보지 않았던 쟁점이 중심 주제로 부상한다. 여성 교육은 인구 증가를 완화하고 발전을 촉진하는 최선의 방법이다. 재생 가능한 에너지는 세계가 석유에 의존하지 않고도 살 수 있도록 해준다. 식량, 물, 보건, 생태, 협력적 개혁 등도 여성과 아동, 노동자, 죄수, 난민, 정치적 소수자의 권리와 더불어 대외 정책의 쟁점이다.

과거에는 이러한 문제가 개별 국제기관들의 몫이었다. 물론 이들 대부분은 자기 임무를 훌륭하게 수행해왔지만, 이러한 쟁점을 대외 정책에서 진지하게 다룰 수 있도록 하는 통합적 접근이 필요하다.

오바마 행정부는 이것들이 대외 정책의 쟁점임을 이해하면서 이러한 방향으로 움직이고 있다. 그런데 대통령의 이러한 행보는 공격 대상이 되고 있으며, 언론은 아직 이것들을 대외 정책 쟁점으로 인식하지 못하고 있다. 왜일까?

전문가들이 대외 정책을 정의하기 위해 전통적으로 사용하는 은유에는 이러한 중요한 문제가 배제되어 있다. 이 은유는 사익(예를 들어 합리적인 행위자 모형), 안정성(물리학 은유), 산업화(산업화되지 않은 나라는 '저개발국'이다), 성장(우리의 현 경제는 성장에 의존한다. 이는 시장의 성장과 값싼 노동력, 값싸고 풍부한 자원에 대한 접근성의 성장을 말한다), 무역(자유란 자유 무역이다) 등의 개념을 수반한다.

한편, 이 모든 인도주의적 쟁점들이 이미 대외 정책의 본질의 자연스런 일부라고 보는 대안적인 사고방식도 있다. 그 전제는, 국제 관계가 부드럽게 풀리는 이유가 국제 공동체의 특정한 도덕규범을 준수하고 있기 때문이라는 것이다. 사실 대부분의 경우에는 이러한 규범을 준수하기 때문에 이 전제는 잘 드러나지 않는다. 우리가 문제를 의식하는 것은 규범이 깨질 때다. 따라서 이러한 규범을 중심으로 대외 정책을 세워야 한다는 것은 이치에 맞는다.

내가 제시하는 도덕규범은 『도덕의 정치』에서 이른바 '자상한 보살핌의 도덕'이라고 부른 것이다. 이것은 감정이입과 (나와 나의 도움을 필요로 하는 타인에 대한) 책임감을 중심으로 하는 윤리적 행동 관점이다. 많은 가치가 이 중심 원칙으로부터 딸려나온다. 공정성, 폭력의 최소화(예를 들어 '보복 없는 정의'), 자상한 보살핌의 윤리, 위험에 처한 사람들의 보호, 상호 의존의 인식, 공동선을 향한 협력, 공동체 건설, 상호 존중 등이다. 자상한 보살핌의 도덕규범을 대외 정책에 적용하면 미국 정부로 하여금 요격 미사일 제한(ABM) 조약을 지지하고, 국제적 환경 조약에 서명하고 이를 지지하며, 자상한 보살핌의 윤리가 지배하는 형태의 세계화에 참여하도록 이끌 수 있다. 그리고 자동적으로 위에 나열한 모든 문제들(환경이나 여성의 권리 등)을 우리 대외 정책의 일부로 통합시킬 수 있다.

물론 이것은 다자주의와 상호 의존, 국제적 협력을 암시한다. 그러나 보살핌의 규범이 없다면, 이 세 가지 원칙은 급진적 보수주의 대외 정책에도 마찬가지로 적용될 수 있다. 부시의 대외 정책은 체니와 럼스펠드의 입장 같은 철저한 헤게모니까지는 아니더라도 "미국의 국익을 극대화한다."는 연설문의 구절처럼 자기 이익에 근거한 것이었다. 민주당 지도자들은 부시가 교토 의정서와 ABM 조약 등의 쟁점에서 고립주의적·일방주의적 입장을 취하고 있다고 공격했다. 이는 부정확한 공격이었다. 그는 고립주의자도 일방주의자도 아니었다. 그는 다만 '엄격한 아버지' 도덕을 지침으로 삼고 자기 이익을 추구하는 정책을 따랐을 뿐이다.

부시가 자신의 정책을 발표했을 때 프랑스와 독일, 유엔의 전폭적인 지원을 받았다고 상상해보자. 그랬다면 그에게는 국제주의자·다자주의자라는 이름이 붙었을 것이다. (자신이 생각하는) 미국의 이익이 걸려 있었다면 그는 기꺼이 함께할 의지를 보여준 나라들과 '의지의 동맹(coalition of willing)'을 맺어 일했을 것이다. 부시가 다자주의자처럼 보이느냐 아니냐는 함께하자고 나서는 나라들이 있는가 여부에 달린 문제였다. 자기 이익은 일방주의와 다자주의의 경계를 넘나든다. 부시의 대외 정책은 철저한 자기 이익의 관철에 다름 아니었다.

흥미롭게도, 보살핌의 규범에 기반한 정책과 부시 행정부가 제시한 전쟁에 대한 이상주의적 전망 사이에는 외견상의 중첩이 있다. 간단히 말해서, 이 중첩은 테러를 지원하거나 테러에 참여하기를 거부하는 도덕규범이다. 이러한 시각에서 봤을 때 좌파와 우파는 처음에 일치한 듯 보였다. 그러나 그것은 환상이었다.

보살핌의 규범에 의거한 반테러 정책은 다음과 같이 다른 도덕규범에서 나온다. 즉 무고한 자에 대한 폭력은 비도덕적이다.

걸프전이 끝나고 채 1년도 안 되어 CIA는 이라크에서 전쟁과 무역 제재의 영향으로 약 100만의 민간인이 목숨을 잃었다고 보고했다. 이들 중 다수는 식량과 의료 시설을 갖추지 못한데다가 미국이 급수 공장, 병원, 발전소 등을 파괴했기 때문에 야기된 질병과 영양실조로 죽었다. 그리고 전쟁의 영향으로 그 이후 더 많은 무고한 민간인들이 죽었다.

선과 악의 전쟁터 한가운데 있는 보수주의의 도덕에서는, '자잘한 악'은 묵인되며 심지어 발생하더라도 어쩔 수 없는 일로 여긴다. 보복을 한다고 선량한 민간인을 죽이면 적들과 똑같이 악해진다는 논리는 진보주의자들에게는 통할지 몰라도, 보수주의자들에게는 통하지 않는다.

세상이 변화하는 것을 보고 싶으면 스스로 변화하라! 테러를 중단시키고자 한다면, 스스로 테러에 기여하는 활동을 중단해야 한다.

군사력 사용을 최소화하고 외교와 경제적 영향력을 활용하는 식의 도덕규범에 근거한 대외 정책이야말로 유일한 이성적이고 인도적인 대외 정책이다.

국내 정책

9·11 이후, 나는 이 공격 덕분에 부시 행정부가 국내에서 보수주의적 의제를 마음껏 추구할 수 있는 권한을 부여받았다는 사실에 대해 이유 있는 공포를 느꼈다. 이는 당시 미디어에서 말할 수 없는 주제였지만 엄연한 사실이었다. 그들은 부자들의 세금을 올려서 전쟁 비용을 대지 않았다. 오히려 깎아주었다! 그들은 '금고'에서 사회보장 잉여금을 꺼내 전쟁 비용을 댔으며, 민주당 소속 의원 중 단 한 명을 제외한 전원이 이에 찬성표를 던졌다.

여기에는 400억 달러가 들어간 것으로 추산된다. 실제로 지금까지 총 3조 달러가 들어갔으며, 전쟁에서 부상을 입은 병사들을 치료하고 이라크와 아프가니스탄 정부를 지원하는 데 지속적으로 들어가는 돈까지 계산에 넣으면 지금도 계속 증가 중이다. 이는 미국의 경제, 즉 미국의 교육 체계와 기반시설을 망쳐놓았고 꼭 필요한 광범위한 공적 자원을 앗아갔다. 중·저소득층은 더 가난해졌고 부유층은 더 부유해졌다. 지구는 더 더워졌다. 보수주의 운동은 점점 성장했다.

이는 유기적 인과관계에 대한 또 다른 교훈이다. 대외 정책과 국내 정책은 서로 밀접하게 연결되어 있다. 전쟁을 위해 생산된 총은 총기 전시회장에서 판매되어 아이들을 죽인다. 국외의 적을 감시하기 위해 개발된 소형 무인 정찰기 드론과 컴퓨터 기술은 국내의 시민들을 감시하는 데 쓰인다. 그리고 국외의 전쟁에 들어가는 돈은 국내의 공적 자원을 고갈시킬 것이다.

12

은유는 사람을 죽일 수도 있다

2003년 3월 18일
(2014년 7월 재편집)[*]

은유는 사람을 죽일 수도 있다.

   1990년 걸프전이 시작하기 직전, 나는 이 전쟁에 대한 글을 한 편 쓰면서 서두를 이렇게 시작했다.[**] 걸프전 당시 횡행한 은유들 중 다수는 현재 매우 상이하고도 더욱 위험한 맥락으로 되돌아왔다. 이라크 전쟁이 내일 당장 시작되어도 이상하지 않은 이 상황에서, 이라크 전쟁을 정당화하기 위해 사용된 은유적 개념들을

---

[*]   이 장의 2003년 원고는 이라크 전쟁이 시작되기 직전에 발표했다. 이 글을 이 책에 다시 게재하는 것은 프레임 구성에 대한 연구가 전쟁 발발 전 이 전쟁에 대한 이해에 어떤 기여를 했는지를 전달하기 위함이다.

[**] http://georgelakoff.files.wordpress.com/2011/04/metaphor-and-war-the-metaphor-system-used-to-justify-war-in-the-gulf-lakoff-1991.pdf 참조

그러한 군사 행동의 개시 이전에 한 번 살펴보는 것이 유용할 것이다.

우리 대외 정책의 핵심적 은유의 하나는 [국가는 사람]이라는 은유다. 이 은유는 이라크라는 국가를 사담 후세인이라는 한 사람으로 개념화하는 말을 통해 하루에도 수백 번씩 사용된다. 우리가 듣는 말에 따르면 이 전쟁은 이라크 민중들을 대상으로 한 것이 아니라 이 한 사람에 대항하여 수행하는 것이다. 일반 미국 시민들은 "사담은 독재자야. 그를 막아야 해." 같은 말을 하면서 이 은유를 사용한다. 물론 이 은유는 첫 이틀 동안 투하될 3000발의 폭탄이 그 한 사람에게만 쏟아지지 않으리라는 사실을 은폐한다. 이 폭탄들은 이 은유가 은폐하는 수천 명의 사람들, 그 은유에 따르면 우리의 전쟁 상대가 아닌 사람들을 죽이게 될 것이다.

[국가는 사람] 은유는 널리 퍼져 있고 강력하며, 하나의 정교한 은유 체계의 일부다. 이는 우방 국가, 적대 국가, 깡패 국가 등이 속해 있는 국제적 공동체 은유의 일부다. 또 이 은유는 '국가 이익'이라는 개념을 수반한다. 마치 개인의 이익이 건전하거나 강력할 수 있듯이 국가 이익도 경제적으로 건강하거나 군사적으로 강력할 수 있다. 이것이 바로 '국익'이 의미하는 바다.

국가(사람)들이 모인 국제 공동체에는 또한 어른 국가와 아동 국가가 있다. 여기서 성숙함을 측정하는 기준은 산업화의 정도다. 산업화의 과정에 있는 제3세계의 '개발도상' 국가들은 아동으로서 발전하는 방법을 배워야 하며, 그들이 지도를 잘 따라오지 못할 경우에는 (이를테면 국제통화기금이) 벌을 주어 규율을 가르쳐야 한다. '저개발국'들은 '뒤떨어진' 국가들이다. 이라크는 비록 과거에 문명의 요람이었지만, 이 은유를 통해 보면 일종의 반항아로서, 규율을 지키기를 거부하는 무장한 십대 깡패다. 따라서 이들에게는 따끔한 교훈을 주어야 한다.

국제 관계 이론에서는 [국가는 사람] 은유에 합리적인 행위자 모형을 더한다. 이 생각에 따르면 자기 이익에 반하여 행동하는 것은 비합리적이며, 국가는 합리적인 행위자, 즉 자기 이익을 극대화하고 비용을 최소화하려는 개인처럼 행동한다.

걸프전에서 이 [국가는 사람] 은유가 적용되었을 때, 한 나라의 '자산'에 포함된 것은 그 나라의 군인과 물자와 돈이었다. 미국은 걸프전에서 '자산' 손실을 거의 입지 않았기 때문에, 이 전쟁은 개시 이후 〈뉴욕타임스〉 경제면에서 표현한 것처럼 "엄청나게 유리한 거래"로 보도되었다. 이라크 민간인들은 우리의 자산이 아니기 때문에 우리의 '손실'에 포함되지 않았다. 따라서 전쟁이나 경제 제재로 인해 사망한 민간인들과 불구가 된 사람들, 굶주리고 질병에 걸린 아동의 수에 대해서는 공식 집계도 제대로 이루어지지 않았다. 추정치에 따르면 그 수는 50만에서 100만 이상에 이른다.

그러나 국가 이미지도 미국 자산의 일부였다. 즉 언론이 보도한 과도한 살육 장면은 홍보에 나쁜 영향을 미쳐 손실을 초래했을 수 있다. 이 은유는 이제 다시 우리 곁으로 돌아왔다. 미국 측 전사자 수를 최소화하여 전쟁을 짧게 끝내면 비용은 최소화될 것이다. 그러나 전쟁이 길어질수록 이라크의 저항도 더 거세어질 것이고 미군 사상자 수도 늘어날 것이며, 따라서 미국의 강한 이미지는 약해질 것이고, 전쟁은 이라크 민중들을 상대로 한 전쟁에 가까운 모습으로 비치게 될 것이다. 이는 큰 '비용'이다.

합리적 행위자 모형에 따르면, 국가는 그 본성상 최대의 이익을 얻고 자기 자산인 국민, 인프라, 부, 무기 등을 보존하는 방향으로 행동한다. 이것이 미국이 걸프전에서 취했고, 현재 취하고 있는 행동이다. 그러나 걸프전에서 사담 후세인의 행동은 우리 정부의 합리적 행위자 모형에 들어맞지 않았다. 그의 목적은 이라크에서 자신의 권력을 보존하고 미국이라는 '거대한 악마'에 대항하여 아랍권의 영웅이 되려는 것이었다. 이러한 목적은 나름대로의 합리성을 띠고 있을지는 몰라도 이 모형의 관점에서 보면 '비합리적'이다.

[국가는 사람] 은유가 가장 흔히 사용되는 경우는 특정 전쟁을 은유적으로 '정의로운 전쟁'으로 정당화하려 시도할 때다. 이런 시도는 거의 일상적으로 행해진다. '정의로운 전쟁'의 기본적인 발상은 [국가는 사람] 은유와 더불어 '자기 방어' 이야기와 '구출' 이야기라는 옛날이야기의 두 가지 서사 구조를 이용한다.

이 각각의 이야기에는 영웅과 범죄, 희생자, 악당이 등장한다. '자기 방어' 이야기에서는 영웅과 희생자가 동일하다. 두 이야기에서 다 악당은 날 때부터 악당이며 비합리적으로 행동한다. 영웅은 악당의 논리를 이해할 수 없다. 그는 악당과 싸워 그를 쳐부

수거나 죽인다. 두 이야기에서 다 희생자는 선량하며 비난받지 않는다. 또 두 경우 모두 악당이 먼저 범죄를 저지르며, 영웅은 악당을 쳐부숨으로써 도덕적 장부를 결산한다. 이 이야기의 등장인물을 국가(사람)로 대치하면, 자기 방어와 구출의 이야기는 영웅 국가의 정의로운 전쟁이라는 형태를 띠게 된다.

걸프전에서 조지 H. W. 부시는 사담이 "우리의 석유 생명줄을 위협했다."고 주장함으로써 자기 방어 이야기를 활성화하고자 했지만, 미국인들은 이를 받아들이지 않았다. 그래서 그는 쿠웨이트가 '강간'당했다고 역설함으로써 승리의 이야기, 즉 구출의 이야기를 시도했다. 이 이야기는 잘 먹혔고, 아직까지도 걸프전을 설명하는 가장 흔한 방식이다.

이라크 전쟁에서 조지 W. 부시는 똑같은 두 이야기를 다른 방식으로 밀어붙이고 있다. 이를 숙지하면 미국 언론에서 하는 말이나 부시와 파월의 연설 내용을 상당 부분 이해할 수 있다. 사담 후세인이 알카에다와 동급임을, 그가 알카에다를 돕거나 숨겨주고 있음을 믿게 하는 데 성공한다면, 자기 방어의 시나리오 또한 먹힐 수 있으며 나아가 정의로운 전쟁이라는 개념도 통할 수 있다. 만약 배치 준비가 완료된 대량 살상 무기가 발견된다면, 자기 방어 시나리오는 다른 방식으로 정당화될 수 있다. 실제로 명확한 증거가 없음은 물론, 세속적인 사담과 근본주의적인 빈 라덴이 서로를 싫어한다는 사실에도 불구하고, 부시 행정부는 단순한 주장만으로 미국인의 40퍼센트에게 그 둘의 연관 관계를 믿도록 하는 데 성공했다. 정부는 군인들에게도 똑같은 믿음을 주입하여 자신들이 나라를 방어하기 위해 이라크에 갔다고 믿도록 했다. '구출' 시나리오에서 첫 번째 희생자는 이라크 민중이고, 두 번째는 사담이 공격하진 않았지만, 그에게 위협받는 듯 보이는 이웃 나라들이다. 이것은 부시와 파월이 끊임없이 이라크 민중에 대한 사담의 범죄와 그가 이웃 나라를 공격하려 했던 무기의 목록을 나열하는 이유다. 역시 미국인들 대부분은 이라크 전쟁이 이라크 민중을 구출하고 이웃 나라를 지키기 위한 것이라는 생각 역시 받아들였다. 실제로 이 전쟁은 이라크 민중의 안전과 복지를 위협하고 있는데도 말이다.

그러면 프랑스와 독일에 대한 적의는 어떻게 설명할 수 있을까? [국가는 사람] 은유에 따르면 그들은 우리의 '친구'로 간주되며, 친구는 우리가 도움을 필요로 할 때 지원과 도움을 아끼지 말아야 한다. 친구는 자고로 의리가 있어야 한다. 그런데 프랑스와 독일은 우리가 힘들 때 외면하는 친구다. 우리가 도움이 필요할 때 나 몰라라 하는 친구다.

이것이 바로 정부와 언론이 미국인들의 머릿속에서 전쟁의 프레임을 구성하는 방식이다. 전 세계 수백만의 사람들은 이런 은유와 옛날이야기가 현재의 상황에 맞지 않으며, 이라크 전쟁이 정의로운 전쟁, 즉 '합법적인' 전쟁이 될 자격이 없다는 것을 알고 있다. 그러나 민주당의 효과적인 반격이 부재한 가운데 정부와 언론에 호도된 미국인들처럼 우리가 이 모든 은유를 받아들인다면 이라크 전쟁은 정말로 정의로운 전쟁처럼 보일 것이다.

그러나 대부분의 미국인은 지금까지 분명히 사실을 접했다. 사담과 알카에다 사이에 믿을 만한 연결 고리가 없다는 사실, 대량 살상 무기가 발견되지 않았다는 사실, 수많은 무고한 이라크 민간인들이 우리가 떨어뜨린 폭탄으로 죽고 다치리라는 사실을 전해들었다. 그런데도 그들은 왜 합리적인 결론에 도달하지 못하는 걸까?

인지과학이 발견한 근본적인 사실 중 하나는 사람들이 프레임과 은유(내가 앞에서 기술한 개념적 구조)를 통해서 생각한다는 것이다. 프레임은 우리 뇌의 시냅스에 자리 잡고 있으며, 신경 회로의 형태로 물리적으로 존재한다. 만약 사실이 프레임에 부합하지 않으면, 프레임은 유지되고 사실은 무시된다.

"진실이 너희를 자유롭게 하리라."는 것은 진보가 믿는 흔한 속설이다. 만약 바깥 세계에서 벌어지는 사실을 모두 대중의 눈앞에 보여주기만 한다면, 합리적인 사람들은 모두 올바른 결론에 도달할 것이다. 그러나 이는 헛된 희망이다. 인간의 뇌는 그런 식으로 작동하지 않는다. 중요한 것은 프레임 구성이다. 한번 자리 잡은 프레임은 웬만해서는 내쫓기 힘들다.

걸프전 당시 하원에서 증언했을 때 콜린 파월은 합리적인 행위자 모형을 설명하고 프로이센의 장군인 클라우제비츠의 전쟁론을 짤막하게 소개했다. 클라우제비츠에 따르면 전쟁은 사업이며, 다른 수단으로 펼치는 정치다. 국가는 원래 자기 이익을 추구하며, 필요할 때는 자기 이익을 위해 군사력을 사용한다. 이는 자연스럽고 정당하다.

　부시 행정부가 보기에 이 전쟁은 세계 제2의 매장지에서 나오는 석유의 흐름을 통제하고, 중앙아시아에서 오는 석유의 흐름을 통제하는 위치를 점할 수 있다는 점에서 우리의 이익을 증진한다. 이는 세계 상당 지역에 대한 에너지 지배를 보장해줄 것이다. 미국은 세계의 석유 거래를 통제할 수 있다. 그리고 대체 에너지가 발달하지 못한 상황에서 세계 석유 공급을 통제하는 자는 정치와 경제까지도 통제한다.

　1990년에 내가 쓴 글은 걸프전을 막지 못했다. 이 글 또한 이라크 전쟁을 막지 못할 것이다. 그런데 나는 뭐하러 이 글을 쓰고 있는가?

　나는 정치의 인지적 측면을 이해하는 것이 엄청나게 중요하다고 생각한다. 특히 우리의 개념적 프레임 형성의 대부분이 무의식적이고 우리가 자신의 은유적 사고를 인지하지 못할 때 더욱 그렇다. 사람들은 나를 '인지적 운동가'라고 부르며 나도 이 딱지가 나한테 잘 들어맞는다고 생각한다. 교수로서 나는 정치의 언어적·개념적 쟁점을 분석하되, 가능한 한 정확하게 분석하려고 애쓴다. 그러나 그 분석적 행동은 정치적 행동이다. 중요한 것은 자각이다. 어떤 일이 벌어지고 있는지 똑똑히 알고 말할 수 있다면, 지금 벌어지는 일을 적어도 장기적으로는 바꿀 수 있다.

5부

이론에서
행동으로

13

보수가 원하는 것

자유주의자들은 보수를 이해하지 못하는 경향이 있으며, 그들의 혼란은 분명히 드러난다. 한편으로 자유주의자들은 보수 세력이 어지럽게 난립하고 있다고 보고 티파티, 자유의지론자(Libertarian), 네오콘*, 월가 등으로 사분오열된 양상에 득의양양한 반응을 보인다. 공화당 원내 대표 에릭 캔터(Eric Cantor)는 당내 경선에서 티파티의 무명 후보에게 패배했다. 하원의장 존 베이너(John Boehner)는 하원 다수당인 자신의 당(공화당) 의원들을 통제하지 못하고 있다. 공화당 예비 경선은 가는 곳마다 파열음을 내고 있다.

또 한편으로 자유주의자들은 전국의 모든 공화당 후보들에

---

* 신보수주의자(neo-conservatives)의 줄임말로, 말 그대로 미국 공화당 내 신보수주의 세력의 통칭. 특히 군사력을 통해 국제무대에서 미국의 국익을 관철하고 전 세계에 자유민주주의를 전파할 것을 주장한다. - 옮긴이

게 자금을 지원하는 코크 형제를 비롯한 부유한 공화당 지지자들을 두려워한다. 공화당의 권력 장악을 두려워한다. 또 그래야 마땅하다.

어느 쪽이 맞을까? 보수 세력 내에도 분열, 다툼, 반감, 심지어 증오가 존재한다. 이로 인해 보수 세력이 서로 갈라서고 있을까?

많은 이들이 그렇다고 말한다. 해체 이론은 이해하기 쉽고 끊임없이 논의된다.

한편으로, 분파는 다양한 부분을 한데 접합하는 체계를 이룰 수도 있다. 그리고 이는 보수 세력을 약하게 하는 것이 아니라, 여러 견해가 공유되는 접합 지점에서 보수 세력을 오히려 더 강하게 만들고 있는지도 모른다.

접합 이론에 대해서는 아직 검토가 제대로 이루어지지 않았지만, 이런 일이 그러한 체계의 차원에서 보수주의자들 사이에 일어나고 있을 가능성은 충분하다. 오바마케어부터 낙태, 대법원의 하비로비 판결에 이르기까지 모든 쟁점에 대한 보수 세력의 견해가 일치한다는 것을 생각해보라. 이는 강력하며, 모든 분파의 보수주의자들이 자유주의 전체와 자유주의의 모든 입장에 열렬히 반대한 사례들이 많다. 그들의 결의는 모든 보수주의 분파의 공통기반이 그들이 가장 중시하는 도덕적 틀과 일관되게 부합함을 깨달을 때, 또 그들이 공통 기반을 찾았을 때 더더욱 강해진다.

그리고 보수 세력 내의 분파가 그들을 약하게 하기는커녕 더 강하게 만드는 것이 사실이라면, 진보는 이를 인식하는 편이 좋을 것이다. 진보 세력이 보수 세력의 분파화에 대해 어떻게 믿건 간에, 그들은 보수 세력 전체와 그 하위 집단이 누구이고 무엇을 원하는지를 이해할 필요가 있다.

앞에서 살펴보았듯이, 보수주의의 핵심에는 아버지의 도덕이 있다. 그러나 엄격한 아버지의 도덕에는 복잡한 특징과 자연적 변이들이 존재한다. 자유주의자들이 보지 못하는 것은, 이 다양성이 보수주의 전반에 상당한 힘을 부여할 수 있다는 사실이다. 보수주의의 여러 유형은 특정한 관심 영역에 의해 정의된다. 엄격한 아버지의 도덕은 개인의 자유·사익 영역, 세계 패권 영역, 비즈니스 영역, 사회 영역을 망라한 모든 영역에 적용된다. 이 관심 영역은 각각 자유의지론적 보수주의, 네오콘 보수주의, 경제적 보수주의, 티파티 보수주의와 연관되어 있다.

관심 영역	보수주의의 유형
개인의 자유	자유의지론자
세계 패권	네오콘
기업활동	월가
사회와 종교	티파티

이들은 엄격한 아버지의 도덕을 대체로 공유하지만, 자신들이 가장 관심 갖는 영역에 각기 다른 방식으로 적용한다. 그들의

분열 지점은 도덕적 이론이 아니라 관심 영역에 있다. 이 차이는 상호 보완적이어서 이들은 하나로 뭉친다. 무제한의 사익 추구에 초점을 맞추고, 개인에 대한 국가 권력의 영향력을 제한하는 데 초점을 맞추는 것은 우익적 사고 중 자유의지론 분파의 특징이다.

네오콘은 엄격한 아버지의 가치를 국내외의 모든 영역으로 확대하기 위해 (국가) 권력을 거침없이 휘두를 수 있다고 믿는다. 그들은 전 지구적 차원의 경제력과 군사력 확보, 그리고 국내의 권력 동원에 관심이 있다. 때때로 그들은 자유의지론자들과 부딪치기도 한다. 자유의지론자들은 정부 권력의 동원에 반대하며, 정부 권력의 축적 및 동원을 요하는 해외 개입에도 반대하기 때문이다.

월가 보수주의자들은 기업 세계를 통한 부의 획득에 주로 관심이 있다. 여기에는 부유한 기업의 CEO와 고위 경영진, 투자 은행가, 벤처 자본가, 개인 자산 운용가, 헤지 펀드 매니저가 들어가며 그 밖에 주로 투자에서 소득을 올리는 사람들이 포함된다. 이런 보수주의자들의 정치적 관심사는 세금 정책, 경제 조약, 수출입 정책, 해외 투자 보호, 정부 계약, 국유지의 광물 자원 채굴권, 특허권·저작권 보호, 재산권과 환경권의 충돌, 에너지 공급, 시장 통제, 공적 자원의 사유화 등 다양하다. 그들은 로비스트와 광고, 그리고 미디어와 공적 담론의 통제를 활용하는 경향이 있다.

끝으로 티파티 보수주의자들이 있다. 이들은 자유주의자 및 진보주의자를 상대로 한 문화 전쟁의 모든 전선에서 공격적으로 행동하고자 하는 사회적·종교적 문화 전사들이다.

종합하면, 우익은 엄격한 아버지 이데올로기를 미국과 궁극적으로는 전 세계에 주입하고자 하고 있다. 그 세부적인 사항은 보수주의자의 관심 영역에 따라 조금씩 변화할 수 있지만 여기에는 대체적인 경향성이 존재한다. 많은 진보주의자들은 보수의 이데올로기가 얼마나 급진적인지 과소평가하고 있다.

이 글에서는 급진적 우익들의 사고방식을 설명하고자 한다.

하나님 | 많은 보수주의자들은 자기들의 생각을 하나님에 대한 관점에서부터 풀어나간다. 이 관점 덕택에 보수주의 이데올로기는 자연스럽고 선하게 보인다. 하나님은 궁극의 엄격한 아버지로서 온전히 선하고 강하며, 자연의 위계에서 꼭대기에 위치한다. 이 자연의 위계에서 도덕성은 힘과 밀접한 관련이 있다. 하나님은 선한 사람들이 지배하길 원하며, 덕(virture)은 힘으로 보상받는다. 신은 개인적 힘, 전 지구적 힘, 금전적 힘, 사회적 힘 등 각 영역에 순종해야 할 도덕적 권위가 있는 위계 사회를 원한다.

하나님은 법(율법)을 만들고 옳음과 그름을 결정한다. 사람들은 하나님의 율법을 따르도록 훈육을 받아야 한다. 하나님은 자신의 율법을 따르지 않는 사람을 벌하고, 따르는 사람에게 상을 준다. 하나님의 율법을 따르는 데는 훈육이 필요하다. 충분한 훈육을 받아 도덕적인 사람은 부와 권력을 누릴 수 있다.

구원자인 그리스도는 죄인에게 두 번째 기회, 즉 다시 태어나 하나님의 율법을 따를 기회를 준다.

도덕적 질서 | 전통적 권력관계는 자연의 도덕적 질서를 규정하는 것으로 여겨진다. 이것은 인간에 대한 하나님의 우위, 자연에 대한 인간의 우위, 아이에 대한 어른의 우위, 비서구 문화에 대한 서구 문화의 우위, 다른 나라에 대한 미국의 우위를 의미한다. 이 도덕적 질서는 너무나 빈번하게 여성에 대한 남성의 우위, 비백인에 대한 백인의 우위, 비기독교에 대한 기독교의 우위, 동성애자에 대한 이성애자의 우위로 확장되곤 한다.

도덕 | 보수적 도덕 체계(엄격한 아버지 도덕)를 보존하고 확장하는 것이야말로 최고로 중요한 일이다. 도덕은 도덕적 권위자로부터 규칙이나 율법의 형태로 다가온다. 이는 자신의 자연적 욕망을 통제하고 도덕적 권위를 따르는 내면적 규율을 요구한다. 이 권위가 무엇인지는 여러분의 관심 영역이 무엇인지, 즉 (공적이든 사적이든) 개별적인 지배 기관인지, 월가인지, 보수적 사회인지에 따라 달라진다. 절제는 주로 어릴 때 잘못한 일에 대한 체벌을 통해 배운다. 도덕은 상벌 체계를 통해서만 유지될 수 있다.

경제 | 희소한 자원을 둘러싼 경쟁에서 이기기 위해서도 규율이 필요하며, 따라서 이 경쟁은 도덕에 기여한다. 도덕 규율은 경쟁에서 이기고 부유해지기 위한 규율과 동일하다.

부유한 사람들은 선한 사람이며 자연적 엘리트*가 되는 경향이 있다. 가난한 사람들은 부유해지기 위해 필요한 훈육을 받지 못했기 때문에 가난한 것이다. 따라서 가난한 사람들은 가난한 것이 당연하며 그들은 부자를 위해 일해야 한다. 부자들은 가난한 사람들의 봉사를 필요로 하며 또 봉사를 받을 자격이 있다. 따라서 부자와 빈자 사이의 엄청난 틈이 점점 더 벌어지고 있는 것은 자연스럽고 선한 일이다.

시장이란 규율을 준수하고 (보수주의의 전형에 맞게 선하고) 그 규율을 부를 쌓는 데 이용하는 사람들을 위한 기제인데, 이 기제가 얼마나 잘 작동하느냐는 시장이 얼마나 '자유로우냐'에 달렸다. 자유 시장은 도덕적이다. 이것은 모두가 자기 자신의 이익을 좇는다면 모두의 이익이 극대화되기 때문이다. 경쟁은 선한 것이다. 경쟁은 자원을 가장 적절하게 이용하고 훈육된 사람들을 길러내기 때문이다. 시장에 대한 규제는 악한 것이다. 왜냐하면 이는 자유로운 이윤 추구를 방해하기 때문이다. 부유한 사람들은 가난한 사람들에게 일자리를 제공하고 투자함으로써 사회에 이바지한다. 이러한 부의 양극화는 궁극적으로 공공선에 기여하는데, 왜냐하면 이는 절제된 사람에게 상을 주고 무절제한 사람들에게 규율과 노력하는 법을 배우도록 강제하기 때문이다.

정부 | 사회보장 프로그램은 비도덕적이다. 도덕적인 사람이 되고

---

* natural elite. 미국식 평등관의 기저를 이루는 공화주의 사상에 따르면, 인간은 자질과 능력에서 애초에 평등하지 않다. 그래서 사회는 능력에 따라 공익을 위해 일할 천부적 자질을 가진 현명한 소수와 그렇지 않은 다수로 '자연 분화(natural differentiation)'된다. 여기서 발생한 엘리트는 지위의 세습에 따른 전통적인 '인공 귀족'과 구별되는 '자연 귀족(natural aristocrat)'이라고 불린다. '기회의 평등'은 필연적으로 '결과의 불평등'을 낳으며 이는 당연한 것이라는 생각이 미국식 평등관의 특징이다. 권용립 지음, 『미국의 정치문명』, 삼인, 221~224쪽 참조. ─옮긴이

부자가 되려면 규율을 준수해야 하는데 사회보장 프로그램은 사람들에게 직접 벌지 않은 것을 공짜로 줌으로써, 규율 준수를 배워야 할 동기를 빼앗는다. 사회보장 제도는 없애야 한다. 민간 영역에서 수행할 수 있는 일이라면 정부는 이를 모두 폐지해야 한다. 정부가 해야 할 적절한 일은 따로 있다. 정부는 미국 국민의 생명과 사유 재산을 보호하고, 자격을 갖춘(규율을 준수하는) 미국 국민들이 가능한 한 쉽게 이윤을 얻을 수 있도록 지원하고, 보수적 사회 문화 및 종교와 더불어 보수적 도덕(엄격한 아버지 도덕)을 장려해야 한다.

교육 | 보수주의 도덕을 보존하고 확산하는 것이 최고의 목적이므로, 교육은 이 목적에 복무해야 한다. 학교는 보수주의 가치를 가르쳐야 하며, 이를 보장하기 위해 보수는 학교 이사회에 대한 통제권을 획득해야 한다. 교사들은 학생들에게 보여주는 모범이나 가르치는 내용에 있어 자상하기보다는 엄격해야 한다. 따라서 교육에는 훈육이 따르며, 무절제한 학생들에게는 벌을 주어야 한다. 제멋대로 행동하는 학생들은 체벌(예를 들어 매)을 가하고, 지적 훈련을 받지 못한 학생들은 감쌀 것이 아니라 진급을 시키지 않음으로써 창피를 주고 벌을 주어야 한다. 얼마나 잘 훈육되었는지 테스트하기 위해 균일한 시험을 치르며, 이 시험은 명확한 정답과 오답이 매겨지고 공정함의 척도가 된다. 즉 시험에 통과한 학생은 상을 받고, 규율을 따르지 않아 시험에 통과하지 못한 학생은 벌을 받는다.

비도덕적이고 무절제한 아이들은 제대로 훈육된 아이들을 잘못된 길로 유인할 수 있으므로, 부모들은 자녀들을 어떤 학교에 보낼지 자유롭게 선택할 수 있어야 한다. 따라서 공립학교에 지원되는 정부 기금을 박탈하여 바우처 보조금의 형태로 부모들에게 직접 주어야 한다. 이렇게 하여 더 부유한 (즉 더 높은 규율을 배운 도덕적인) 시민들은 자녀를 보수주의 가치와 적절한 규율을 가르치는 사립학교나 종교학교에 보낼 수 있다. 한편 더 빈곤한 (즉 규율을 배우지 못하고 자격이 부족한) 사람들은 지원받는 바우처만으로는 자녀를 더 나은 사립학교나 종교학교에 보낼 수 없다. 따라서 학교는 사회의 자연스런 부의 양극화를 반영하게 된다. 물론 탁월한 절제력과 재능을 지닌 학생들은 장학금을 받고 더 좋은 학교에 들어가야 한다. 이로써 사회적 엘리트를 자연 계급으로 유지할 수 있다.

의료보장 | 자녀를 돌보는 것은 부모의 책임이다. 부모가 자녀를 돌보지 못하면 그들은 개인적인 책임을 다하지 못하는 것이다. 누구도 다른 사람의 일을 대신해줄 책임은 없다. 따라서 산전·산후 검진 보장과 어린이·노약자 의료보장은 개인이 책임질 문제이지 납세자가 책임질 문제가 아니다.

동성 결혼과 낙태 | 동성 결혼은 엄격한 아버지 가정 모형에 들어맞지 않을뿐더러 그와 정면으로 충돌한다. 레즈비언 결혼에는 아버지가 없으며, 게이 결혼에는 진짜 남자로 취급할 수 없는 '아버지들'이 있다. 엄격한 아버지 모형을 보존하고 확산하는 것이 보수주의자들에게 최고의 도덕 가치이므로, 동성 결혼은 보수주의 가치 체

계 전반에 대한 공격인 동시에, 자신의 정체성이 엄격한 아버지 가치에 있는 사람들에 대한 공격이 된다.

낙태도 비슷하게 작용한다. 여성이 낙태를 원하는 경우는 전형적으로 두 가지다. 바로 '부정한' 성관계를 저지른 십대 미혼모들과, 자기 직업 경력을 위해 자녀 양육을 미루고 싶어하는 성인 여성들이다. 두 가지 경우 모두 엄격한 아버지 모형에 정면으로 반항한다. 임신한 십대들은 엄격한 아버지의 율법을 위반했다. 일하는 여성들은 엄격한 아버지의 힘과 권위에 도전한다. 둘 다 아이를 낳음으로써 벌을 받아야 한다. 둘 중 어느 누구도 자기 행동의 결과를 피해 갈 수 없다. 그것은 도덕의 근원은 징벌이라는 엄격한 아버지 모형의 사고방식을 위반하는 행위다. 보수주의 가치는 일반적으로 엄격한 아버지 모형의 형태를 띠고 있기 때문에, 낙태는 보수주의 가치와 보수주의자로서의 정체성을 위협한다.

앞에서 살펴보았듯이, '생명 옹호(pro-life)'를 주장하는 보수주의자들은 대부분 어린이의 생명에 중대한 영향을 미치는 산전·산후 검진 보장과 어린이 의료보장에 대해 반대한다. 따라서 아무리 넓은 의미로 해석해도 그들이 진정으로 생명을 옹호한다는 것은 사실이 아니다. 보수 세력은 대부분 정치 권력을 획득하고 유지하기 위한 문화 전쟁 책략의 일환으로서 임신중절이라는 개념을 활용하고 있다.

동성 결혼과 낙태는 수백만 보수주의자들의 정체성을 규정하는 엄격한 아버지 가치를 대체할 위험성이 있다. 바로 이런 이유에서 이 둘은 보수주의자들에게 뜨거운 쟁점인 것이다.

이 점을 이해하는 일은 개별 여성들이 중절을 결심할 때 느끼는 현실적 고통과 어려움을 무시하는 것이 아니다. 태아의 생명과 건강을 정말로 걱정하는 사람들에게 임신중절은 어떤 이유에서든 언제나 고통스러운 일이고, 결코 단순한 문제가 아니다. 보수 세력은 그들의 문화적 전쟁에서 임신중절을 쐐기 쟁점*으로 삼아 이를 이기적으로 이용하고 있다. 진정으로 생명 옹호를 주장하는 사람들도 있다. 그들은 수정된 순간부터 생명이 시작되며 생명이 궁극적인 가치라고 믿는 동시에, 산전·산후 검진, 빈곤층 어린이에 대한 의료보장, 유아 교육을 지지하고, 사형과 전쟁에 반대한다. 그들은 또한 임신중절을 하는 모든 여성들이 고통스러운 결정을 내린 것임을 이해하고, 그러한 여성들에게 공감하고 부정적 편견 없이 대한다. 그들은 '생명을 옹호'하는 진보주의자들로서, 흔히 자유주의적 가톨릭 신자 중에 많다. 그들은 임신중절 문제를 더 넓은 도덕적·정치적 의제에 대해 지지를 얻기 위해 정치적 쐐기로 이용하는 보수주의자들과는 다르다.

자연 | 신은 인간에게 자연에 대한 지배권을 주었다. 자연은 번영을 위한 자원으로서, 인간의 이익을 위해 사용하라고 있는 것이다.

기업 | 기업은 사람들에게 상품과 서비스를 제공하고 투자자와 경

---

* wedge issue. 장작의 틈새에 쐐기를 박고 도끼로 찍으면 장작이 갈라지듯이, 여론이 어떤 쟁점을 놓고 서로 극명한 입장 차이를 보여주며 분열될 때 이를 쐐기 쟁점이라고 한다. ─옮긴이

영진의 이윤을 극대화하기 위해 존재한다. 기업은 이윤을 극대화하기 위해 노력할 때 가장 '효율적으로' 작동한다. 기업이 이익을 얻으면 사회도 이익을 얻는다.

규제 | 정부 규제는 자유 기업 체제를 방해하므로 최소화해야 한다.

권리 | 권리는 도덕에 부합해야 한다. 엄격한 아버지 도덕은 '권리'라고 말할 수 있는 것의 한계를 규정한다. 따라서 낙태할 권리, 동성 결혼을 할 권리, 의료보장(또는 다른 형태의 정부 지원)을 받을 권리, 정부의 정책 결정 과정을 알 권리, 최저 생활 임금을 받을 권리 등은 인정하지 않는다. 그러나 총기는 그것을 가진 사람에게 일종의 권위를 부여하기 때문에, 총기를 소유할 권리, 특히 보수주의자가 총기를 소유할 권리는 인정한다.

민주주의 | '엄격한 아버지' 민주주의는 엄격한 아버지의 가치 아래서 작동하는 제도적 민주주의다. 일반적으로 선거, 삼권 분립, 군대에 대한 민간의 통제, 자유 시장, 기본적인 시민 자유, 언론에 대한 자유로운 접근 등이 보장되면 민주주의로 볼 수 있다. 그러나 엄격한 아버지 가치는 민주주의에, 즉 사적 이익을 추구함으로써 자신의 삶과 사회를 변화시킬 힘을 개개인에게 부여하는 데 있어 핵심적인 것으로 여겨진다.

대외 정책 | 미국은 세계의 도덕적 권위자이고 초강대국이며, 그럴 자격을 갖추고 있다. 미국의 (올바른) 가치는 엄격한 아버지의 도덕에 의해 정의된다. 세계에 도덕적 질서가 있다면, 미국의 주권과 부, 힘, 헤게모니는 유지되어야 하고, 보수적 가정의 가치, 자유 시

장, 사유화, 사회보장의 제거, 자연에 대한 인간의 지배 등의 미국적 가치는 전 세계로 퍼져나가야 한다.

문화 전쟁 | 엄격한 아버지 도덕은 선한 사회가 무엇인지를 정의한다. 보수적으로 정의된 선한 사회의 개념 자체가 자유주의적·진보주의적 사상과 정책의 위협을 받고 있다. 이러한 위협은 어떠한 대가를 치르고서라도 싸워 물리쳐야 한다. 이는 사회의 근본 바탕이 걸린 문제다.

이상이 우익이 확립하고자 하는 기본적인 사상과 가치다. 이는 미국과 전 세계가 움직이는 방식을 결정하려는 참으로 급진적인 혁명이다. 보수 세력이 문화 전쟁을 일으키고 지속하는 것은 우연이 아니다. 엄격한 아버지 도덕이 정치적 힘을 얻고 유지하기 위해서는 분열이 필요하다. 첫째는 경제적 분열인데, 이는 '자격 없는' 빈민들이 계속 빈민으로 남아서 '자격 있는' 부자들을 부양하는 양극화된 경제를 의미한다. 그러나 한편으로 힘을 유지하기 위해 보수 세력은 보수적인 빈민의 지지를 필요로 한다. 따라서 상당수의 저소득층과 중산층이 자신들의 경제적 이익은 물론 개인적·사회적·종교적 이익에 반하여 투표하도록 유도할 필요가 있다. 이는 곧 보수 세력 내의 서로 다른 관심 영역에 따른 분파처럼 보이는 것이 실제로는 보수주의 전체를 위한 힘이 됨을 의미한다. 보수 세력이 지배하려면 이 모든 관심 영역의 보수주의가 다 필요하다.

이는 노동자 계층의 다수와 복음주의적 개신교 신자들이 가정생활이나 종교생활에서 엄격한 아버지의 도덕을 지니고 있다는 인식 덕택에 실현 가능했다. 보수 지식인들은 이것이 정치적 보수주의와 일맥상통한다는 사실을 깨달았다. 그들은 또한 사람들이 경제적 사익이 아니라 자기의 가치와 정체성에 따라 투표한다는 사실을 깨달았다. 보수 지식인들이 한 일은 가정과 종교에서의 엄격한 아버지 도덕과 보수주의 정치 및 비즈니스 사이에 프레임과 언어를 통해 연결 고리를 놓은 것이었다. 이 개념적인 연결 고리는 부유하지 않은 사람들에게 감정적으로 아주 강력한 힘을 확실히 발휘하므로 경제적 사익을 넘어설 수 있다.

이를 달성하기 위해 보수 지식인들이 취한 방법은 문화적 내전이었다. 실탄을 제외한 모든 수단을 동원하여 수행한 이 내전에서, '엄격한' 도덕을 지닌 미국인(소위 보수주의자)들은 '보살핌의' 도덕을 지닌 미국인(꼴도 보기 싫은 자유주의자)들과 맞붙어 싸웠다. 그들은 보살핌의 도덕을 지닌 이들이 보수주의의 문화적·종교적·개인적 정체성과 생활방식을 위협하고 있다고 묘사했다.

보수주의 정치 지도자와 지식인들은 이 목적을 수행하는 과정에서 중대한 도전에 직면했다. 그들은 경제적·정치적 엘리트를 대표했지만 중간 계층과 하위 계층 노동자들의 표가 필요했다. 따라서 그들은 보수주의 사상은 대중적 사상으로 포장하고 자유주의나 진보주의 사상은 엘리트주의 사상으로 매도할 필요가 있었다. 물론 정반대가 사실이지만 말이다. 프레임을 짜는 과정에서 그들은 일상 언어와 사고를 완전히 바꾸어야 하는 엄청난 문제에 부딪쳤다. 이때 엄격한 아버지의 도덕은 그들에게 큰 이점이 되었다. 이 도덕 체계의 암시에 의하면, 부자들은 땀 흘려 돈을 벌었고 부를 누릴 자격이 있는 선한 사람이며, 공적·사적 영역을 지배하는 이들이 이 사회의 올바른 도덕적 질서를 유지해야 한다. 이는 일종의 보수적 사회 계약이다.

두뇌집단 지식인, 언어 전문가, 작가, 광고 에이전시, 미디어 전문가들이 40~50년 동안 작업한 끝에 보수는 사고와 언어의 혁명적 변화를 이루어냈다. 언어를 통해 그들은 자유주의자들이 (정책은 대중친화적임에도 불구하고) 나약한 엘리트이며 세금이나 축내는 비애국자라는 이미지를 만드는 데 성공했다. 이 과정에서 동원된 용어는 주로 리무진 리버럴, 라테 리버럴*, 세금 축내는 리버럴, 할리우드 리버럴, 이스트 코스트 리버럴, 자유주의 엘리트, 나약한 자유주의자 등이었다. 동시에 보수주의자들은 (경제적 엘리트를 위한 정책을 내세움에도 불구하고) 언어와 몸짓을 통해 대중주의자로 탈바꿈했다. 로널드 레이건의 소탈한 이미지나 조지 W. 부시의 존 웨인 식 '형님'** 이미지 등은 농촌 포퓰리스트들의 언어와 사투리,

---

* latte liberal. 자유주의자들을 라테 커피를 즐겨 마시는 도시의 부유한 여피들에 빗댄 말. -옮긴이

** bubbaism. '부바'(bubba)는 '큰형'이라는 뜻으로 친구 사이에 이름 대신 친근하게 부르는 말인데, 주로 미국 남부의 교육 수준이 낮은 하류층 남성들을 경멸적으로 일컫는 말로도 쓰인다. 부시는 남부 저소득층 지지자들에게 친근한 인상을 주기 위해 의도적으로 이러한 이미지를 활용했다. -옮긴이

몸짓, 이야기체 말투를 빌려온 결과다.

한편 보수주의자들이 라디오 토크쇼에 내세우는 진행자와 논객들이 말하는 방식은 지옥 불을 설교하는 전도사 스타일이다. 그러나 메시지는 똑같다. 증오스러운 자유주의자들이 미국의 문화와 가치를 위협하고 있으며, 그들에 대항하여 모든 전선에서 계속 가열차게 싸워야 한다는 것이다. 보수주의자들에 따르면, 자유주의자들은 도덕, 종교, 가정, 진정한 미국인들이 아끼는 모든 것을, 나아가 나라 전체를 위협하고 있다. 보수주의자들은 총기, 태아, 세금, 동성 결혼, 국기, 학교 내 종교 교육 등 자신들의 전략적 쟁점에 대해 자유주의자들이 취하는 입장을 통해 그들의 '반역' 행위를 똑똑히 볼 수 있다고 주장한다. 이러한 쐐기 쟁점은 그 자체로서 중요한 것이 아니라, 그 쟁점이 대표하는 엄격한 아버지의 세계관 때문에 중요하다.

개인이나 정부, 기업, 사회와 관련된 이 관심 분야들이 상호 보완 관계를 맺고 있지 않다면, 모든 것을 포괄하는 도덕 체계로서의 보수주의는 번창할 수 없을 것이다. 리버럴의 눈에는 파편화되고 분열된 것처럼 보이지만, 이들은 진보적 가치와 미국 민주주의를 위협하는 막강한 구조를 서로 강화할 수 있다.

한편 진보 세력에 보편화된 상식은, 보수 세력이 이념적 분열로 서로 갈라서고 있다는 것이다. 우리는 두 가능성을 다 고려하는 편이 좋을 것이다.

14

진보를 하나로 묶는 것

진보 세력을 하나로 묶는 것에 접근하기 위해서는 먼저 진보 세력을 갈라놓는 것이 무엇인지부터 살펴보아야 한다. 다음은 진보주의자들을 서로 갈라놓는 몇 가지 흔한 변인이다.

- **지역의 이익** | 나의 출신지는 이를테면 농촌일 수도 있고, 첨단 기술 지역, 군사 도시, 소수 인종이나 민족의 본거지일 수도 있다. 어쨌든 나는 그 지역의 관심사를 우선순위에 놓을 것이다.
- **이상주의 대 실용주의** | 실용주의자라면 기꺼이 타협해서 가능한 최선의 패를 얻으려 할 것이고, 이상주의자라면 타협을 꺼릴 것이다. 이상주의자는 (자신들이 이상을 지니고 있지만 실현할 수 없을 때) 실용주의자를 이상을 지니고 있지 않다고 비난하는 경향이 있다. 실용주의자는 "완벽은 최선의 적"이라고 말하며 이상주의

자를 비판한다.

- **이중개념주의** | 만약 내가 대체로 진보에 가깝지만 일부 보수적 관점을 갖고 있다면, 100퍼센트 진보주의자들은 나를 보수적이라고 비난할 것이다. 한편 이중개념 소유자는 100퍼센트 진보주의자를 독단적이거나 극단적이라고 비난하는 경향이 있다.

- **급진적 변화 대 점진적 변화** | 급진주의자는 점진주의자를 진정한 진보가 아니라고 비난한다. 반면 점진주의자는 급진주의자가 비실용적이며, 미끄러운 비탈 전술을 쓰지 않음으로써 자신들의 명분을 훼손하고 있다고 비난한다.

- **투사 대 온건파** | 투사들은 목소리가 크고 공격적이고 가혹하며, 때때로 엄격한 아버지의 수단을 동원하여 자애로운 목적을 추구하고, 온건파들을 겁쟁이나 부적절하게 배려에 치중하는 사람들로 본다. 온건파는 투사들이 다른 사람들을 불쾌하게 만들고 우리 명분에 반발하게 하는 역효과를 불러온다고 생각한다.

- **서로 다른 유형의 사고 과정** | 진보적 가치는 사회경제, 정체성 정치, 환경주의, 시민 자유, 영성, 반권위주의 등 각기 다른 관심 영역에 비중을 둘 수 있다(자세한 설명은 『도덕의 정치』 참조). 각각의 사고 과정은 어떤 명분을 추구할지, 우선순위를 어떻게 매길지, 정치적 자본을 어떻게 활용할지, 돈을 어디서 어떻게 모금하고 어디에 쓸지, 누구를 친구와 지인으로 삼을지, 무엇을 읽을지, 누구에게 관심을 가질지 등을 선택하는 데 영향을 끼친다.

대단히 많은 진보주의자들이 오바마 대통령에 대해 비판적이다. 그 비판들을 다 열거한다면 대부분은 앞의 변인들로 수렴될 것이다. 지나치게 실용주의적이다, 진정한 진보가 아니다, 너무 느리다, 너무 소심하거나 겁이 많다, 전투적이지 못하다, 나의 주된 관심 영역에서 기대에 못 미친다.

각각의 진보 세력 안에 이 변인들이 저마다 다른 방식으로 조합되어 있음을 고려하면, 진보주의자의 유형은 천문학적인 수가 된다. 윌 로저스가 "저는 그 어떤 조직화된 정당에도 소속되지 않았습니다. 그냥 민주주의자입니다."*라고 말했을 때 그 말은 바로 이런 뜻이었을 것이다.

그렇기 때문에, 이런 변인들에 의한 차이에도 불구하고 무엇이 진보 세력을 결집시키며, 어떻게 하면 이러한 결집을 터놓고 논의할 수 있는지를 이해하는 일은 더더욱 중요하다.

정책 프로그램은 결집을 위한 노력을 가로막는 주요 원인이다. 프로그램이 구체적인 형태를 띠자마자 차이점이 불거지기 때문이다. 진보 세력은 주로 정책과 프로그램에 대해 말하는 경향이 있다. 그러나 미국인 대부분은 세부 정책에 대해 알고 싶어하지 않는다. 미국인 대부분은 우리가 어떤 이상을 대변하는지, 우리의 가치가 자신의 가치와 부합하는지, 우리의 원칙이 무엇인지, 우

---

* 윌 로저스(Will Rogers, 1879-1935)는 미국의 유머 작가다. 프랭클린 루스벨트가 재임하던 당시의 민주당이 지나치게 분열이 심하고 무질서해서 도저히 '조직화된 정당'이라 할 수 없다고 비꼬는 뜻으로 던진 농담이다. - 옮긴이

리가 이 나라를 어떤 방향으로 이끌고자 하는지에 대해 알고 싶어
한다. 공적 담론에서는 가치가 정책을 이기고, 원칙이 정책을 이기
고, 정책 방향이 구체적 프로그램들을 이긴다. 나는 적절히 조율만
되면 가치, 원칙, 정책 방향이야말로 진보주의를 결집시킬 수 있다
고 생각한다. 그것들은 우리를 분열시키는 모든 것들보다 개념적
으로 상위에 있기 때문이다.

우리를 진보주의자로 만드는 생각들

진보 세력을 하나로 모으는 것들에 대해 다음과 같이 좀 더 구체
적으로 설명할 수 있다.

- 첫째, 가치는 기본적인 진보적 전망에서 나온다.
- 둘째, 원칙은 진보주의의 가치를 실현한다.
- 셋째, 정책 방향은 가치와 원칙에 맞아야 한다.

■ 진보의 기본 가치

진보의 기본 가치는 미국을 서로 돌보는, 책임 있는 가정으로 보
는 공동체적 가치다. 우리가 머릿속에 그리는 미국은 사람들이 자
기 자신뿐만 아니라 서로를 돌보며, 자신과 동료 시민들을 위해
강력하고 효율적으로 책임감 있게 행동하는 곳이다.

민주 정치의 의미란 빈민부터 평범한 시민, 크고 작은 사업가에 이르는 모두를 위해 공적 자원을 제공하는 정부를 통하여 이 돌봄과 책임에 근거해 행동한다는 것이다. 요컨대 사적인 것은 공적인 것에 의존한다. 그리고 내가 다른 사람들이 낸 세금을 기반으로 한 공적 자원을 이용하여 부유해졌다면, 나도 내 부의 더 큰 몫을 내놓아서 남들도 그런 혜택을 볼 수 있게 해야 공정한 것이다.

빨간 주와 파란 주*, 진보주의자와 보수주의자, 공화당 지지자와 민주당 지지자를 막론하고 우리는 모두 한 배에 타고 있다. 그것이 바로 민주주의가 의미하는 바다. 그래서 우리는 9·11 직후 짧은 순간 그랬던 것처럼 단결해야 한다. 비열한 문화 전쟁에 휘말려 분열하지 말아야 한다.

내가 아는 한, 모든 진보주의자들은 이러한 가치와 민주주의에 대한 시각을 공유하고 있다.

■ **진보주의적 가치의 논리**

진보주의의 핵심 가치 역시 가정의 가치다. 다만 여기서의 가정은 책임 있는, 서로 돌보는 가정이다. 우리는 이 핵심 가치를 돌봄과 책임, 그리고 이것을 수행할 수 있는 헌신과 노력의 힘으로 규정할 수 있다. 이 핵심 가치에는 아래 열거한 진보주의의 모든 가치와 더불어, 이들을 핵심 가치와 연결하는 논리가 들어 있다.

---

* 빨간 주는 공화당을 지지한 주, 파란 주는 민주당을 지지한 주를 말함. ─옮긴이

- **보호, 삶의 충족, 공정성** | 우리가 누구를 '돌본다'고 할 때, 우리는 그가 '해로운 것으로부터 보호'받기를, 자신의 '꿈을 실현'하기를, '공정하게 대우 받기'를 바란다.
- **자유, 기회, 번영** | '자유' 없이는 '충족'이 없고, '기회' 없이는 '자유'가 없다. 그리고 '번영' 없이는 '기회'가 없다.
- **공동체, 봉사, 협력** | 어린이들은 그들이 속한 '공동체'에 의해 양육된다. 책임은 공동체를 이루기 위한 '봉사'와 도움의 손길을 요한다. 이를 위해서는 또한 '협력'이 필요하다.
- **신뢰, 정직, 열린 의사소통** | '신뢰' 없이는 '협력'이 없고, '정직' 없이는 '신뢰'가 없다. 그리고 '열린 의사소통' 없이는 '협력'이 없다.

이러한 가치들이 돌봄과 책임에서 나온 것과 마찬가지로, 다른 모든 진보주의적 가치들도 여기서 나온다. 평등은 공정에서 나오고, 감정이입은 돌봄의 일부이며, 다양성은 감정이입과 평등에서 나온다.

■ 진보주의의 원칙

진보주의는 이러한 가치들을 공유할 뿐만 아니라, 이러한 가치에서 유래한 정치적 원칙 또한 공유하고 있다.

형평성 | 시민과 국가는 서로에게 의무가 있다. 열심히 일하고, 법규를 준수하고, 가정과 공동체와 국가에 봉사한다면, 국가는 시민에

게 자유와 안전, 기회, 일정한 생활수준을 보장해야 한다.

평등 | 정치적·사회적 평등을 보장하고 정치권력의 불균형을 막기 위하여 최선을 다한다.

민주주의 | 시민 참여를 극대화하고 정치·기업·언론의 힘이 집중되는 것을 최소화한다. 언론의 윤리 기준을 극대화한다. 선거 자금을 공적으로 지원한다. 공교육에 투자한다. 기업을 주식 소유자(stockholder)가 아닌 이해관계자(stakeholder)*의 통제 아래 둔다.

더 나은 미래를 위한 정부 | 정부는 미국의 미래를 위해 필요하고 민간 부문이 할 수 없거나 하지 않는 일을 효율적이고 윤리적으로 수행한다. 가능하다면 충분한 보호, 더 많은 민주주의, 더 많은 자유, 더 나은 환경, 더 큰 번영, 더 좋은 건강, 더 많은 삶의 충족을 제공하고, 폭력을 줄이며, 공공 인프라를 건설하여 유지하는 것이 정부가 할 일이다.

윤리적 기업 활동 | 우리의 가치는 기업 활동에도 적용된다. 상품과 서비스를 제공하여 돈을 버는 과정에서, 기업은 앞의 가치에서 정의한 공공선에 해로운 영향을 끼치면 안 된다. 그들은 임금 노예와 기업 강제 노동을 거부하고, 노조와 적대하는 대신 공존해야 한다. 그들은 사업에 드는 비용을 외부로 돌리거나 공공에 떠넘기지 말고 고스란히 지불해야 한다(예를 들어 자신들이 오염시킨 것을 정화해야 한

---

* 주주 외에도 기업 활동의 영향을 받는 소비자, 종업원, 지역사회와 환경까지 포괄한 것으로, 기업의 사회적 책임을 강조한 개념 – 옮긴이

다). 기업은 자기들의 생산품이 공공에 해를 끼치지 않도록 해야 한다. 그리고 고용인들을 단순한 '자원'으로 취급하기보다 공동체의 일원이자 기업의 '자산'으로 보아야 한다.

가치에 기반을 둔 대외 정책 | 국내 정책을 지배하는 가치는 대외 정책에도 가능한 한 똑같이 적용해야 한다.

다음은 진보주의 국내 정책을 대외 정책에 적용한 몇 가지 사례들이다.

- 보호는 방어와 평화 유지를 위한 효율적인 군대를 의미한다.
- 강력한 공동체의 건설과 유지는 강력한 동맹의 건설과 유지, 그리고 효율적인 외교를 의미한다.
- 돌봄과 책임은 세계의 인민들을 돌보고 그들에 대해 책임 있게 행동하는 것을 의미한다. 여기에는 건강·기아·빈곤·환경파괴 문제의 해결을 돕는 일, 인구 조절(그리고 그 최선의 해결책으로서 여성에 대한 교육), 여성·아동·죄수·난민·소수 민족의 권리를 지켜주는 일이 포함된다.

이 모두는 가치에 기반을 둔 대외 정책이 관심을 기울여야 할 영역이다.

■ 정책 방향

진보주의의 가치와 원칙이 주어지면, 진보주의자들은 비록 세부 정책에 대해서는 아니라도 기본적 정책 방향에 대해 합의할 수 있다. 정책 방향은 개별 정책보다 더 상위 개념이다. 진보주의자들은 개별 정책을 놓고 분열하지만 정책 방향에 대해서는 합의하는 편이다. 다음은 진보주의자 다수가 합의하는 정책 방향들이다.

경제 | 혁신에 기반을 둔 경제에 투자함으로써 미국인 모두가 번영을 누릴 기회를 제공하는 수백만의 양질의 일자리를 창출한다. 경제는 지속 가능해야 하고 기후 변화나 환경 파괴 등을 일으키지 않아야 한다.

안보 | 군사적 힘과 강력한 외교적 동맹, 현명한 국내 정책 및 대외 정책을 통해 미국인 모두는 자국에서 안전을 구가해야 한다. 그리고 미국의 국제적 역할과 위상은 세계 민중들의 삶이 개선되도록 도움으로써 높여야 한다.

보건 | 모든 미국인은 우수하고 저렴한 의료보장 혜택을 받을 수 있어야 한다.

교육 | 활기차고 예산이 넉넉하며, 확대되는 공교육 체계, 모든 아동과 학교에 대해 최상의 기준을 충족시키는 공교육 체계를 수립한다. 이 체계에서 교사들은 학생들의 지성과 인격을 함양하고, 학생들은 교실에서 국가의 자랑과 오점을 모두 아우르는 진실을 배워야 한다.

유아기 교육 | 유아의 뇌는 상당 부분 이른 시기에 형성된다. 따라서 우리는 유아기에 양질의 교육을 지원할 필요가 있다.

환경 | 우리 자신과 아이들을 위한 깨끗하고 건강하고 안전한 환경을 보장한다. 즉 마실 물, 숨 쉴 공기, 건강에 좋고 안전한 음식을 보장한다. 오염을 일으킨 자는 그 피해를 배상해야 한다.

자연 | 우리의 아름다운 자연 경관을 미래 세대를 위해 보존해야 하며, 낙후된 환경을 개선해야 한다.

에너지 | 수백만의 양질의 일자리 창출과 공공 보건의 향상, 자연환경 보존, 지구 온난화 방지를 위해 우리는 재생 가능한 에너지에 주로 투자할 필요가 있다.

개방성 | 효율적이고 개방적이고 공정한 정부, 시민들에게 진실을 말해주고 모든 미국인들의 신뢰를 받는 정부를 만든다.

평등한 권리 | 우리는 인종, 민족, 성별, 성적 지향을 비롯한 모든 영역에서 평등한 권리를 지원한다.

보호 | 우리는 소비자, 노동자, 은퇴자, 투자자들을 위한 보호를 유지하고 확대한다.

강한 미국은 단순히 국방만이 아니라, 강함(strength)의 모든 측면을 말하는 것이다. 국제 사회에서 우리의 효율성, 우리의 경제, 우리의 교육 체계, 우리의 건강보험 체계, 우리의 가정, 우리의 공동체, 우리의 환경 등을 모두 포괄한 개념이다.

모두의 번영은 시장이 거두어야 하는 효과다. 그러나 모든 시장은 누군가의 이득을 위해 구성되어 있으며, 완전히 자유로운 시장은 없다. 따라서 부유층은 기하급수적으로 부를 축적하지만, 시민 대부분은 기하급수적으로 부를 잃고 이와 더불어 삶의 성취와 자유까지 빼앗기고 있는 데 대항하여, 가능한 한 가장 많은 사람들의 '번영'을 위한 시장을 구성해야 한다.

미국은 우리 자신과 자녀들을 위해 경제·교육·환경, 기타 삶의 모든 측면에서 더 나은 미래를 바라고 있으며 이를 맞이할 자격이 있다. 최상층 부자와 엘리트들을 위해 세금을 감면하는 것은, 이 모든 영역에서 더 나은 미래를 만들 수도 있는 정책의 예산을 삭감하는 결과를 초래한다. 모든 미국인들의 더 나은 미래가 훨씬 적절한 목표다. 여기에는 지구 온난화를 통제하는 일도 포함된다.

보수주의 프로파간다는 작은 정부가 낭비를 없앤다고 주장하지만, 이는 실제로 사회보장 프로그램을 제거하는 것을 의미한다. 효율적인 정부야말로 우리 정부가 더 나은 미래를 위해 이룩해야 하는 것이다. 우리는 기업의 지배를 받아선 안 되며, 인민의, 인민에 의한, 인민을 위한 정부의 지배를 받아야 한다.

보수주의적인 가정의 가치는 엄격한 아버지의 가정, 즉 권위주의적이고, 위계적이며, 이기적이고, 규율과 체벌에 근거한 가정의 가치를 의미한다. 진보주의자는 가정과 공동체 모두의 최상의 가치인 상호 책임을 바탕으로 살아간다. 이 상호 책임은 권위 있고, 평등하며, 쌍방향적이고, 돌봄과 (개인적·사회적) 책임과 헌신에 근거한다.

놀라운 일은 진보 세력이 이토록 많은 내용에 대해 합의하고 있다는 점이다. 우리의 가치, 우리의 원칙, 우리가 나라를 이끌고자 하는 방향이야말로 유권자들이 가장 중시하는 것이다.

나는 진보주의의 가치야말로 바로 전통적인 미국의 가치라고 믿는다. 또 진보주의의 가치야말로 미국의 근본적인 원칙이며, 진보주의의 정책 방향은 미국인 대부분이 우리나라가 가길 바라는 바로 그 방향을 가리키고 있다고 믿는다. 단결한 진보주의자들이 할 일은 진실로 미국을 그 가장 훌륭한 전통적 가치 위에 바로 세우는 것이다.

그러나 우리가 이런 가치를 공유한 것만으로는 충분치 않다. 이러한 가치는 대부분 무의식적이고 입 밖으로 나오는 일도 드물기 때문이다. 이러한 가치는 입 밖으로 내어 말하고 이름을 붙이고 퍼뜨리고 논의하고 공표하고 일상의 공적 담론의 일부로 만들어야 한다. 보수적 가치들이 공적 담론을 지배하는 동안, 진보적 가치는 회자되지 않으면, 사라져버리고 만다. 즉 보수적인 거대 미디어 기업에 의해 우리 뇌에서 휩쓸려 나가버린다.

이 가치들에 대해 이 자리에서 그냥 읽고 고개를 끄덕이는 것만으로 끝내선 안 된다. 밖으로 나가서 큰 소리로 말하라. 언제 어디서든 이에 대해 이야기하라. 이 가치들을 대중에게 명확히 알리고 논의할 기회가 있는 캠페인에 자원하라.

15

자주 하는 질문

프레임 형성과 도덕의 정치에 대한 지금까지의 짧은 논의들로는
미처 답하지 못한 많은 질문들이 남아 있다. 이 장에서는 지금까
지 내가 가장 흔하게 받았던 질문들을 정리했다.

'엄격한 아버지'와 '자상한 부모'라는 개념은 서로 비대칭적이다. 왜 전자는 남성적
이고 후자는 중성적인가?

'엄격한 아버지' 모형에서는 남성 역할과 여성 여할이 매우 다르
며, 그 중심 인물은 아버지다. 엄격한 아버지는 가정의 도덕적 권
위자이며, 가정을 책임지는 사람이다. 한편 어머니는 자식을 사랑
하기는 하지만 가정을 보호하거나 부양하지는 못하며, 자녀들이
잘못을 저질렀을 때 벌을 줄 만큼 엄격하지도 못하다는 면에서 어
머니라기보다는 '엄마'에 가깝다. "아빠 들어오시면 혼난다."는 표

현을 떠올려보자. 이 말은 엄격한 아버지를 암시한다. 이 엄격한 아버지 모형에서 '엄마'는 엄격한 아버지의 권위를 지원하지만 그 권위를 직접 행사할 수는 없다.

'자상한 부모' 모형에서는 이런 식의 성 역할 구별이 없다. 부모 양쪽이 다 자녀를 보살피고, 자녀에게도 남들을 보살피도록 가르친다. 이것이 실제 집안일에서 성별에 따른 노동 분업이 일어나지 않는다는 의미는 아니지만, '자상한 부모' 모형에서 성 역할의 구별은 고려사항이 아니다.

이 두 모형은 물론 이상화되고 불완전하며 극도로 단순화된 심적 모형이다. 필연적으로 이런 종류의 심적 모델은 실제 세계에 존재하는 엄격한 어머니, 한부모 가정, 게이 부모 등의 다양한 경우와는 전혀 다르다.

데이비드 브룩스(David Brooks) **같은 보수주의 평론가들은 공화당을 '아빠당', 민주당을 '엄마당'이라고 부르는데, 이에 대해 동의하는가?**

여기서 브룩스나 여타의 평론가들은 [국가는 가정] 은유를 인정하고 있으며, 보수적인 공화당 정치 이면에 '엄격한 아버지' 모형이 존재하는 것도 인식하고 있다. 그러나 보수주의자들은 자신들의 보수적인 '엄격한 아버지' 모형 속의 '엄마' 모습에 근거하여 민주당을 '엄마 당'이라 규정한다. 그들이 '엄마 당'으로 전하고자 하는 의미는, 민주당이 국민들을 돌보고 사랑할지는 몰라도, 그 일을 제대로 수행해낼 만큼 정말로 강하지도 현실적이지도 못하다는 속뜻이 있다.

이는 물론 민주당 자신의 진보주의 시각에서 보면 완전히 틀린 것이다. 보살핌을 중시하는 가정에서 부모는 그냥 돌보기만 하는 것이 아니라, 그러한 책임을 수행하기 위한 능력과 책임감을 지니고 있다. 이는 보수주의자들이 경멸조로 사용하는 '엄마'라는 말의 속뜻과는 거리가 먼 것이다. 민주당은 국가를 보호하고 번영을 이끌어야 할 임무를 성공적으로 수행했던 경험과 능력이 있다.

보수주의자들은 보살핌의 도덕이 가정과 국가에 어떠한 의미를 갖는지 이해하지 못하고 있는 것 같다. 그들은 엄격하지 않은 관점은 모두 '방임적'이라고 본다. 물론 자상한 부모는 결코 방임적이지 않으며 자녀들에게 자기 자신을 책임지고 타인을 이해하며 타인에게 책임감을 갖도록 가르친다. 그리고 그러한 책임을 잘 수행할 수 있도록 강하게 키우고 좋은 교육을 제공한다. 보수주의자들이 자유주의자의 주장을 듣기 좋은 꽃노래로 치부하고 방임적이라고 간주하는 것은 그들이 진보주의의 사상을 이해하지 못했다는 증거다. 그들은 책임과 방임 사이의 엄청난 차이에 대해 무지하다.

'엄격함'과 '자상함'을 대비하는 개념은 언제부터 생겨났는가?

이 두 개념의 연원은 아주 오래 전으로 거슬러 올라간다. 예를 들어 영국인들이 아메리카로 건너와 식민지를 건설하기 이전의 영국에서만 해도, 퀘이커교도들은 하나님을 너그러운 존재로, 청교도들은 하나님을 엄격한 아버지로 보는 종교관을 지니고 있었다. 뉴잉글랜드 식민지의 주민들은 주로 청교도였지만, 매사추세츠만의 초대 주지사였던 존 윈스럽(John Winthrop)이 자신이 건설한 식민지를 보는 시각은 '보살피는' 쪽에 더 가까웠다. 그때 이후로 이 나라에는 너그러운 하나님과 엄격한 하나님이라는 두 가지 시각이 나란히 공존해왔다.

19세기의 신학자 호레이스 부시넬(Horace Bushnell)은 '기독교적 양육'에 대한 책을 썼고, 이 글은 현대 기독교 교육 사상의 기초가 되었다. 노예폐지론자의 시대부터 1920년대에 이르기까지 너그러운 하나님의 관점에 대해 활발한 논쟁이 이어졌는데, 이 과정에서 종교학도들은 종교에서 엄격함의 관점과 자상함의 관점을 구분 짓는 연원이 성서 시대와 그 이전까지 거슬러 올라감을 보여주었다. 이 두 가지 개념의 구분은 아주 오랜 역사를 가지고 있다.

'엄격한 아버지' 모형은 보수주의자들이 자녀를 사랑하지 않는다는 뜻을, '보살핌의 부모' 모형은 진보주의자들이 규율을 믿지 않는다는 뜻을 품고 있는 것이 아닌가?
전혀 그렇지 않다. '엄격한 아버지' 모형에서 잘못을 저지른 자녀에게 고통을 주는 체벌을 가하는 것은 사랑 중에서도 '엄한 사랑'의 한 형태다. 아버지는 자녀에게 '사랑의 규율'을 부과할 임무가 있지만, 그 후에 안아주거나 사랑의 표현을 많이 하는 것은 허용되며, 흔히 권고되는 일이다. 단순히 우선순위를 명확히 하라는 뜻이다.

'자상한 부모' 모형에서 규율은 고통스러운 체벌을 통해 생겨나는 것이 아니라, 감정을 이입하는 관계를 맺음으로써 책임 있는 행동을 장려하고, 부모가 책임 있는 행동의 모범을 보여주고, 부모가 무엇을 (그리고 왜) 바라는지 열린 분위기에서 대화함으로써 생겨난다. 자녀가 협조를 거부할 때는 협조할 때 주어지는 특권을 박탈한다. 자상하게 길러진 아이는 고통스런 체벌 없이도 긍정적인 내적 규율을 지니게 된다. 이는 자녀가 협조할 때 칭찬하고, 협조에 따르는 특권을 이해시키고, 명확한 지침을 제시하고, 열린 대화를 나누고, 보살핌의 가치에 따라 부모가 모범을 보여줌으로써 이루어질 수 있다.

이 모형에는 어떤 다양한 측면들이 있는가?
『도덕의 정치』의 17장에서는 이 모형에 내재되어 있는 복잡한 측면을 논하고 있다.

첫째, 미국 문화에 속해 있는 모든 사람들은 수동적으로든 능동적으로든 두 가지 모형을 다 지니고 있다. 예를 들어, 존 웨인 영화를 이해하기 위해서는 '엄격한 아버지' 모형을 최소한 수동적인 형태로라도 머릿속에 지니고 있어야 한다. 우리가 이 모형을 삶의 근거로 삼고 살아가지 않더라도, 우리 문화 속에 스며들어 있는 '엄격한 아버지'식 이야기를 이해하기 위해서 그것을 꺼내어 참고할 수 있다. 자상함을 바탕으로 한 이야기 또한 우리 문화에 많이 스며들어 있다.

둘째, 많은 사람들은 두 가지 모형을 삶의 다른 국면에서 사용한다. 예를 들어 법정에서는 엄격하고 가정에서는 자상한 변호사를 상상해볼 수 있다.

셋째, 성장기에 겪은 나쁜 경험으로 인해 특정 모형을 거부하는 경우도 있다. 많은 자유주의자들이 엄격한 아버지 밑에서 끔찍한 어린 시절을 보냈다.

넷째, 이 모형을 적용하는 데는 세 가지 차원, 이데올로기 대 실용주의, 급진 대 온건, 수단 대 목적 차원의 내재적인 변이형이 있다.

우선 진보주의자나 보수주의자는 고집 센 이데올로기 신봉자일 수도 있고, 반대로 현실 세계의 논리나 정치적 실현 가능성을 근거로 어떤 제안에 대해 기꺼이 타협하려는 실용주의적 자세를 취할 수도 있다.

그리고 진보주의자나 보수주의자의 급진 대 온건의 척도는 그들이 추구하는 변화의 정도와 변화의 속도에 달려 있다. 따라서 급진적 보수주의 이데올로기의 신봉자들은 타협을 꺼리며, 가능한 가장 빠르고도 완전한 변화를 추구한다.

덧붙이면, '보수주의'라는 말은 세상 모든 것에 대해 반드시 보수적이라는 뜻이 아니다. 따라서 '급진적 보수주의'라고 말한다고 해서 모순은 아니다. 실제로 로버트 라이히(Robert B. Reich)는 그가 최근에 쓴 『이성(Reason)』이라는 책에서, 급진적 보수주의를 지칭하기 위해 '래드콘(radcon)'이라는 용어를 사용하고 있다. 이런 시각에서 보면 '온건'이란 말도 실용적이거나 완만한 변화를 바라는 진보와 보수 모두에게 적용될 수 있다. 이따금 앞의 두 가지 모형과는 다른 제3의 온건한 모형이 있다는 이야기가 나오지만, 나는 아직 그런 모형이 눈에 띄게 드러난 경우를 본 적이 없다.

또 하나 흔하게 나타나는 변이형은 수단과 목적의 분리 과정에서 드러난다. ('자상한 부모'의 목적을 지닌) 진보주의 정치를 추구하면서 '엄격한 아버지'의 수단을 사용하는 사람들이 있다. 이들은 투쟁적 진보주의자들이다. 이 유형의 가장 극단적인 경우는 '권위주의적 반권위주의자'들인데, 이들은 권위주의적인 '엄격한 아버지'식 조직을 결성하여 반권위주의적 진보주의의 목표를 추구한다.

마지막으로, 1장에서 논의했던 특수한 경우의 진보와 보수의 유형이 있다. 진보의 경우에는 사회경제적·정체성 정치·환경주의·시민 자유·반권위주의·영적 진보주의가, 보수의 경우에는 재정적·사회적·자유의지론적·네오콘(13장 참조)·종교적 보수주의가 있다. 그들은 모두 자상한 모형과 엄격한 모형의 사례이지만, 각각의 유형에 따라 그 논리를 적용하는 형태가 달라진다.

프레임을 재구성하자는 말은 개념을 조작하자는 말처럼 들린다. 프레임을 짜는 것은 여론 조작이나 프로파간다와 어떻게 다른가?

프레임을 짜는 것은 일상적으로 일어나는 일이다. 우리는 내뱉는 모든 문장을 특정한 방식으로 프레임에 넣으며, 우리 자신의 신념을 말할 때 상대적으로 옳다고 생각하는 프레임을 사용한다. 보수가 '세금 구제' 프레임을 사용할 때, 아마 그들은 정말로 과세를 고통이라고 믿을 것이다. 그러나 프레임은 조작될 수도 있다. 예를 들어 오염을 가중하는 법안을 일컬어 '깨끗한 하늘 법안'이라고 하는 것은 조작적인 프레임이다. 이 말은 보수 세력의 약점을 은폐하기 위해 지어낸 것이다. 대중들이 대기 오염을 가중하는 입법을 원하지 않기 때문에, 그들은 그 반대의 뜻을 지닌 프레임을 암시하는 이름을 갖다붙인 것이다. 이는 순수한 조작이다.

여론 조작은 프레임을 조작적으로 사용하는 것이다. 이는 뭔가 부끄러운 일이 일어나거나 폭로되었을 때, 거기에 결백한 프레임을 뒤집어씌우려는 시도다. 즉 부끄러운 사건을 정상적이거나 좋은 일로 포장하는 것을 말한다.

프로파간다는 프레임을 조작적으로 사용하는 또 한 가지 예다. 프로파간다는 정치적 통제권을 획득하거나 유지하기 위해, 대중들이 진실이 아닌 프레임을 선택하도록 유도하는 것을 말한다.

내가 제안하는 프레임의 재구성은 여론 조작도 프로파간다도 아니다. 진보는 자신의 신념을 프레임을 사용하여 전달하는 법을 배울 필요가 있다. 여기서 프레임이란 자신의 도덕적 관점의 참 모습을 표현하는 프레임을 말한다. 나는 그 어떤 기만적인 프레임에도 단호히 반대한다. 이는 도덕적으로 비난받을 짓임은 물론이고 별로 실용적이지도 않다. 기만적인 프레임은 조만간 폭로되어 역효과를 내기 때문이다.

왜 진보는 '쐐기 쟁점'을 사용하지 않는가?

보수 세력은 아이디어를 전략적으로 사용하는 법에 대해 고심해 온 반면, 진보 세력은 그러지 않았다. 그러나 우리도 쐐기 쟁점을 아주 효과적으로 활용할 수 있다. 그러한 이슈는 우리 주위에 널려 있다. 깨끗한 공기와 깨끗한 물을 예로 들어보자. 보수주의자들도 깨끗한 공기와 깨끗한 물을 원한다. 이 문제는 진보주의의 쐐기 쟁점으로 만들 수 있다.

'독성 물질 없는 사회'라는 캠페인을 상상해보자. 이때 가장 흔한 수은에서 시작해서 공기와 물을 오염시키는 우리 주위의 여러 다른 독성 물질로 주의를 돌릴 수 있다. 이것은 자기 자신과 자녀의 건강을 염려하는 보수주의자들을 단순히 정부 규제를 반대하는 보수주의자들로부터 분리할 수 있는 효과적인 쐐기 쟁점이 될 수 있다. 또한 이 쟁점은 환경 규제가 건강을 위한 것이며, 규제를 반대하는 것은 곧 건강을 위협하는 일이라는 프레임을 창출해낼 수 있다.

'독성 물질 없는 사회'는 또한 '미끄러운 비탈' 쟁점이 될 수도 있다. 우리가 일단 사람들에게 수은이 어디서 얼마나 환경에 유입되는지를 보여주면, 예컨대 석탄을 비롯한 여러 화학 물질의 가공과정에서 배출되는 수은을 보여주면, 사람들은 수은을 정화하는 법, 수은 중독, 수은이 환경에 미치는 영향 등에 대해 생각하게 된다. 그런 식으로 우리는 환경에 유입되는 또 다른 독성 물질들에 대해 차례로 이야기할 수 있다.

이것은 단순히 수은이나 환경 독성 물질의 쟁점만이 아니라, 보편적인 보살핌의 도덕에 관한 쟁점이다. 전략적 쟁점은 도덕적 이슈 전체를 대표할 수 있다. 낙태는 보수주의자들이 도입하고자 하는 여성의 삶에 대한 통제와 도덕적인 위계를 대표하는 쟁점이다. 앞에서 본 대로, 낙태 쟁점은 보편적인 '엄격한 아버지' 도덕의 대체물이다. 마찬가지로 보편적인 진보주의 도덕의 대체물이 될 수 있는 온갖 전략적 쟁점들도 존재한다.

종교는 본래 보수적인 것인가? 진보주의의 이상은 종교적 믿음에 부합하지 않는가?

보수주의자라면 종교가 본래 보수적인 것이라고 믿겠지만, 사실은 그렇지 않다. 이 나라만 해도 수백만의 자유주의적 기독교인들이 있으며, 유대교인들은 대부분 자유주의자이다. 그리고 나는 미국에 거주하는 무슬림의 대부분이 급진 보수적인 무슬림이 아니라 진보적이고 자유주의적인 무슬림이 아닐까 생각한다. 그러나 이 나라의 보수적인 종교 공동체는 지극히 잘 조직되어 있는 반면에, 진보적인 종교 공동체는 그렇지 못하다. 또 하나의 문제는 진보적 종교 공동체, 특히 진보주의적 기독교인들이, 어떻게 자기의 정치적 입장을 드러내면서 종교적 신념을 표현해야 할지 모르고 있다는 점이다. 반면 보수주의적 기독교인들은 자신의 종교적 믿음과 정치적 신념을 직접 연결하여 표현하는 법을 알고 있다. 보수주의적 기독교는 엄격한 아버지의 종교다. 엄격한 아버지의 세계관이 보수주의적인 기독교에 자리 잡는 방식은 다음과 같다.

우선 보수주의 기독교에서 믿는 하나님은 징벌을 내리는 하나님이다. 이는 곧 죄를 지으면 지옥에 가고, 죄를 짓지 않으면 상을 받고 천국에 들어간다는 의미다. 하지만 누구나 삶의 어느 시점에서 죄를 짓게 마련인데 도대체 그들은 어떻게 천국에 갈 수 있을까? 보수주의적 기독교에서 제시하는 이 질문에 대한 해답은 그리스도다. 예수가 한 일은 죄인들에게도 천국에 갈 수 있는 기회를 준 것이다. 그리스도는 십자가에서 너무 큰 고통을 겪은 나머지 모든 사람들을 영원히 구원하기에 충분한 도덕적 신용을 쌓았다. 그리고 그는 다음과 같은 '엄격한 아버지'의 조건 하에 그들에게 천국에 갈 수 있는 기회, 즉 구원의 기회를 주었다. 그 조건이란, 예수를 구원자로, 다시 말해 도덕적 권위자로 영접하고 목사와 교회의 도덕적 권위를 따르면 천국에 들어갈 수 있다는 것이다. 그러나 이를 위해서는 규율이 요구된다. 우리는 충분한 훈육을 받아서 규칙을 준수해야 하며, 그렇지 못할 때는 지옥에 갈 것이다. 예수는 자신이 고통을 받음으로써 쌓은 도덕적 신용을 가지고 우리의 빚, 다시 말해 죄를 청산해주고 천국에 들어가도록 해준다. 단, 규칙을 따를 경우에 한해서 말이다.

자유주의적 기독교는 이와 매우 다른 모습을 띠고 있다. 자유주의적 기독교에서 믿는 하나님은 본질적으로 인정 많은 신으로, 사람들을 돕고 싶어한다. 자유주의적 기독교의 핵심 개념은 '은총'인데, 이는 일종의 은유적 '보살핌'으로 이해된다. 자유주의적 기독교에서 은총이란 우리가 노력해서 버는 것이 아니라 하나님이 우리에게 조건 없이 내려주는 것이다. 그러나 우리는 하나님의 은총을 받아들여야 하며, 하나님의 은총을 받기 위해 하나님에게 가까이 가야 한다. 우리는 은총으로 충만할 수 있고, 은총으로 치유될 수 있고, 하나님의 은총을 통해 도덕적 인간으로 거듭날 수 있다.

다시 말해 은총은 은유적인 보살핌이다. 보살핀다는 것이 먹여주고 고쳐주고 돌보아주는 것이듯, 자상한 부모가 우리에게 타인을 보살피고 도덕적 존재가 되도록 가르치듯, 우리가 부모에게 가까이 가지 않으면 보살핌을 받지 못하듯, 보살핌을 받으려면 보살핌을 받아들여야 하듯, 자유주의적 기독교에서 보살핌의 모든 것은 은총에도 고스란히 적용된다. 보살핌은 조건 없는 사랑과 함께 오며, 은총은 하나님의 조건 없는 사랑에서 나온다. 하나님을 은유적인 의미에서 자상한 부모로 볼 때 그 종교는 보살핌의 종교가 된다. 보살핌의 종교에서 우리의 영적 경험은 우리가 타인과 세계와 어떤 관계를 맺느냐와 관련이 있으며, 우리의 영적 실천은 타인과 공동체에 어떤 봉사를 하느냐와 관련이 있다. 보살핌의 기독교가 진보적인 이유는 진보주의자들과 같은 보살핌의 도덕을 지니고 있기 때문이다.

그러나 현재 이 나라에서 보살핌을 중시하는 기독교인과 유대교인, 무슬림, 불교인, 기타 종교인들은 조직되어 있지 않다. 그들은 하나의 운동, 하나의 진보적인 종교 운동으로서 눈에 띄지 않는다. 더욱이 세속적 진보주의자들은 보살핌의 종교를 자신들과 동일한 정치 운동의 자연스런 일원으로 보지 않는다. 영적 진보주의자들은 자기들끼리뿐만 아니라 세속적 진보주의자들과도 단결할 필요가 있다. 세속적 진보주의자들도 동일한 도덕 체계와 정치적 목적을 지니고 있기 때문이다.

'전략적 계획'이란 무엇이며, 그것이 일반적인 정책 결정과 다른 점은 무엇인가?
전략적 계획에는 두 가지가 있다. 첫 번째 유형은 이른바 '미끄러운 비탈형 계획'이다. 미끄러운 비탈형 계획이라는 개념은 겉보기에 아주 간단해 보이는 단 한 걸음만 내딛음으로써, 우리 자신이 의도하는 프레임 전체를 대중의 눈에 들게 하는 것이다. 그 생각은 일단 첫 걸음을 떼면, 그 다음 걸음, 그 다음 걸음, 그 다음 걸음을 내딛는 것은 훨씬 더 쉽고 심지어 필연적으로 이루어진다는 것이다.

보수적인 대법원은 미끄러운 비탈형 판결에 의해 한 번에 한 걸음씩 움직인다. 그 이후에 일이 어떻게 진행되는지 살펴보자. 우선 법원은 수정헌법 제1조에서 규정한 제한적 형태의 언론 자유로서 기업들이 주민 발의에 기부하는 것을 허락했다. 그 다음으로 '시민연합'에 대한 대법원 판결 덕분에, 기업들은 선거에 언론 자유의 한 형태로서 원하는 만큼 얼마든지 많이 기부할 수 있게 되었다. 그 다음으로 하비로비 판결은 수정헌법 제1조 종교의 자유를 기업에게로 확대하여, 기업들은 여성 직원들에게 '저렴한 건강보험법'에 따라 피임 보험료를 지원해야 할 필요가 없어졌다. 이 판결 덕분에 기업들은 종교 자유를 더 광범위하게 활용하여, 공정한 대우를 보장하는 다양한 법을 피해 갈 수 있게 되었다.

'전략적 계획'의 또 다른 예를 살펴보자. 처음에 보수는 사회보장 프로그램을 하나씩 폐지하려고 하다가, 결국 사회보장 프로그램 전부를 한 번에 폐지하는 방법을 생각해냈다. 바로 감세를 통한 방식이다. 감세는 전략적 계획이다. '미끄러운 비탈' 유형이 아니라 더 심층적 유형의 전략적 계획으로서, 아주 많은 영역에 걸쳐 영향을 미친다. 세금을 깎으면 정부 적자가 늘어나고, 이를테면 빈곤층 아동들을 위한 의료보장이나 마비 환자들을 위한 보조 같은 사회보장 정책이 제시되어도 거기에 투여할 예산이 없다. 따라서 보건, 교육, 환경 규제의 시행 등 전반적인 사회보장 보조금이 깎이게 된다. 동시에 그들이 생각하는 선한 사람들, 주로 부유한 사람들(규율을 준수하여 부유해진 사람들)은 감세로 인해 상을 받게 된다.

다른 종류의 전략적 계획도 있다. 동성 결혼의 예를 들어보자. 동성 결혼은 많은 부분에서 '엄격한 아버지' 모형과 모순된다.

레즈비언 결혼의 경우는 아버지가 아예 없다. 반면 게이 결혼에는 아버지가 둘이지만 둘 다 전통적인 시각의 남성인 엄격한 아버지와 들어맞지 않는다. 따라서 동성 결혼 반대는 '엄격한 아버지' 도덕 그 자체를 강화하고 확장하는 것이다. 왜냐하면 그 활동이 보수주의 도덕 체계의 가장 높은 소명이기 때문이다. 동성 결혼은 ('엄격한 아버지' 도덕의) 대리자이다. 왜냐하면 동성 결혼이 더 큰 쟁점, 즉 어떤 도덕 체계가 이 나라를 지배해야 하는가 하는 쟁점을 제기하기 때문이다.

낙태 쟁점도 이와 비슷하다. 여성에게 임신을 중단할지 여부를 스스로 결정하도록 허락한다는 것은, '엄격한 아버지' 가정 모형의 사상 전체에 정면으로 대드는 것이다. '엄격한 아버지' 모형에서 아내나 딸의 낙태 여부를 결정하는 사람은 아버지다. 딸의 섹슈얼리티를 통제하는 사람은 바로 아버지이며, 딸에게 애인이 생기면 아버지는 통제를 상실한다. 아버지가 가정에 대한 통제를 유지하려면 가정 내의 여성은 자유롭게 자신의 성적 행동과 출산 능력을 통제할 수 없어야 한다. 그러므로 낙태는 본래 정치적 쟁점이 아니지만, '엄격한 아버지' 도덕이 미국의 삶을 지배하느냐의 문제가 걸려 있을 때는 정치적 쟁점이 된다. 낙태는 '엄격한 아버지 도덕이 미국을 지배할 것인가'라는 더 큰 쟁점의 대리자다.

그러니까 우리의 쟁점을 프레임으로 재구성하기 위해서는, 좀 더 언론에 적합한 어구를 고안해서 그것을 보수가 쓰는 말 대신에 사용하면 된다는 말인가?

아니다! 프레임을 다시 짜는 것은 단순히 말과 언어의 문제가 아니다. 프레임을 다시 짜는 것은 '개념'에 관한 문제다. 방송 연설을 비롯한 언론에서 만들어낸 인상적인 어구가 조금이라도 의미 전달 효과를 내려면, 먼저 사람들의 뇌에 개념이 자리 잡아야 한다. 예를 들어, '공공재(the commons)'라는 개념을 살펴보자. 대기와 전

자기스펙트럼(대역폭)은 인류 모두의 공동 유산이며, 이러한 측면에서 논의하는 사람들은 대부분 이러한 유산을 '공공재'라고 부른다. 그러나 공동의 유산이라는 개념과 이것을 공공선을 위해 사용해야 한다는 생각은 아직 대부분의 사람들이 일상에서 사용하는 프레임 구조의 일부로 자리 잡지 못했다. 이런 상황에서는 공공재 개념에 대한 인상적인 어구를 만들어낼 수도 없고, 대부분의 사람들에게 이 어구를 이해시키거나 이 어구에 동의하도록 하기도 어렵다.

공화당이 그렇게 거대한 인프라를 가지고 있다면 우리가 그것을 어떻게 따라잡을 수 있겠는가?

진보주의자들은 우리가 미디어에 투자해야 한다는 사실은 알고 있다. 그러나 프레임 구성과 언어에도 투자가 필요하다는 사실은 알지 못한다. 사실 우리는 큰 이점을 지니고 있다. 보수 세력은 공론의 프레임을 재구성하기 위해 30여 년에 걸쳐 수십억 달러를 투여하고, 43개의 연구소를 지어 결국 논쟁을 자기들 영역으로 끌어왔지만, 우리의 경우는 과학이 우리 편에 있다. 인지과학과 언어학을 통해 우리는 그들이 어떻게 그 작업을 했는지 파악할 수 있다. 그리고 우리는 훨씬 짧은 시간과 훨씬 적은 자원으로 그에 상응하는 작업을 수행할 수 있는지 알고 있다. 우리는 또한 그들이 어떻게 언어적으로 단련했는지 알고 있으며, 우리 자신을 어떻게 단련해야 할지도 알고 있다.

애석하게도 많은 진보주의자들은 광고 회사나 여론조사를 통해 이 일을 할 수 있다고 생각한다. 그것은 오해다. 정말로 우리에게 는 언어학자와 인지과학자, 깊이 있고 지속적인 논의의 장, 정책 결정자와 대중들 앞에서 의미 있는 대화를 계속 이어나가기 위한 정련된 계획이 필요하다.

로크리지 연구소(Rockridge Institute)**와 다른 진보주의적 두뇌집단은 서로 어떻게 달랐는가? 프레임 구성 관련 작업을 하는 또 다른 두뇌집단이 있는가?**

로크리지는 정책적·언어적 관점에서 공적 논쟁의 프레임을 재구 성하는 작업에 전념했다. 여타의 진보주의 두뇌집단들이 수행하 는 주된 기능은 이와 다르다. 이들은 우익이 내놓는 사업 계획에 대응하고, 보수의 공격에 응수하고, 보수주의자들이 거짓말을 할 때 진실을 알려주며, 진보가 활용할 구체적인 정책을 만든다. 이들 은 모두 중요한 기능이지만, (대중 담론에) 절대적으로 필요한 하나 의 기능인 프레임 형성 기능을 대체할 수 없다.

내가 아는 한, 정책적 시각과 의사소통 시각에서 쟁점의 전 체적인 프레임을 짜는 일에 전념하고 있는 두뇌집단은 현재 딱 하나 있다. 바로 위스콘신 주에 있는 '포워드 연구소(Forward Insti-tute)'다. 포워드 연구소는 위스콘신 주의 쟁점들에 대한 프레임을 진보적 시각으로 구성함으로써 이 지역의 진보주의자들에게 힘을 실어주기 위해 설립되었다. 그들은 위스콘신 주의 쟁점에 대한 프 레임 형성을 연구하고 다방면의 진보주의자들과 함께 일할 트레이너들을 양성해왔다. 이 트레이너들은 주 전역에서 진보의 프레임을 사용하여 기꺼이 발언할 의지를 갖춘 정치 지도자, 노조 지도자, 교사, 아메리카 원주민, 환경 운동가, 시민 자원 활동가 등의 진보주의자들을 돕게 될 것이다. 이 연구소는 이제 막 출범했다. 관건은 자금 지원인데, 이 연구소가 과연 성공할 수 있을지는 시간이 지나보아야 알 것이다.

'세금 구제'라는 말은 세금에 대해 이야기할 때 자연스럽게 나올 수 있는 말 아닌가? 나도 진보주의자지만, 세금이 때로는 부담스럽다는 걸 인정할 수밖에 없다.

학교 숙제도 부담스러운 짐이지만, 무얼 배우려면 어차피 해야 하는 일이다. 운동도 부담스러운 짐이지만, 건강해지고자 한다면 꼭 해야 하는 일이다. 우리가 국가의 인프라에 현명하게 투자하려면 세금은 꼭 필요하다. 인프라를 잘 마련해두면 미래에 우리 모두에게 두고두고 그 혜택이 돌아온다. 여기에는 의료 비용을 부담할 수 없는 사람들을 위한 의료보장이나 교육에 대한 투자도 포함된다. 교육과 의료보장은 사람에 대한 투자다. 이는 교양 있는 시민, 건강하고 효율적인 양질의 노동력으로 되돌아오기 때문에 현명한 투자다. 세금을 걷는 또 다른 이유는 경찰, 소방, 재난 구조 등의 공공 서비스를 제공하기 위함이다.

이상은 세금을 걷는 실용적인 이유이고, 한편 도덕적인 이유도 있다. 교육과 건강은 행복한 삶을 위한 중요한 요인이고, 국민들의 행복한 삶은 국가의 존재 이유다. 독립선언문에서 행복 추구권에 대해 언급하고 이를 자유와 연결 지은 데는 이유가 있다. 자유가 없으면 삶의 충족도 없다. 따라서 과세를 투자라고 이해하는 것은 실용적인 이유에서 이치에 맞고, 과세를 행복 추구의 자유가 있는 이 나라에서 우리의 당연한 회비를 내는 일이라고 이해하는 것은 도덕적인 이유에서 이치에 맞다.

공화당의 전략적 계획에는 어떻게 직접 대응하거나 응답해야 하는가?

직접 대응할 수는 없다. 바로 이런 이유에서 보수주의자들은 영악하다. 우리가 감세 문제에 대해 그렇게 쉽게 직접 대답할 수 없는 이유는 감세의 핵심이 감세가 아니기 때문이다. 감세의 진짜 의도는 모든 사회보장 프로그램과 기업 활동 규제를 없애는 것이다. 바우처 보조금과 학교 평가는 궁극적으로 바우처와 학교 평가의 문제가 아니라, 교육 내용을 보수적으로 통제하고 공적 자산을 제거하는 문제다. 여기에 대응하려면, 각각의 상황에 대한 우리 식의 이해에 들어맞는 더 광범위한 틀을 통해 개별 쟁점을 보아야 한다. 소송 개혁의 의도는 소송 개혁 자체가 아니라 기업들에 무제한의 자유를 허용하는 것이며, 기업 소송 변호사들이 민주당의 주요 자금원이기 때문에 민주당의 자금줄을 차단하는 것이다.

공화당의 전략적 계획에 대응하려고 애쓰는 대신에, 우리는 성패가 달려 있는 더 큰 쟁점들을 우리의 시각에서 프레임에 넣을 필요가 있다. 그리고 공화당의 전략적 계획 중 최소한 일부에 대해서는 우리의 프레임에 의거하여 논의할 수 있다. 소송 개혁을 예로 들어보자. 기업 대상 소송 변호사들은 사실 '공공 보호 변호사'이고, 불법행위법(tort law)은 공공 보호를 가능하게 하는 법이다. 다시 말해 공공 보호법이다. 불법행위법이 손해 배상 청구와 합의금의 상한을 제한하려 한다면, 이는 배심원의 권리를 빼앗는 결과를 가져올 것이다.* 이는 법정의 문을 닫는 것, 공개 법정이 아닌 비공개 법정을 만드는 것이다. 배심원이 있는 공개 법정에서 배심원들은 기소된 사건이 공공 보호의 문제인지 아닌지 여부를 결정할 수 있다. 대규모의 배상금은 흔히 해당 소송의 문제를 넘어서서 공공 보호 쟁점과도 결부되어 있다. 그리고 공개 법정은 공중이 부도덕하거나 무책임한 기업과 전문직에 맞서는 마지막 보루다. 보수주의자들이 집단 소송에 대한 이야기를 꺼내면 절대로 "아뇨, 아뇨, 그건 천박한 소송이 아니에요."라고만 말하지 마라. 그 대신에 공공 보호에 대해, 공개 법정에 대해, 배심원의 결정권에 대해, 부도덕하거나 무책임한 기업에 맞서는 최후의 보루에 대해 이야기하라.

프레임에 맞지 않는 사실이 거부된다면, 그건 논쟁할 때 사실을 말하지 말아야 한다는 의미인가?

물론 아니다. 사실은 매우 중요하다. 그러나 사실이 공적 담론의 효과적인 일부가 되기를 바란다면, 그 사실을 적절한 프레임에 넣

---

* 미국의 공개 재판에서는 손해배상 액수를 배심원이 결정한다. – 옮긴이

어야 한다. 우리는 어떤 사실이 도덕적·정치적 원칙과 무슨 관련이 있는지를 알아야 하며, 이러한 사실에 대한 프레임을 가능한 한 가장 정직하고 효율적으로 구성해야 한다. 사실에 대한 프레임을 정직하게 구성하면, 다른 사실을 담고 있는 다른 프레임까지도 자동으로 따라올 것이다.

진보주의의 가치는 전통적인 미국적 가치와 어떻게 다른가?

다르지 않다. 사실 진보주의의 가치야말로 전통적인 미국의 가치이며, 우리가 자랑스러워하는 모든 가치다.

우리는 미국 역사에서 신분 제도에 대한 평등의 승리를 자랑스럽게 여긴다. 구체적으로 우리는 노예 해방을, 여성 참정권 쟁취를, 노동조합 운동을, 군대 내의 인종차별 철폐를, 시민권 운동을, 여성운동을, 환경운동을, 동성애자 권리운동을 자랑스럽게 여긴다.

우리는 '인민을 위한' 정부라는 프랭클린 루스벨트의 개념을, 공포에 맞선 희망을 향한 그의 행진을 자랑스러워한다. 우리는 '적'이라는 개념을 지워버리는 데 공헌한 마셜 플랜을 자랑스럽게 여긴다. 우리는 존 F. 케네디가 천명한 공공에 대한 봉사정신을, 야만적 폭력에 맞선 마틴 루서 킹의 비폭력 운동을, 천대받는 노동자들에게서 자긍심과 조직을 가져다준 시저 차베스*의 능력을

---

* Cesar Chavez(1927~1993). 라틴계 노동운동 지도자로서 전국농업노동자연합(The United Farm Workers)을 조직하고 이끌었다. ─ 옮긴이

270

자랑스러워한다.

　진보주의 사상이야말로 가장 미국적인 것이다. 진보는 정치적 평등을, 좋은 공립학교를, 건강한 어린이들을, 노인을 위한 보살핌을, 경찰의 보호를, 가족 농장을, 숨 쉴 수 있는 공기와 마실 수 있는 물을, 개천의 물고기를, 거닐 수 있는 숲을, 새소리와 개구리를, 살기 좋은 도시를, 윤리적 기업을, 진실을 말하는 언론인을, 음악과 춤을, 시와 예술을, 일하는 모든 사람들이 최소한의 생활을 꾸릴 수 있는 일자리를 바란다.

　최저 임금을 위해, 여성 권리를 위해, 인권을 위해, 환경을 위해, 건강을 위해, 유권자 등록을 위해 일하는 진보주의 활동가들은 모두 미국의 애국자들이다. 그들은 더 나은 세상, 미국의 근본적인 가치와 원칙에 맞는 세상을 만들기 위해 이타적으로 헌신하고 있다.

16

보수주의자들에게 어떻게 대응할 것인가

앞에서는 프레임 형성이 무엇인지, 그것이 언어를 통해 미디어 회사를 통해 어떻게 작동하는지, 보수주의와 진보주의의 세계관이 어떠한지, 이중개념주의가 무엇인지, 프레임 형성 과정에서 심층적 쟁점은 무엇인지를 설명했다. 하지만 조만간 여러분은 밥상머리라는 전선에 서게 될 것이다. 명절 때면 학생들은 이렇게 묻곤 한다. "곧 추수감사절이라 보수적인 친척들과 같이 식사를 하게 될 텐데, 할아버지나 고모와 또 정치를 놓고 대판 싸울 것 같습니다. 매번 괴로운데요. 어떻게 해야 될까요?"

2004년 초판의 이 장을 집필하고 있을 당시 내가 받은 편지 한 통을 소개한다. 내가 이 편지를 받은 것은 〈지금, 빌 모이어스와 함께(NOW with Bill Moyers)〉라는 TV 프로그램에 출연하고 며칠이 지난 뒤였다.

저는 지난 주 금요일 밤에 〈지금〉에 출연한 레이코프 박사님의 말씀을 매우 흥미롭게 들었습니다. 저는 언어의 사용에 대해 관심이 많고 극우들이 어떻게 그렇게 많은 단어를 제멋대로 정의하는지에 대해 계속 의문을 품어왔습니다.

그래서 한 가지 실험을 했는데, 그 결과를 박사님께 알려드리고 싶습니다. 저는 그날 박사님이 인터뷰한 내용 중에서 '법정 변호사' 대 '공공 보호 변호사', 그리고 게이 결혼의 예를 가지고 AOL(America Online)의 정치 채팅방에서 일주일 동안 실험을 해보았습니다. 거기서 누가 존 에드워즈*를 '법정 변호사'라고 얘기하면 저는 '공공 보호 변호사'라고 정정해주고, 그들이 무책임한 기업에 맞서는 최후의 보루로서 뛰어난 전문성을 지녔음을 말해주었습니다. 나아가 공공 보호 변호사의 정반대에는 시간당 400~500달러를 받는 기업 고문 변호사들이 있으며, 소비자는 기업의 상품과 서비스를 훨씬 더 비싼 값에 구매함으로써 그들의 보수를 지불하고 있다는 점을 강조했습니다.

누가 '게이 결혼'이 어떻고 운운하기 시작하면 저는 그들에게 당신은 연방 정부가 당신이 누구와 결혼할지 정해주었으면 좋겠냐고 물어보았습니다. 그리고 일단 정부가 특정 집단에게 누구와 결혼하지 말라고 명령하기 시작하면, 다른 집단한테까지 그렇게 하는 것은 시간문제이고, 결국에는 우리에게 누구와 결혼하라고 명령하는 지경에 이를 것이라고

---

* John Edwards. 2004년 미국 대통령 선거 때 민주당 부통령 후보. 공화당에서는 그가 집단 소송 전문 변호사 출신임을 문제 삼았다. 소송이 일상화된 미국 사회에서는 변호사의 이미지가 대체로 좋지 않다. – 옮긴이

말했습니다.

저는 또 사람들이 생각하는 단어의 정의에 대해서도 의문을 제기했습니다. 누가 '더러운 자유주의자들'이라고 투덜대면 저는 당신이 생각하는 '자유주의자'의 정의가 무엇이냐고 물어보았습니다.

하지만 마지막이 제 결정타였습니다. 누가 '낙태'가 어떻고 '태아 살인자'들이 어떻고 얘기하면, 저는 만약 당신들이 정말로 낙태에 반대한다면 어떤 경우에도 예외 없이 낙태를 하지 말아야 할 것이라고 말해주었습니다.

박사님께 말씀드리자면, 그 결과는 놀라웠습니다. 이전에 제가 전혀 알지 못했던 몇몇 사람들이 제 입장에 동조하여 새롭게 같은 편이 되었습니다. 어젯밤의 채팅방은 예의 바른 분위기였습니다. 자기 주장을 대문자로 소리 지르는 사람들이 (제가 보기에) 놀랄 만큼 많이 줄었고, 우리는 실제로 '대화'라는 것을 나누었습니다.

저는 계속해서 이 일을 해나갈 것입니다. 그리고 제가 레이코프 박사님의 말씀을 경청하고 박사님이 하시는 작업에 감사하며, 실천에 옮기기 위해 노력하고 있다는 사실을 알려드리고 싶습니다. 그리고 이 일은 정말로 흥미롭습니다.

감사를 드리며,

페니 코브

나는 페니 코브와 같은 사람들을 위해 이 책을 썼다. 추수감사절 식탁에 식구들이 둘러앉았을 때, 정수기 앞에 사무실 동료들이 모였을 때, 청중들 앞에 있을 때 진보주의자들은 끊임없이 보수주의적 주장에 대응해야 하는 처지에 놓이게 된다. 그러나 보수주의자들이 언어를 휘어잡고 멋대로 사용하고 있기 때문에 진보주의자들은 별로 할 말이 없는 수세적인 상황에 몰릴 때가 많다.

조만간 여러분도 페니와 같은 입장에 놓이게 될 것이다. 그때 어떻게 할 것인가? 페니가 발휘한 재치는 우리에게 다음과 같은 몇 가지 지침을 제공해준다.

- 진보주의의 가치는 최상의 전통적인 미국적 가치다. 우리의 가치를 힘과 긍지를 가지고 대변하라. 진보주의의 가치를 지니고 있는 우리야말로 진정한 애국자다.
- 이 나라 인구의 반수가 우익 이념가들의 영향을 받아, 심지어 자녀 교육에도 나쁜 영향을 미치는 '엄격한 아버지' 모형이 우리의 국가 도덕과 정치를 지배해야 한다고 확신하고 있음을 기억하라. 그러나 우리 역사를 보면 최상의 미국적 가치는 그들에 맞서 끊임없이 승리를 거두어왔다. 노예 해방, 여성 참정권 쟁취, 사회보장과 메디케어, 시민권과 투표권 법안, '브라운 대 교육 이사회' 판결*과 '로 대 웨이드' 판결**……. 매번 우리가 지닌 최상의 전통적 가치는 나라를 하나로 단결시켜 왔다.
- 누구나 수동적이든 능동적이든 '엄격한' 모형과 '자상한' 모형을 둘 다 지니고 살아가면서, 서로 다른 상황에서 다른 모형을 활성

화한다는 사실을 기억하라. 우리가 할 일은 나와 대화하고 있는 상대방이 이미 (수동적으로) 지니고 있는 신보주의와 자상함의 가치를 정치적 영역에서 활성화하는 것이다.

학생들이 추수감사절 식사 자리에서 뭐라고 말해야 할지 물었을 때 나는 어떻게 대답했을까? 나는 이렇게 충고했다. 여러분의 고모나 할아버지께 다른 사람을 도왔던 가장 자랑스러운 경험을 여쭈어보라. 이 과제를 수행한 학생들이 놀라워하면서 보고한 내용에 따르면, 그들의 할아버지나 다른 친척들은 다른 사람을 돕기 위해 좋은 일들을 아주 많이 했고 상당히 중요한 사회적 의식을 보여주었다. 내 다음 충고는 다음과 같다. '그들이' 타인에게 느끼는 감정이입과 책임에 대해 더 많이 이야기하면 할수록, 여러분은 그들에게 더 가까이 다가갈 수 있다. 그들을 개종시키려 들지 마라. 그냥 마음을 열고 긍정적 관계를 유지하라. 여러분이 그 친척들에게 존중과 애정을 보여준다면, 그 중 일부는 우리 편이 될 것이다.

- 여러분이 응대하는 보수주의자에게 반드시 존중하는 태도를 보

---

* Brown v. the Board of Education, 1954년 공립학교에서의 인종 분리에 대한 위헌 판결. - 옮긴이

** Roe v. Wade. 1973년 여성의 신체자율권에 근거하여 임신 3개월까지의 낙태는 법률로 금지할 수 없다고 선언한 판결. - 옮긴이

여라. 상대방에게 존중을 표하지 않으면 아무도 우리의 말을 듣지 않을 것이다. 그들의 말을 경청하라. 그들의 말에 단 한 마디도 동의할 수 없더라도, 그들이 무슨 말을 하는지는 알아야 한다. 진심으로 대하라. 비열한 언행을 삼가라. 그쪽에서 우리를 존중하지 않는다면? 악을 악으로 갚아봤자 좋을 것이 없다. 어쨌든 상대방을 존중하고 다른 뺨도 돌려대라. 여기에는 남다른 품성과 긍지가 필요하다. 품성과 긍지를 보여주어라.

- 소리 지르면서 싸우지 마라. 급진 우익은 문화 전쟁을 필요로 한다. 소리를 지르는 것은 그러한 문화 전쟁의 담론 형식이고, 교양 있는 담론은 '보살핌 도덕'의 담론 형식이다. 토론이 예의를 갖추기 시작하면 우리가 이긴다. 우리를 소리 지르게 만들면 그들이 이긴다.

- 하지만 정당한 분노는 어떻게 표현해야 하나? 정당한 분노는 품을 줄 알아야 하지만 표출은 절제된 방식으로 해야 한다. 우리가 절제력을 잃으면 그들이 이긴다.

- 정상적인 보수주의자와 역겨운 이념가를 구분하라. 대부분의 보수주의자들은 인격적으로 훌륭한 사람들이다. 우리는 그들에게서 사람됨과 친절함과 호의의 감정을 이끌어낼 필요가 있다.

- 침착하라. 침착함은 자신이 무슨 말을 하고 있는지 알고 있다는 표시다.

- 유머 감각을 발휘하라. 선량한 유머 감각은 자기 자신을 편안하게 느끼고 있다는 표시다.

- 흔들리지 마라. 항상 공세적인 태도를 유지하고 절대로 수세적인 태도를 취하지 마라. 침착한 목소리를 유지하라. 징징대거나 불평하지 마라. 언행에서 낙관적인 태도를 유지하라. 간청하지 마라. 절제력을 잃지 말고 열정적 확신을 전달하라. 말의 억양이나 어조를 높이는 식으로 약점을 드러내지 마라.

- 보수 세력이 그려내는 자유주의자의 모습은 허약하고, 항상 화가 나 있고(따라서 자기 감정을 조절하지 못하고), 강인하지 못하고 마음이 약하며, 비애국적이고, 충분한 정보를 알지 못하고, 엘리트주의적이다. 여러분에 대해 이러한 고정관념을 가질 만한 기회를 주지 마라. 이러한 고정관념을 예상하고 상대편이 그것을 들고 나올 때 그 상황에 적절히 대처하라.

- 예의 바른 처신으로 강인함과 침착성과 통제력을 보여주어라. 논리적인 능력, 현실 감각, 나라를 사랑하는 마음, 기본적 사실에 대한 지식, (우월감이 아닌) 평등의 감각을 가져라. 최소한 당신에게 동의하지는 않더라도 진지하게 경청해야 할 상대로서 당신을 존중해야 한다는 인상을 청중들에게 심어주어야 한다. 사실 이 정도가 우리가 기대할 수 있는 최선인 경우가 많다. 이러한 상황을 인정하고, 상대편이 당신의 말을 얼마나 진지하게 경청하는지를 겨루는 게임에서는 품위 있게 비기는 것이 승리라는 사실을 알아야 한다.

- 세상에는 많은 대화가 이루어지고 있다. 대화를 진행하면서 우리가 할 일은 품위 있고 존중받는 위치를 확보하고 이를 지켜나

가는 것이다.

- 완고한 보수주의자들을 개종시킬 수 있다고 기대하지 마라.

- 두 가지 모형을 다 지니고 있으면서 상황에 따라 다른 모형을 사용하는 이중개념 소유자들을 대상으로 하면 상당한 진전을 거둘 수 있다. 그들이야말로 최상의 청자다. 이런 사람들을 대상으로 우리가 할 일은 마음의 영토를 확보하는 일이다. 우리의 목표는 그들의 삶에서 '보살핌'이 우세한 부분을 찾아내는 일이다. 예를 들어 우리는 그들에게 가장 마음을 쓰고 있는 사람이 누구인지, 마음 쓰는 대상에 대해 어떤 책임감을 느끼고 있는지, 그러한 책임을 어떻게 실천하는지 물어볼 수 있다. 이렇게 해서 그들의 마음속에서 '보살핌의 모형'을 최대한 활성화한다. 보살핌의 모형이 활성화하면 그것을 정치에 연결해보라. 예를 들어 그들이 집에서는 자상하고 직장에서는 엄격한 면모를 보인다면, 집과 가족에 대해서 이야기하고 그것을 정치적 쟁점에 연결해서 이야기해보라. 예를 들어, 진정한 가정의 가치란 우리의 부모가 늙은 후에도 의료비나 약값 때문에 집을 팔거나 미래를 저당 잡힐 필요가 없는 것이라고 말할 수 있다.

- 상대방의 주장을 부인하는 흔한 실수를 저지르지 마라. 대신에 프레임을 재구성하라. 프레임으로 구성되지 않은 사실은 우리를 자유롭게 할 수 없다. 사실을 진술하고 그 사실이 상대편의 주장과 모순됨을 보여주는 것만으로는 이길 수 없다. 프레임이 사실을 이긴다. 프레임은 유지되고 사실은 튕겨나간다. 언제나 프레

임을 재구성하고 사실을 '나의' 프레임에 맞추어라.

- 프레임 형성에 대해 다른 것은 다 잊어버려도 이것 하나만은 기억하라. 일단 나의 프레임이 담론으로 수용되면, 내가 말하는 것은 모두 그냥 상식이 된다. 왜? 이미 자리 잡은 일상의 프레임 안에서 사고하는 것이 바로 상식의 모습이기 때문이다.

- 상대편의 시각에서 프레임이 구성된 질문에는 절대로 대답하지 마라. 언제나 나의 가치와 나의 프레임에 맞도록 질문의 프레임을 재구성하라. 일반적인 담론에서는 제시된 질문에 직접 대답해야 하기 때문에, 이는 불편한 일이 될 수도 있다. 프레임을 바꾸는 것을 연습하라.

- 진심으로 말하라. 정말로 지지하는 가치에 근거한, 내가 정말로 옳다고 믿는 프레임을 사용하라.

- "이러이러하다면 더 낫지 않겠습니까?" 같은 수사적 질문을 던지는 것은 유용한 방법이다. 단 이러한 질문은 우리 편의 프레임을 전제하고 있어야 한다. 예를 들면 이렇게 묻는 것이다. "도로와 다리의 움푹 팬 구멍들을 수리하면 더 낫지 않겠습니까?" 또는 "모든 환자들이 제대로 치료받아서 질병이 퍼지지 않는다면 우리 모두에게 더 좋지 않겠습니까?" 또는 "유치원에 다니는 모든 아이들이 취학 준비를 할 수 있다면 더 낫지 않겠습니까?"

- 각본이 짜여 있는 상황을 멀리 하라. 폭스 뉴스나 맹렬 보수 성향 방송의 프로그램에서는, 보수적인 사회자가 프레임을 정하여 강요하는 아주 난감한 상황으로 우리를 몰아넣으려 한다. 이런 상

황으로 내몰리면, 우리는 판을 통제할 수도, 우리 편의 사례를 제시할 수도, 말발이 설 정도의 존중을 받을 수도 없다. 게임의 규칙이 이미 정해져서 바꿀 수 없으면 뛰어들지 마라. 그래도 뛰어들고자 한다면, 프레임을 재구성하고 휘둘리지 마라.

• 이야기를 하나 들려주어라. 그 이야기가 당신의 프레임에 딱 들어맞는 경우에는 다양한 이야기를 찾아라. 효과적인 이야기를 점점 더 많이 끌어모아라.

• 언제나 가치에 대한 이야기부터 시작하라. 되도록이면 모든 미국인들이 공감하는 안보, 번영, 기회, 자유 등의 가치 중에서 내가 유도하고자 하는 프레임에 부합하는 것을 고른다. 가치의 차원에서 논쟁에 이기고자 노력하라. 나의 입장이 누구나 지지하는 가치, 가령 공정성 같은 가치를 드러내는 프레임을 골라라. 예를 들어, 삼촌이 "일할 권리 법(139쪽 참조)은 있어야 돼. 노조들은 부패한 데다 폭력배들이 잡고 있잖아. 게다가 가입을 강요하고 돈을 빼앗아 가잖아."라고 말했다면, 나는 이렇게 말해야 한다. "노조는 우리를 회사의 노예 상태에서 풀어줘요. 노조가 없으면 임금도 회사가 주는 대로 고스란히 받아야 하고, 연금이나 보험 혜택도, 노동 시간 제한 혜택도, 초과 근무 수당도 보장받지 못할 때가 많아요. 나는 내가 일하는 회사의 노예가 되고 싶지 않아요. 저녁은 가족들과 함께 먹고 주말은 아이들과 보내고 싶어요. 주말은 노조 덕분에 생긴 거예요. 옛날 사람들은 일주일에 6일씩 일하면서 지금보다 더 적은 급여를 받았어요. 또 하루 8시간 노동도 노

조가 만든 거예요. 그 전에는 더 적은 급여를 받고 하루에 10시간이나 12시간을 일했어요. 노조가 있으면 나는 회사와 동등한 위치에 설 수 있어요. 나는 공정한 급여를 받고, 공정하게 대우받고, 내가 일하는 회사에서 존중받고, 회사에 만족을 느끼고 싶지, 노예가 되고 싶진 않아요. 노조에 얼마를 내든 그 돈은 급여로 메우고도 남으니까요."

- 항상 준비하고 있어라. 보수가 사용하는 기본적인 프레임을 파악하고, 이것을 바꿀 다른 프레임을 준비해야 한다. 내 웹사이트 (www.georgelakoff.com)에는 프레임 이동에 대한 분석이 실려 있다. 예를 들어보자. 감세를 주장하는 사람이 이렇게 말한다. "세금을 없애야 한다." "우리는 자기 돈을 어떻게 써야 할지 정부보다 더 잘 알고 있다." 이 경우에는 이렇게 프레임을 재구성하라. "정부는 납세자의 돈을 가지고 매우 현명하게 투자해왔다. 장거리 고속도로가 그 한 예다. 당신은 세금 환급금을 가지고 고속도로를 건설할 수 없다. 그것은 정부가 건설한 것이다. 그리고 납세자가 투자한 돈으로 구축한 인터넷도 있다. 당신은 인터넷을 개인 용도로 구축할 수 있는가? 우리가 성취한 과학적 진보의 대부분도 국립과학재단과 국립보건연구소의 기금을 통해 가능했던 것이다. 그 기금은 납세자의 돈을 정부가 대규모로 투자해서 나온 것이다. 컴퓨터 과학도, 인공위성 체계도, 우리의 휴대전화에 들어가는 칩도 다 납세자의 돈으로 개발한 것이다. 당신이 개인 돈을 아무리 현명하게 쓴다고 해도, 그러한 과학적·의학적 발전을 이루어낼 수

는 없다. 그리고 당신이 세금을 환급받아 자기 군대를 얼마나 고용할 수 있겠는가?"

- 전략적인 쐐기 쟁점을 이용하라. 상대편이 어떻게 말해도 그 자신의 신념과 배치될 수밖에 없는 사례를 들어라. 학자금 빚이 그 좋은 예다. 우선 상대방이 기회의 평등과 기회의 사회를 믿는지 물어라. 이는 ('결과의 평등'에 반대하는) 보수 세력이 계속해서 주장하는 것이다. 이 경우에는 이렇게 프레임을 재구성하라. "가난하지만 재능 있는 많은 학생들은 정부 대출을 받아야만 대학에 갈 수 있다. 하지만 이런 대출은 금리가 6퍼센트에서 12퍼센트에 달하며, 많은 학생들은 도저히 감당할 수 없는 산더미 같은 빚을 짊어지게 된다. 이 대출에서 나오는 정부 수익은 앞으로 여러 해 동안 일반 기금 예산으로 들어가게 되어 있다. 엘리자베스 워런은 대출 금리를 저렴한 3.86퍼센트 수준으로 인하하자고 제안했다. 이렇게 금리를 인하하더라도 정부는 일정한 수익을 낼 수 있으며, 그로 인한 손실은 부유층의 탈세를 가능하게 해주는 조세 허점을 막아서 메울 수 있다. 그러면 학생들은 산더미 같은 빚을 지지 않고도 대학을 나올 수 있고, 그 후에 버는 돈을 대출 상환에 쏟아붓는 대신 결혼하고 집을 사고 아이를 갖는 데 쓸 수 있을 것이다. 또 이렇게 시장에서 돈이 쓰이면 경기가 살아나고 일자리도 창출될 것이다. 당신은 가난한 이들도 학자금 빚을 감당하고 경기를 살릴 수 있는 기회의 평등을 원하는가, 아니면 억만장자들을 위한 불공정한 탈세 도피구를 보호하고 기회의 평등을 말살하

길 원하는가?"

- 상대편의 진짜 목적이 그가 말하는 바와 일치하지 않는다면, 그는 정직하지 못한 것이다. 예의 바르게 그의 진짜 목적을 지적해 주고 프레임을 재구성하라. 예를 들어보자. 상대편이 작은 정부의 미덕을 찬양하기 시작했다고 하자. 그러면 보수 세력이 정말로 작은 정부를 원하는 것이 아님을 지적하라. 그들은 군대나 FBI, 재무부나 상무부, 그리고 열에 아홉은 회사법을 지지하는 법원들을 없애길 원치 않는다. 그런 것이야말로 그들이 선호하는 큰 정부다. 그들이 정말로 없애고자 하는 것은 사회보장 프로그램, 즉 사람들에게 투자하고 서민들의 자조를 돕는 프로그램이다. 그러한 입장은 이 나라의 토대가 되었던 가치, 즉 사람들이 서로 돕는 공동체의 사상과 모순된다. 이것은 메사추세츠 만의 초대 주지사였던 존 윈스럽 이래로 미국이 표방하고 있는 가치다.

- 상대편이 자기가 말하는 바와 반대의 뜻을 가진 언어(오웰식 언어)를 사용하는 경우에는, 그 쟁점이 바로 상대방의 약점임을 파악하라. 그가 말하는 바를 정확히 기술하는 언어를 사용하여 우리 방식대로 논의의 프레임을 구성하라. 예를 들어보자. 상대편이 '건강한 숲 사업 계획'을 환경에 대한 균형 잡힌 접근법이라고 들고나왔다고 치자. 이 법안은 사실은 '모두 베기(clear-cutting)'를 허용하고 장려하고 있기 때문에 숲과 숲 서식지에 사는 생물을 파괴하며, 따라서 '건강한 숲'이 아니라 '한 그루도 남기지 말고 다 베기'라고 고쳐 불러야 한다고 지적하라. 대중들은 숲을 사랑하

며 나무를 모두 베기를 원치 않고, 그런 엉터리 이름을 붙이는 것은 그 쟁점에 대한 상대편의 약점을 드러내는 것임을 지적하라. 대부분의 사람들은 미국의 아름다운 자연환경을 보존하길 원하지, 파괴하길 원하지 않는다. 그렇지 않은가?

• 우리의 목표는 미국을 우리의 가치, 즉 가장 훌륭한 전통적인 미국의 가치에 의거하여 하나로 통일하는 것임을 다시 한 번 상기하라. 우익 이념가들은 더러운 문화적 내전을 일으켜 우리의 분열을 조장하려 한다. 그들은 내분과 싸움, 중상, 비방을 필요로 한다. 우리는 점잖은 담론과 예의 바르고 협력적인 대화를 통해서만 이길 수 있다. 왜? 이것이 의사소통의 차원에서 '보살핌 모형'이 작용하는 방식이며, 우리의 과제는 보살핌 모형을 불러내어 유지하는 일이기 때문이다.

지금까지 소개한 것처럼 수많은 지침이 있다. 그러나 마지막으로 정말로 중요한 네 가지 지침만 정리하면 다음과 같다.

상대를 존중하라.
프레임을 재구성하여 대응하라.
가치의 차원에서 생각하고 발언하라.
자신의 신념을 말하라.

매일 아침 아내인 캐틀린 프럼킨은 나보다 먼저 조간신문을 집어 들고 그날의 정치면에서 가장 분통 터지는 뉴스를 정확히 짚어내는 능력이 있다. 이 책의 상당 부분은 그녀의 통찰력에 대한 응답이다.

파멜라 모건은 이 책 1장에 실린 연설문 초고를 편집해주었다. 그녀는 또한 이 책의 초판 곳곳에서 논의한 많은 쟁점들을 다듬는 데 도움을 주었다.

얼터넷(AlterNet)의 편집장인 돈 헤이즌은 이 책을 엮어내자는 아이디어를 제공했고 이를 실현하는 데 많은 도움을 주었다. 그는 지적인 측면을 비롯하여 많은 측면에서, 중요한 질문과 도움의 끊임없는 원천이 되어주었다.

엘리자베스 웨흘링은 나의 학생이자 동료로서 많은 아이디어를 정교하게 다듬는 데 도움을 주었다.

이 책에서 논의한 많은 아이디어는 래리 윌랙, 피터 티그, 브루스 버드너, 에릭 하스, 샘 퍼거슨, 조 브루어, 제이슨 패턴트, 댄 커츠, 캐서린 앨런, 알리사 울프, 데이비드 브로드윈, 프레드 블록, 캐럴 조프, 제롬 캐러벨, 크리스틴 러커, 트로이 더스터, 루스 로슨, 제시카 디카밀로, 멜린다 프랑코, 조너선 프랭크, 케이시 렌즈, 조 디 쇼트, 제시카 스타이츠 등 로크리지 연구소와 연관된 이들과의 토론 과정에서 떠오른 것이다.

그 밖에도 토론을 하면서 아이디어를 제공한 친구로 조지 애컬로프, 돈 아비트블리트, 폴 바에, 피터 반즈, 조앤 블레이즈, 웨스 보이드, 토니 파지오, 데이비드 펜튼, 폴 호큰, 아리아나 허핑턴, 댄 캐먼, 고(故) 앤 리포우, 테드 노드하우스, 제프 넌버그, 캐런 페이젯, 로버트 라이히, 리 로젠버그, 고(故) 존 로위, 가이 새퍼스타인, 마이클 쉘른버거, 스티브 실버스타인, 대니얼 실버먼, 글렌 스미스, 조지 소로스, 알렉스 스테펜, 데보라 탄넨, 애덤 워바흐, 리사 위터, 레베카 워더, 리처드 야노비치 등이 있다.

그리고 마지막으로, 틀 의미론의 창시자이자 내 오랜 버클리 대학 동료이고 가장 위대한 언어학자 중 한 명인 고(故) 찰스 J. 필모어(Charles J. Fillmore)에게 건배를 보낸다. 그는 자신의 연구의 정치적 중요성을 내게 처음 소개해주었다. 그의 이름은 프레임 형성의 중요성을 인식하게 된 모든 사람들에게 기억될 것이다.

삶을 지배하는 **프레임**

나익주(한겨레말글연구소)

이 책은 정치적 토론과 정치적 메시지의 전달을 명확하게 하는 방법을 다루었던 『코끼리는 생각하지 마』의 전면 개정판이다. 이 책의 초판은 2004년 출간 즉시 미국에서 베스트셀러가 되었으며, 한국어판도 2006년에 출간되어 당시 노무현 대통령을 비롯하여 많은 국회의원들과 여타 정치인들, 언론계 종사자들, 학자들은 물론이고 많은 일반 독자들의 관심을 받았다.

초판이 나오고 10년이 지난 2014년 이 개정판에서 레이코프는 어떤 사건이나 현상의 원인을 파악하는 진보와 보수의 차이점, 자유를 두고 벌이는 진보와 보수의 개념 전쟁, 뇌에 자리 잡은 프레임의 물리적 특성, 의료보험 개혁을 둘러싼 프레임 전쟁 등 초판에서 제대로 다루지 못했던 측면을 정확히 밝히면서, 프레임은 어떻게 구성되고 어떻게 작동하는지, 그 사이 프레임 구성은 얼마나 진화했는지, 정치적 세계관이 다른 사람들에게 어떻게 말을 해야 하는지, 정치적 선동이나 슬로건에는 어떻게 맞받아쳐야 하는지 등의 주장을 더 깊이 파고들고 있다. 한마디로 레이코프는 진보에게 사실과 정책, 프로그램을 장황하게 제시하는 세탁목록 나열 방식에서 벗어나 미국인들에게 더 명확한 도덕적 비전을 제시하라고 촉구한다. 전통적으로 미국적인 이 비전만이 시민의 평안과 자유를 지탱할 수 있으며 온정적인 효율적 정책을 개발하기 위한 길잡이가 될 수 있다는 것이다.

생성문법학자에서 인지언어학자로

지은이 조지 레이코프는 1941년생으로 미국 캘리포니아대학 버클리캠퍼스(UC Berkeley) 언어학과와 인지과학 협동과정의 교수다. 애당초 언어학자 레이코프는 매사추세츠공과대학(MIT) 재학 시절 1957년의 이른바 언어학 혁명 이후 지금까지도 언어학계의 황제로 인정받는 놈 촘스키의 제자였지만, 1960년대 후반부터 생성의미론 진영의 대표적인 학자로서 해석의미론자의 수장인 스승 촘스키와 대립했다. 1970년대 초반까지 진행된 이 언어학 전쟁에서 패한 뒤, 레이코프는 촘스키의 변형생성문법과는 완전히 결별하고 다른 길을 모색했다. 1970년대 말에 이르러 레이코프는 인간의 인지를 고려하지 않고서는 언어와 언어사용의 본질을 해명할 수 없다고 주장하는 인지언어학 이론을 펼치기 시작했다.[1] 1989 년 창립된 국제인지언어학회의 초대 회장을 지냈으며, 여전히 2년에 한 번씩 열리는 국제인지언어학회의 주요 초청 연사로 활동 중이다. 현재는 신경과학과 뇌 과학의 연구 결과를 이용하여 자신의 언어 이론이 타당하다는 것을 보여주기 위한 이른바 언어 신경 이론을 탐구하는 일에 관심을 쏟고 있다.

레이코프는 인지언어학 분야에서 뛰어난 연구 성과를 내어놓았는데, 특히 은유가 본질적으로 언어의 문제가 아니라 사고 과정의 문제이며 인간의 인지 과정의 많은 부분이 본질상 은유적이라고 주장하는 개념적 은유 이론으로 유명하다. 레이코프는 은유에 대한 이 관점을 『삶으로서의 은유(Metaphors We Live By 1980/2003)』에서 처음 내어놓았으며, 『여자와 불, 위험한 것들(Women, Fire and Dangerous Things, 1987)』과 『냉철한 이성을 넘어서(More Than Cool Reason, 1988)』, 『몸의 철학(The Philosophy in the Flesh, 1999)』에서 계속 세련되게 다듬었다. 개념적 은유 이론은 법, 음악, 신경과학, 수학, 정치 등 다양한 분야의 학자들이 자신들의 연구에 적용하고 있다.

---

1) 공동으로 연구를 진행한 것은 아니었지만 우연히도 거의 동일한 시기에 로널드 래너커(Ronald Langacker)와 레너드 타미(Leonard Talmy)도 레이코프와 비슷한 주장을 내어놓았다. 이런 연유에서 이들 세 학자는 인지언어학의 창시자라 불린다.

인지언어학자에서 정치평론가로

1991년 미국과 이라크 사이에 걸프전이 발발하기 직전, 레이코프는 「전쟁과 은유」라는 논문에서 당시 미국의 보수적인 행정부와 언론이 은유를 사용하여 어떻게 이 전쟁을 정당화하는가를 보여주면서, "은유가 사람을 죽일 수 있다."고 주장했다.[2] 이 글은 정치평론가 레이코프의 등장을 알렸다. 언어학자이면서도 정치 현상에 대해 분명한 목소리를 내고 있는 자신의 스승 촘스키와 비슷한 길로 접어든 것이다. 물론 촘스키의 경우는 정치평론이 자신의 언어학 이론과 아무런 관련이 없는 반면, 레이코프의 경우는 자신의 인지언어학 이론을 정치 담론 분석에 적용한다는 점에서 차이가 있다. 이런 연유에서 레이코프는 인지주의 시민운동가라 불리며, 그 자신도 이렇게 불리는 것을 좋아한다.

그 이후에도 레이코프는 미국의 정치 현실과 미국인의 정치적 사고를 분석하는 데 이 은유 이론을 적용했다. 이러한 지속적인 탐구는 이론적으로 정립되어 『도덕의 정치(Moral Politics, 1996)』로 나왔다. 이 책에서 레이코프는 미국인들의 마음속에 가정에 대한 대립적인 두 가지 이상화된 모형이 존재하며, 상이한 이 가정 모형의 도덕이 보수와 진보라는 서로 다른 정치적 세계관으로 이

---

2) 이 책의 제12장과 초판의 제5장에 실린 "Metaphors That Kill"은 바로 "Metaphor and War: The Metaphor System Used to Justify War the Gulf"라는 제목의 이 논문을 요약한 내용이다.

어진다는 주장을 펼쳤다. 구체적으로 말하자면, 미국인의 정치적 사고에 [국가는 가정]이라는 은유가 깔려 있으며, 미국인의 보수적 세계관은 '엄격한 아버지' 가정 모형의 도덕에서 비롯되고 진보적 세계관은 '자상한 부모' 가정 모형의 도덕에서 비롯된다고 보았다. 엄격한 아버지 가정 모형에서는 아버지가 도덕적 권위이고 어머니는 이 권위를 뒷받침하고 자녀들은 아버지의 권위와 그가 정한 일련의 가치에 절대적으로 복종해야 한다. 반면에 자상한 가정 모형에서는 아버지와 어머니가 동등하며 감정이입과 책임감으로 자녀를 함께 양육한다. 이를 통해 자녀들은 자연스럽게 타인을 배려하고 존중하는 가치를 배우며 스스로 자신과 타인을 책임질 수 있는 성인으로 성장한다.

아쉽게도 그의 이러한 주장은 인지언어학자들을 제외하고는 별다른 주목을 받지 못했다. 레이코프가 많은 미국인들의 주목을 받게 된 것은 2004년 대통령 선거를 앞두고 펴낸 이 책의 초판 『코끼리는 생각하지 마!(Don't Think of an Elephant!)』가 베스트셀러의 반열에 오른 덕택이다. 이 책에서 그는 선거의 승패가 자신의 정치적 세계관을 잘 전달하는 프레임을 누가 더 성공적으로 만들어내느냐에 달려 있다고 주장하며 프레임 형성의 중요성을 역설하였다.

레이코프가 보기에, 1981년 레이건 행정부의 등장 이후 공화당은 자신들의 가치와 정체성을 담은 프레임을 성공적으로 만들어내어 대중의 정치 담론을 지배한 반면, 상대적으로 진보적인 민주당은 오히려 그들이 짜놓은 프레임의 덫에 걸려 제대로 대처하지 못했다. 바로 프레임 구성의 성공과 실패가 선거의 승패를 갈랐다. 한마디로 민주당은 프레임 전쟁에서 잇달아 패배했던 것이다.

누구를 위한 '세금 구제'인가

미국에서 보수는 모든 낱말을 전략적으로 사용하여 프레임 전쟁에서 우위를 점했다. 보수가 프레임 전쟁에서 아주 치밀한 전략에 따라 선택했던 중요한 낱말의 하나는 '세금 구제'(tax relief)다. 보수는 '세금 인하'가 아니라 의도적으로 '세금 구제'를 주조했고 반복적으로 사용했다. "구제가 있는 곳에는 고통이 있고, 고통 받는 자가 있고, 이 고통을 없애주는 구원자, 즉 영웅이 있게 마련이다. 그리고 어떤 사람이 그 영웅을 방해하려고 한다면, 그러한 사람은 구제를 방해하는 악당이다."(21~22쪽)라는 지은이의 설명에서 알 수 있듯이, 낱말 '구제'는 사람들에게 '영웅' 프레임을 떠오르게 한다. 이 프레임은 '고통' '영웅' '악당' '악행' '구원' 등의 개념으로 구성된다. '구제'를 '세금'과 결합하여 '세금 구제'라는 어구를 사용하게 되면 은유적으로 [세금은 고통]이며, [세금을 없애거나 낮추는 사람은 영웅]이고, [세금 인하를 방해하는 사람은 악당]이다.

이 '영웅' 프레임을 불러내는 어구인 '세금 구제'는 처음에는 레이건 대통령이 사용했지만 이어서 백악관이 보도 자료에 삽입했고, 그 다음에는 보수적인 신문과 방송국(예: 폭스 뉴스)에서 반복적으로 사용했다. 결국은 CNN이나 NBC의 전파를 탔고 상대적으로 진보 성향인 〈뉴욕타임스〉를 비롯하여 모든 신문의 지면에 실렸다. 심지어는 민주당 의원들이나 민주당 지지자들도 '세금 구제'를 사용했다. 이것은 레이코프의 말마따나, 민주당이나 진보 진영이 '세금 구제'를 사용하는 것은 "자기 발등을 찍는 것"이며, 프레임 전쟁에서 승리하기 위해서 피해야 할 첫 번째 원리, 즉 "상대의 프레임을 활성화하는 말을 사용하지 말라."는 원리를 어긴 것이다. 한마디로 이것은 미국인들의 마음속에 세금을 고통이라고 주입하고자 하는 보수 진영의 시각을 그대로 받아들이는 것이기 때문에, 상대가 쳐놓은 프레임의 덫에 걸린 대표적인 사례다.

누구를 위한 '세금 폭탄' 이론인가

프레임 전쟁에서 보수가 진보를 압도하는 상황은 한국에서도 똑같이 일어나고 있다. 아니다. 오히려, 한국의 보수는 미국의 보수보다 훨씬 더 효율적으로 프레임을 주조하여 자신들의 진정한 의도를 달성하고 있다. '13월의 세금 폭탄' '연말 정산 세금 폭탄' '세(稅) 폭탄의 핵' '대국민 세금 폭탄 저지 서명 운동' '중산층과 서민에 대한 세금 폭탄' 등에서 보듯이, 세금과 관련하여 한국의 언론에서 가장 많이 접하게 되는 어구는 '세금 폭탄'이다. '폭탄'이라는 낱말을 들으면, 우리는 바로 폭격 장면을 떠올린다. 이 '폭격' 장면에는 '폭탄'과 '폭격의 과녁' '폭탄을 투하하는 사람' '폭탄에 맞아 죽는 사람과 중상을 입는 사람' '파괴되는 시설물' 등의 역할이 있다. 폭탄 투하는 아무리 정확하게 겨냥한다 하더라도, 과녁만을 파괴하는 것이 아니라 과녁 주변의 사람들과 시설물을 파괴하기 마련이다. 따라서 폭탄 투하는 그 자체가 긍정적인 이미지가 아니라 부정적인 이미지를 불러낸다. 폭탄 투하는 적의 파괴 행위이며, 폭탄 투하를 저지하기 위해 싸우는 전사는 영웅이고, 폭탄 투하를 감행하는 적은 악당이 된다. 이처럼 낱말 '폭탄'은 ('전쟁' 프레임의 일부인) '폭격' 프레임을 불러내는 데 핵심적인 역할을 한다.

'폭탄' 앞에 '세금'을 덧붙인 '세금 폭탄'을 사용하면, [세금은 폭탄]이고, [세금을 부과하는 사람은 폭탄을 투하하는 사람]이며, (정치가든 학자든 관료든) [세금 인상을 반대하는 사람들은 폭탄 투하를 막기 위해 싸우는 선한 영웅]이고, [세금 인상을 주장하는 사람들은 더 강력한 폭탄을 투하하는 악당]이 된다. '세금 폭탄'이라는 어구는 노무현 대통령의 참여 정부에서 종합부동산세 도입을 준비하던 2004년 말에 맨 처음 한국의 언론에 모습을 드러냈다. 당시 보수 언론과 한나라당(현 새누리당)은 '종합부동산세가 부과될 경우 세금 폭탄을 맞는 계층' '8·31 부동산 종합대책[3]······ 부동

---

3) 2005년 8월 31일 참여정부가 아파트 가격의 폭등에 대처하기 위해 내어놓은 고강도의 부동산 가격 안정 대책. 그 핵심은 종합부동산세 시행이 포함된 세제 개편과 주택공급 확대, 부동산 대출 억제의 크게 3가지였다.

산 부자들에게 세금 폭탄' '종합부동산세를 만든 세금 폭탄 제조자들' 등의 표현을 사용하며 종합부동산세를 비난했다. 종합부동산세 도입을 앞두고 실시한 여론조사에서 (물론 지지하는 여론이 훨씬 높았지만) 종합부동산세 시행을 반대하는 여론도 30퍼센트를 약간 넘었다. 이것은 폭격 프레임의 과녁에 해당하는 종합부동산세 과세 대상인 부동산 초(超)부유층 2퍼센트뿐만이 아니라 과녁이 아닌 일반 서민의 30퍼센트도 반대했음을 의미한다. 이것은 종합부동산세에 대해 일반 서민들에게 '종합부동산세의 시행이 나에게도 피해를 줄 수 있다'는 이미지를 심어준 '세금 폭탄'과 폭격 프레임의 영향으로 볼 수 있다.

그 당시 종합부동산세 도입을 맹렬히 반대하던 한나라당(현 새누리당)은 선한 사람들이 되었으며, 특히 선두에서 이를 지휘하던 박근혜 한나라당 대표는 영웅이 되었다. 반면에 종합부동산세 도입을 추진한 참여정부와 열린우리당은 악당이 되었으며 결국 정권을 넘겨주었다. '경제' 프레임과 함께, '폭격' 프레임은 2007년 대통령 선거에서 보수의 정권 탈환에 결정적인 기여를 했다. 세금을 폭탄으로 보는 이 '폭격' 프레임은 이명박 정부에서 더욱 기승을 부렸으며, 너무 높은 법인세율이 기업의 투자 의욕과 경쟁력을 떨어뜨린다는 이유를 들어 법인세율을 인하하고, 종합부동산세를 개편해 사실상 폐지에 가까울 정도로 유명무실화했다. 그러고는 종합부동산세 개편과 법인세 인하에 따른 세수 부족분을 새로운 세원으로 메우려고 간판세, 애견세, 온천세 등을 신설하려 했다.

최근 논란이 된 담뱃값 인상도 이러한 연장선상에서 시행된 실질적인 세금 인상의 성격이 짙다.

"부유층에게 특혜를 주는 '세금 인하'는 사실상 서민 납세자의 돈을 기업의 투자자나 부유층에게 넘기는 것"[4]이라는 레이코프의 비판은 한국의 현실에도 그대로 적용된다. 실제로 한국에서도 부유층의 세금을 깎아주어 서민에게 떠넘기려 한다는 반발이 거세지자 간판세와 같은 이름도 생경한 이러한 세금은 신설되지 않았지만, 세수 부족분을 어떻게 메울 것인지는 여전히 커다란 과제로 남아 있다. 박근혜 정부에서도 여전히 봉급자의 세금 부담률을 올려서 부족한 세금 수입을 보충하려 시도하고 있다. (이명박 정부든 박근혜 정부든) 꼼수적인 세제 개편을 들고 나온 보수적인 정부는 당연히 비판받아야 하지만, 세금에 대한 새정치민주연합(옛 민주당)의 태도 또한 비난을 받아 마땅하다. 서민과 중산층을 대변한다는 새정치민주연합이 '세금 폭탄'을 들먹이면서 현 정부의 개편안을 비판하는 방식은, 세금에 대한 공포 이미지를 조장하고 확산하려는 보수의 프레임에 제대로 걸려 "제 발등을 찍고" 있다. 그들이 진정으로 국민 모두의 자유로운 행복 추구를 최고의 가치로 삼고 있다면, 오히려 '증세 없는 복지 실현'이라는 박근혜 정부의 공약이 처음부터 실현 불가능한 허구였음을 강조하면서 '세금에 대한 다른 프레임'을 구성하는 데 전력해야 했다.

---

4) 조지 레이코프, 나익주 옮김, 『자유는 누구의 것인가』, 웅진지식하우스, 2009.

레이코프의 말을 빌리자면, 복지를 실현하는 데에는 반드시 일정한 재원이 들어가기 때문에 '세금은 우리 모두에게 더 나은 미래를 가져다줄 공동의 자산'이다. 이제라도 세금 부담이 높아지기 때문에 아예 복지를 하지 말자는 보수주의자들의 주장에 맞서서, 적어도 국민들에게 '돈이 없으면 자녀를 교육할 수도 없다.'거나 '돈이 없으면 치료를 받지 못하고 죽는다.'는 등의 공포로부터 자유로워지기 위해서는 모든 국민들이 조금씩 세금을 더 부담하여 복지를 강화해야 한다는 인식을 확산하는 데 주력해야 한다. 국민들의 불만은 세금 인상 자체에 있는 것이 아니다. 이명박 정부에서 너무 많이 깎아주었던 대기업과 초고소득 계층의 세금 비율을 현재의 박근혜 정부에서도 올리기는커녕 원상회복도 마다하고 있으면서, 자신들에게 그 부담을 전가하려 한다는 데 있다.

세금은 모두의 공동 자산

한편으로는 세금을 폭탄이라 비난하면서 기업의 법인세와 초부유층의 세금은 인하하고 다른 한편으로는 세수 부족을 이유로 서민에게 부담을 가중하는 방식이나 간접세를 인상하는 방식으로 세금을 걷으려는 이명박 정부와 박근혜 정부의 조치는 모순으로 보인다. 초부유층에게서 걷든 서민에게서 걷든 정부가 세금을 더 많이 걷으려 한다는 것은 세금이 폭탄이 아니라 우리 모두의 꼭 필요한 공동 자산이라는 것을 반증한다. 따라서 증세 없는 복지는 허구일 뿐이다.

레이코프가 정치적 세계관의 출발점을 설명하기 위해 동원하는 [국가는 가정] 은유를 통해 이 모순을 들여다보면, 이 모순은 해결책이 분명히 드러난다. 가정을 유지하는 데에는 최소한의 운용비가 들어가며, 이 비용은 가정의 구성원(식구들)이 공정하게 나누어 부담한다. 여기서 '공정함'은 그 가정에서 누리는 혜택에 따라 부담 금액을 달리해야 한다는 것이다. 국가를 가정으로 볼 때, 국가를 운영하는 비용은 당연히 가정의 유지비용이며 이 비용은 모든 국민이 공정하게 나누어 부담해야 한다. 여기서도 '공정함'은 국민들이 각각 국가에서 누리는 혜택에 따라 적절한 비율로 나누어 이 비용을 분담해야 한다는 것을 의미한다.[5] 누진세가 공정하려면, 부유층이 부담하는 세율이 현재보다는 훨씬 더 높아야 한다. '부유층에는 감세, 서민들에겐 증세'라는 모순을 해결하기 위해서는 정부가 법인세 최고세율 인상과 고소득자 세율 인상, 세율의 정밀한 세분화를 통해 모두가 공정하다고 인식할 수 있는 누진

---

[5] 보수든 진보든 모든 국민이 문자 그대로 동일한 금액을 부담해야 한다고 주장하지는 않는다. 다만 어느 정도의 누진세율이 공정한가를 두고 진보와 보수가 경쟁하고 있다. 이런 연유에서 레이코프는 '공평성'이나 '공정성'을 논쟁적인 개념(contested concept)이라 부른다. 많은 국민들의 눈에는 이명박 정부와 박근혜 정부가 부유층의 세금 분담률을 낮추는 방향으로 세금 제도를 개편한 것으로 비치고 있다. 현재 정부는 법인이나 초부유층의 세금 인상은커녕 이명박 정부 이전의 상태로 되돌리는 원상회복마저도 회피하고 있다.

적인 과세안을 마련해서 엄정하게 시행해야 한다.

　한국 사회가 '더 나은 미래'로 나아가기 위해서는 '세금 폭탄'은 지금 당장 우리의 모든 공적 담화에서 추방해야 한다. 앞서 언급했듯이, 이 어구는 '세금은 회피해야 할 무서운 무기'라는 폭격 프레임의 공포 이미지를 심어주기 때문이다. '세금 폭탄'은 이 어구를 도입한 한나라당과 보수적인 언론(예: 조선일보, 중앙일보)만이 사용하는 것이 아니라, 민주당은 물론 진보 성향인 〈한겨레신문〉과 〈경향신문〉조차도 별다른 성찰 없이 그대로 사용하기도 했다. 보수적인 정부가 부자들의 세금을 깎아주고 가난한 사람들에게 그 부담을 전가한다는 것을 비판하기 위함이라 할지라도, 진보는 '중산층과 서민에 대한 세금 폭탄'과 같은 어구를 사용하지 말아야 한다. 이 낱말의 반복적인 사용은 '종합부동산세'뿐만 아니라 세금 자체에 대해 나쁜 이미지만을 심어주기 때문이다. 이러한 이미지로 인해, 상당수의 국민들은 대기업과 초부유층들의 세금을 내려주려고 의도하는 보수적인 정부의 세제 개편에 기꺼이 동의하게 된다. 이것은 세수 부족을 초래하고, 세수 부족은 다시 '복지의 축소'나 (정부 규모를 줄여야 한다는) '작은 정부' 주장으로 이어질 것이다. 이것은 바로 보수가 진정으로 원하는 것이다. 보수는 풍요로운 삶이든 빈곤한 삶이든 개인의 삶은 전적으로 각 개인이 책임질 일이지 국가나 사회가 책임질 일이 아니라고 주장한다. 이 세계관에서는 당연히 '사회 안전망'이나 보편 복지가 별로 필요 없게 된다.

더 늦기 전에 '세금이 우리 모두의 더 나은 미래와 행복을 위한 필수적인 공동 자산'이라는 프레임을 널리 전파해야 한다. 그래야만 (질병 치료비 부담의 공포든, 생계유지의 공포든, 교육비 부담의 공포든) 공포로 뒤덮인 현재의 우리 사회를 더 나은 사회로 바꾸어나갈 수 있다.

인과관계의 두 관점

레이코프는 보수와 진보가 현상이나 사건의 원인을 파악하는 관점이 다르다는 사실은 초판에서 전혀 언급하지 않았다. "진보주의자들은 사회적 생태적 경제적 체계 내에서 유기적 인과관계를 바탕으로 주장을 펼치는 반면, 보수주의자들은 직접적 인과관계를 바탕으로 주장을 펼친다."[6] 직접적 인과관계는 가장 단순한 인과관계로서 어떤 물건이나 사람에게 힘을 가해 그 물건이나 사람에게서 즉각적인 변화를 이끌어내는 경우다. 반면에 유기적 인과관계는 여러 요소가 겹쳐 있고 상당히 장기간에 걸친 원인이 작용하는 복합적인 경우다.

비록 직접적 인과관계보다 덜 명시적이긴 하지만, 우리는 유기적 인과관계를 정확하게 이해하는 데 훨씬 더 많은 주의를 기울여야 한다. 유기적 인과관계를 제대로 이해하지 못하면, 우리의 삶

---

6) 조지 레이코프, 나익주 옮김, 『프레임 전쟁』, 창비, 2007.

은 지속 가능성이 위협을 받을 것이며 경제적으로도 많은 손실을 감당해야 할 것이기 때문이다.

유기적 인과관계는 좁게는 흡연과 폐암, 음주운전과 교통사고, 탄광 노동과 진폐증 사이의 관계처럼 비교적 친숙한 경우에서부터 유해음식과 비만, 면역결핍바이러스(HIV)와 에이즈, 지구 온난화와 다양한 자연재해, '생산에 의한 부'와 '재투자에 의한 부' 사이의 관계처럼 별로 친숙하지 않은 경우에 이르기까지 다양하다. 이러한 유기적 인과관계를 진보주의자들은 인정하지만 보수주의자들은 인정하지 않는다. 따라서 어떤 현상이나 사건을 두고 펼치는 진보주의자들과 보수주의자들의 논증은 다르다.

'비만'에 대해 펼치는 논증을 통해 보수와 진보의 인과관계에 대한 인식의 차이를 살펴보자. 미국의 진보는 식품 산업이 비만의 증가를 초래했고 이것은 다시 당뇨병의 확산으로 이어졌으며, 이로 인해 건강관리 비용의 부담이 늘어났다고 주장한다. 또한 식품 산업의 로비활동으로 인해 미국인의 식단을 바꾸어 앞으로 비만과 당뇨병을 예방할 수 있는 정부 규제가 사라지고 있다고 주장한다. 이러한 주장에는 식품 산업, 비만, 당뇨병의 확산, 건강관리 비용, 미국인 식단(의 건강한 정도) 등의 복합 체계가 들어 있으며, 이러한 복합 체계는 개인이 통제하기 어려워 정부의 조치가 필수적이다.

반면에 미국의 보수는 비만에 대해 이렇게 논증을 펼친다. "사람들은 절제력이 없어서 너무 많이 먹고, 운동을 거의 하지 않으며, 좋지 않은 음식을 먹기 때문에 살이 찌게 된다. 이것은 개인이 선택하고 개인이 책임질 문제다. 모든 사람은 자신의 건강 상태와 건강관리 비용을 개인적으로 책임져야 한다. 이것이 바로 소비자가 이끌어가는 건강보험이 가장 현명하고 가장 효율적인 선택이 되는 이유다. 만일 당신이 자신을 보살핀다면, 당신의 건강관리 비용은 줄어들 것이고, 당연히 그렇게 되어야 한다. 만일 당신의 건강관리 비용이 더 많이 들어간다면, 이것은 더 잘 먹고 체중을 줄여야 할 동기다." 이 논증에는 유기적 인과관계가 전혀 없으며, 절제와 행동, 비용, 혜택이 모두 개인적 책임의 문제일 뿐이다. 이 논증은 비만과 당뇨의 유전적 요인이나, 해로운 음식의 마케팅 요인을 전혀 고려하지 않는다. 또한 식품 산업계의 마케팅 요인도 전혀 고려하지 않는다. 아이들에 대한 마케팅으로 돈을 벌어들인다는 사실에서, 마케팅이 아이들의 비만에 영향을 미친다는 것이 분명하지만, 그러한 인과적 영향은 개인적 책임의 문제가 아니기 때문에, 보수의 논증은 이러한 요인을 고려할 필요가 없다.

'담배 소송'을 둘러싼 프레임 전쟁

진보와 보수는 어떤 현상의 인과관계를 이해하는 방식이 다르기 때문에, 그 현상이 미치는 폐해에 대한 책임을 바라보는 관점도 다르다. 보수는 개인적인 책임만을 강조하는 반면, 진보는 개인적인 책임에 더하여 사회적 책임의 중요성을 함께 인정한다. 어떤 사람이 오랫동안 지속한 흡연의 결과 폐암에 걸려 사망하게 되었다고 하자. 보수는 그 자신이 자유 의지로 흡연을 결정한 것이기 때문에, 그의 사망은 모두 자신이 책임져야 할 개인적인 문제이지 담배를 생산한 회사와는 아무런 관련이 없다고 주장한다. 반면에 진보는 담배회사가 금연을 거의 불가능하게 할 정도로 중독성이 강한 첨가물을 넣어 담배 중독을 촉진하고 담배의 유해성을 제대로 알리지 않았다는 이유로 담배 회사에도 그의 사망에 대한 책임이 있다고 주장한다.

흡연과 폐암의 인과관계에 대해서도 보수와 진보는 대립한다. 보수는 폐암의 발생이 환자의 생활습관, 직업 환경, 유전적 요인 등의 영향을 받아 달라지기 때문에, 흡연이 폐암의 직접적인 원인이라는 증거가 없다고 주장한다. 반면에 진보는 수십 년에 걸친 역학조사를 통해 흡연이 폐암의 가장 중요한 원인이라는 것이 이미 입증되었다고 주장한다.

실제로 미국에서는 1950년대 중반부터 흡연과 폐암의 인과관계에 근거하여 관련 당사자들이 담배 회사에 책임을 묻는 수많은 손해배상 소송을 제기했다. 주로 폐암 환자들이 개인적으로 제기한 1990년대 초반까지의 소송에서는 미국 법원이 담배 회사의 손을 들어주었다. 하지만 그 이후 법원은, 주정부가 '유해물질 제조업체에 대한 의료배상 청구 법률'에 근거하여 담배회사를 상대로 제기한 소송에 대해, 담배 회사에게 7950만 달러라는 거액의 징벌적 배상금을 물어내라는 판결을 내렸다. 이 판결의 주요 근거는 '각종 질병을 유발하고 사망의 원인이 되며 고도로 중독성이 강해 한 번 피우면 금연하기 거의 불가능한 담배를 제조한 담배 회사가 '저타르' '라이트' '마일드' 등의 표현을 사용하여 담배의 유해성이 대수롭지 않은 것처럼 영업했고 간접흡연의 위험성을 의도적으로 은폐했다'는 것이다. 결국 필립모리스를 비롯한 11개의 담배 회사는 미국 46개 주에 2060억 달러라는 거액의 배상금을 지불하기로 합의했다. 2000년대 들어서서 진행된 담배 소송에서는 흡연자 유족에게도 담배 제조회사(예: 필립모리스)가 거액의 손해배상금(대략 1000억 원)을 지불하라는 판결이 나오고 있다.

미국과 달리 한국에서는 '흡연'과 '질병' 사이의 유기적 인과관계를 근거로 제조회사의 사회적 책임을 묻는 판결이 아직 나오지 않았다. 한국에서 '흡연' 피해자가 손해배상을 처음으로 제기한 것은 미국보다 거의 반세기 늦은 1999년 후반이었다. 폐암 환자와 그 가족들이 한국담배인삼공사(현재는 민영화된 KT&G)와 국가를 상대로 흡연 피해에 대한 손해배상 소송을 제기했다. 흡연과 폐암 사이의 인과관계를 두고 다툰 이 소송은 15년이나 지속되었다. 지방법원과 고등법원, 대법원 모두 담배와 폐암 사이의 장기적인 역학관계를 인정하지만 "폐암이 담배를 피워 생겼다는 것을 인정할 직접적 증거가 없다."는 보수적인 관점을 유지하면서 담배제조사의 손해배상 책임을 면해주는 판결을 내렸다.

이 판결은 한국의 법원이 직접적 인과관계만을 손해배상 책임의 근거로 인정하고, 유기적 인과관계를 인정하지 않음을 보여준다. '담배는 기호품이며 흡연은 개인의 자유의지로 결정한 선택의 문제'이므로 흡연으로 인한 피해는 개인적 책임의 문제이지 제조회사나 국가가 떠맡을 사회적 책임의 문제가 아니라는 이 보수적인 인식은 판사들뿐만 아니라 상당수의 일반 국민들에게서도 찾아볼 수 있다. 2014년 4월 국가의 공적 기구인 국민건강관리공단이 KT&G, 필립모리스코리아, BAT코리아 등 담배회사를 상대로 흡연 폐해 환자에게 지급한 진료비 537억 원을 물어내라며 손해배상 청구소송을 제기했다. 그 소송에서 어떤 판결이 나올지 자못 궁금하다. 과연 미국의 판결처럼 유기적 인과관계를 인정할까, 아니면 여전히 직접적 인과관계만을 인정할까?

거액의 손해배상 청구 소송은 누가 하는가

미국의 기업들은 법원이 기업(예: 담배회사, 제약회사, 식품회사)에 거액의 징벌적 손해배상금을 물도록 판결하는 흐름에 반발하여, 막강한 자금력을 동원하여 의회와 연방정부, 법원에 '소송 개혁(tort reform)'을 요구하고 있다. 물론 보수적인 공화당은 기업의 요구를 적극 수용하여 손해배상 청구 금액의 최고한도를 제한하는 방향으로 소송 개혁을 추진하고 있다. 기업과 정치인들이 겉으로는 "기업에 대한 빈번한 손해배상 청구소송이 기업 활동을 제약

한다."거나 "자신이 뜨거운 커피를 쏟아놓고 기업에 300만 달러의 손해배상을 청구하는 소송은 천박하다."는 그럴듯한 이유를 내세우고 있지만, 자신들의 진정한 의도는 숨기고 있다. 소송 개혁의 진정한 목적은 '환경 보호, 소비자 권리 보호, 노동자 권리 보호 등 일반적인 모든 보호 조치를 박탈하는 것과 민주당의 자금줄을 끊는 것'이다.

시민들이 기업을 상대로 환경이나 (소비자인) 자신들에게 끼친 피해를 보상하라고 소송을 제기하는 미국과 달리, 한국에서는 오히려 파업에 참가하지 못하도록 노동자들을 위협하고 파업에 참가한 노동자들에 보복하기 위해 기업들이 노조집행부나 개별 노동자들을 상대로 거액의 손해배상 청구 소송을 제기하고 있다.[7] 선진국에서는 법리적으로는 가능하더라도 실제로는 야만적이라는 이유로 기업이 이러한 손해배상 청구 소송을 제기하는 일이 드물다. 이러한 소송에서 한국의 법원은 주로 기업의 손을 들어주는 판결을 내리고 있다.[8] 감당할 수 없는 거액의 손해배상금

---

7) 시민들이 불법을 저지르는 부도덕한 기업에 대해 손해배상을 청구하는 소송은 집단 소송(class action)으로 공익적 성격을 지니고 있다. 기업이 노조의 불법 활동을 근절한다는 이유로 제기하는 소송은 이러한 '공익적 성격의 소송' 개념을 활용하는 것으로 레이코프의 이른바 개념 절취에 해당한다.

8) 2013년과 2014년에 금속노조 한진중공업지회와 현대자동차 비정규직 노동자들, 쌍용자동차 조합원들에게는 각각 회사에 59억 원과 90억 원, 47억 원을 배상하라는 법원의 판결이 있었다. 반면, 2014년에 MBC가 노조 집행부와 노동조합을 상대로 낸 195억 원 규모의 손해배상 청구소송에서는 노동자들의 손을 들어 배상 책임이 없다는 판결이 나왔다.

은 노동자들에게 매우 가혹한 것이며, 그들의 삶을 실제로 벼랑 끝으로 내몰고 있고, 일부는 그러한 부담을 이기지 못해 스스로 목숨을 끊기도 한다. 이러한 소송이 과연 정당한 것인지, 그리고 우리 사회에 어떤 결과를 가져다줄지에 대해 더 많은 주의를 기울이고 더 깊이 고민해볼 필요가 있다.

보수를 하나로 묶는 것은? 진보를 하나로 묶는 것은?

미국의 보수와 진보는 낙태와 세금, 동성애, 외교정책, 총기규제, 환경보호, 사회보장 프로그램, 의료보험 등 다양한 영역에서 정반대의 관점을 유지한다. 이러한 다양한 쟁점에서 보수와 진보의 입장에 각각 일관성을 부여하는 것은 각각의 이상화된 가정 모형에서 나오는 두 가지 도덕이다. 보수는 엄격한 아버지 가정에서 최고의 도덕적 가치로 삼는 권위와 순종에 근거하여 다양한 쟁점에 대한 자신들의 세계관을 형성하고, 진보는 자상한 가정에서 가장 중시하는 도덕적 가치인 책임과 보살핌에 근거하여 자신들의 세계관을 형성한다.

　먼저 보수주의자들은 어떤 형태의 낙태 허용이나 총기규제, 동성 결혼 허용에도 반대하고, 세금 인하를 적극 지지한다. 그리고 보수는 신이 인간에게 자연을 관장할 권리를 주었기 때문에 아무런 제약 없이 자연 자원을 이용해야 한다고 주장하며, 무분별한 자

연환경 파괴를 규제하는 법안에 반대한다.[9] 실제로 지난 몇 십 년
에 걸쳐 개발업자들은 새로운 주택단지를 조성하고 주택을 지어
파는 과정에서 환경 보존에 대한 어떤 관심도 없이 무제한의 이익
만을 추구하고 있다. 그 결과, 미국의 많은 도시들이 난개발로 몸
살을 앓고 있다. 또한 사회보장 프로그램에 대해서도 보수는 "사람
들에게 자신이 직접 벌지 않은 것을 공짜로 줌으로써, 훈육을 받아
절제력을 기를 동기를 빼앗아가기 때문에 폐지하거나 최소한으로
축소해야 한다."는 입장을 취한다. 보수는 또한 국민의 건강관리에
대해서도 공공적인 전 국민 의료보험제도에 들어가는 세금이 납
세자의 자유를 침해한다고 주장하며 현재와 같은 시장주의 체제
의 의료보험제도를 유지해야 한다고 주장한다.[10] 총기 규제가 총

---

9) 자연에 대한 보수의 이러한 입장은 다음 인용문에서 분명히 확인할 수 있다. "지구는 인
간이 자신의 이익을 위해 사용해야 한다. 자연은 바로 인간의 이익을 위해 존재한다. 사
유화되지 않아서 생산에 사용되지 않고 있는 물건들은 가치가 없다. 따라서 사유화될 수
있는 한 모든 것은 개발을 위해 양도되어야 한다. 개인적인 이윤을 위해 상품화되지 못
하게 막아야 하는 (자연 세계 속의 모든 인류의 공동 유산인) 공유지 개념은 있을 수 없다."
(조지 레이코프, 나익주 옮김, 『프레임 전쟁』, 창비, 2006.)

10) 미국에서 의료보험의 혜택을 받으려면 (65세 이하의) 각 개인은 민간 보험회사로부터 의
료보험을 구입해야 한다. 의료보험이 공익적인 성격의 방안이 아니라 하나의 상품에 해
당하기 때문이다. 민간 보험회사는 최대의 이윤 추구가 목적이기 때문에 가능한 한 이
상품을 비싸게 팔고자 노력하는 반면, 가입자가 치료를 필요로 할 때에도 가입자의 귀책
사유를 찾아내어 가능하면 보험금을 지불하지 않으려고 한다. 높은 구입비로 인해 오마
바 대통령의 취임 이전에는 3억의 미국인 중 5000만 명이 의료보험에 가입하지 못한 상
태였다. 그는 전 국민에게 의료보험 혜택을 제공하는 공적 기구를 두는 방향으로 의료보
험을 개혁하려 했으나, 공화당과 보험회사의 반대로 실현하지 못하고 어정쩡하게 타협
하는 제도를 내놓았다.

기류를 사용하여 외부의 침입으로부터 자신과 가족을 보호할 자유를 침해한다고 보며, 보수는 어떤 형태의 총기 규제에도 반대한다.

반면, 진보주의자들은 위에서 언급한 모든 쟁점에 대해 보수주의자들과 정반대의 입장을 취한다. 먼저 낙태는 필요한 경우(예: 성폭행에 의한 임신)에는 허용하고, 총기 소지는 전면적으로 금지하며, 동성 결혼은 존중해야 한다고 주장한다. 그리고 환경 보호에 대해서도 아름답고 깨끗한 자연환경을 온전히 보존하여 후손에게 물려주어야 할 의무가 우리에게 있다고 주장하면서 환경 규제 법안을 적극 지지한다. 또한 일하는 사람들이라면 누구든지 가난한 삶을 강요당하지 않도록, 정부가 시간당 최저 임금을 보장하고 최소한의 사회안전망을 제공해야 한다는 입장을 취한다. 또한 모든 시민이 치명적 무기를 사용할 가능성이 있는 사람들로부터 위협을 받지 않을 자유를 보장받기 위해서는 전면적인 총기 규제가 필요하다고 본다. 국민의 건강관리는 근본적으로 보호의 문제이기 때문에 민간 보험회사에 의존하는 현재의 의료관리 체제를 공공성을 강화한 공적인 의료관리 체제로 바꾸어야 한다고 주장한다.[11]

미국과 마찬가지로 한국에서도 다양한 쟁점을 두고 진보와 보수가 대립하고 있다. 한국에서는 오랫동안 총기 소지를 엄격히

---

11) 레이코프에 따르면, "65세 이하의 미국인들이 구입하는 민간 의료보험은 보험회사에서 의료비용의 3분의 1을 이윤 추구와 행정 처리에 소비하는 반면, 65세 이상의 노인에 대한 공적인 노인 의료보험(Medicare) 제도는 행정 처리에 단 3퍼센트만을 소비하며 이윤 추구를 위한 지출을 전혀 하지 않는다."(조지 레이코프, 나익주 옮김, 『폴리티컬 마인드』, 한울, 2012.

법으로 금지해왔기 때문에 '총기 규제'는 전혀 쟁점이 되지 않는다. 그러나 세금과 성소수자(예: 동성애자, 성전환자) 인권, 의료민영화, 자연환경 보호에 관해서는 한국에서도 진보와 보수가 완전히 정반대의 주장을 펼치고 있다. 그리고 한국에서만 쟁점이 되는 것도 있는데, 바로 분단 한반도의 한쪽인 북한에 대한 인식과 태도를 둘러싸고 벌어지는 '종북' '친북' '반북' '좌빨' '우꼴'이라는 '이념 대결'의 프레임이다. 보수 언론은 한국 내에 간첩이 2만 명가량 된다는 주장을 펼치며 대결 프레임을 한국인들의 뇌에 활발하게 주입하고 있다. 물론 소련 공산 체제가 붕괴한 지 25년, 정치적으로는 공산 체제인 중국이 자본주의 경제 체제를 선택한 지 30년도 넘는 이 시점에서 그러한 주장을 그대로 믿기는 어렵지만 말이다. 이러한 대결 프레임의 확산이 국민들을 극단적인 분열로 내몰고 있지 않은지 돌아보아야 한다.

한국은 지금 지난 10년 동안 보수적인 우파 단체들이 부쩍 늘어났으며 그 목소리를 높여왔다. 보수 단체에 비하면 그렇게 요란하지는 않지만, 민주화 이후 시민적 권리를 주창하며 생겨난 비교적 진보 성향의 시민 단체들도 여전히 자신들의 목소리를 내고 있다. 바야흐로 한국은 치열한 전쟁이 벌어지고 있다. 총칼을 휘두르는 물리적 전쟁이 아니라, 언어를 무기 삼은 프레임 전쟁이 벌어지고 있다. 지금까지는 보수가 줄곧 우세했으며 더 많은 전투에서 승리를 거두었다. 미국의 보수와 마찬가지로, 한국의 보수도 프레임의 덫을 전략적으로 잘 설치해왔다.[12] 진보가 이제라도 이 전쟁에서 이기려면 자신의 가치와 정체성에 충실한 프레임을 사용해야 한다. 보수가 쳐놓은 프레임에 걸려들어서는 안 된다. 그렇게 하려면, 상대의 프레임을 활성화하는 언어는 아예 입에 올려서도 안 된다. 일단 어떤 프레임이 우리 뇌의 회로에 자리 잡으면, 다른 프레임으로 밀어내기는 아주 어렵기 때문이다.

한국의 진보여, 고유의 가치와 정체성에 맞는 프레임과 언어를 만들어내라. 한국의 보수여, 지금 사용하는 언어와 프레임이 우리 모두에게 더 나은 미래와 더 많은 행복을 가져다 줄 것인지 되돌아보라.

'세금 폭탄' '의료민영화' '의료관광' '학교 선택권' '무한 경쟁'은 과연 모두에게 행복을 가져다줄 수 있을까?

---

12) 이러한 전략이 작용한 프레임의 대표적인 한 사례는 바로 '신자유주의'이다. 경제학에 문외한인 글쓴이가 '신자유주의'라는 낱말을 처음 주목하게 된 것은 1997년 말 외환위기 직후였다. 언론에 이 낱말이 오르내릴 때 글쓴이는 '자유'라는 낱말이 불러내는 여러 좋은 이미지에 현혹되어, 당연히 '신자유주의'는 우리에게 더 나은 삶을 보장해줄 것이라 믿었다. 정리 해고와 청년 취업난, 높은 실업률, 무한경쟁으로 많은 사람들의 삶이 이렇게 고달파지리라고는 상상하지도 못했다.

옮긴이의 말

미국에서 『코끼리는 생각하지 마』의 초판이 출간된 2004년은 미국의 진보 진영에게 충격적이고 우울한 해였다. 이 해 치른 선거에서 조지 W. 부시 대통령이 재선에 성공하고 공화당이 상하 양원을 전부 장악했기 때문이다. 비록 2004년 대선의 소용돌이 한가운데서 출간되었지만, 이 책은 패배의 잔해에 주저앉아 그 이유를 애타게 묻던 진보 진영에게 그 해답을 속 시원히 제시함으로써 일약 진보 세력의 필독서로 떠올랐다. 『코끼리는 생각하지 마』는 출간 이후 지금까지 총 50만 부가 넘게 팔렸으며, 이 책에 힘입어 미국에서 '프레임'이라는 단어는 언어를 통해 정당의 이미지를 새롭게 바꾸는 것을 의미하는 말로 다시금 정의되었다.

한편 『코끼리는 생각하지 마』의 출간 이후 저자 조지 레이코프는 그가 몸담은 언어학계를 넘어서 미국 정계의 전국구 유명 인사가 되었다. 이와 더불어 『프레임 전쟁』, 『자유는 누구의 것인가』, 『폴리티컬 마인드』 등 자신의 인지언어학 이론과 현실 정치를 결합한 여러 편의 후속 저작을 펴냈으며, 매체 기고, 인터뷰, 강연, 선거 자문 등의 활발한 활동을 통해 명실상부한 진보 진영의 '구루' 역할을 해왔다.

미국의 진보 진영이 레이코프의 조언을 적극적으로 받아들였다는 증거는 2008년 대선에서 버락 오바마 후보가 구사한 언어를 통해 확인된다. 당시 오바마는 여러 유세와 연설에서 '이익'에 대해 언급하기를 삼가고 미국 전체를 서로 보살피는 한 가정으로 묘사하며 시민들 서로에 대한 감정이입과 책임에 대해 반복해서 이야기했다. 그럼으로써 진보적 미국의 이상형을 제시하고 미국인들에게 보편적 공감대를 불러일으켰다.[1]

또 한 가지 극적인 성공 사례는 2013~2014년에 미국에서 동성 결혼이 대대적으로 합법화된 일이다. 이번 개정판에서 레이코프는, 『코끼리는 생각하지 마』의 초판이 단순한 제도적 권리를 초월하여 사랑과 (원하는 사람과 결혼할) 자유라는 보편적 가치의 관점에서 동성 결혼 논쟁의 프레임을 형성해야 한다고 조언함으로써, 미국인들의 여론을 극적으로 반전시키는 데 기여했다고 자평하고 있다. 동성 결혼 지지 구호가 '평등 결혼(marriage equality)'으

---

1) "What Made Obama's Speech Great", By George Lakoff, Alternet, March 25, 2008.
http://www.alternet.org/story/80549/what_made_obama's_speech_great

로 바뀐 것도 이러한 관점을 반영한 것이라 할 수 있다.

2006년 출간된『코끼리는 생각하지 마』의 한국어 번역판은 당시 한나라당의 전여옥 의원으로부터 시작해서 여야 국회의원 들이 세미나 자료로 돌려 읽으며 화제를 모으기 시작했다. 그후 이 책은 국회 구내서점의 베스트셀러로 신문 지면에 보도된 것을 계기로 일반 서점에서도 정치 분야의 스테디셀러로 자리 잡았다. '프레임'이 거의 모든 주제에 적용할 수 있는 매우 범용성 있는 단 어임이 확인되면서, 이는 국회의원들뿐만 아니라 기자들이 각별 히 사랑하는 단어가 되었다. 또 유권자(소비자)의 마음이 작동하는 방식을 다룬다는 점에서 비단 정치뿐만 아니라 홍보, 마케팅, 커뮤 니케이션 분야에서도 주목을 받았다. '세금 폭탄', '무상 급식' 등 뜨거운 쟁점이 압축된 논쟁적 단어들을 둘러싸고 보수 진영과 진 보 진영 사이에 프레임을 선점하기 위한 전쟁이 치열하게 전개되 었음은 물론이다. 물론 이 전쟁은 아직까지도 진행 중이다.

『코끼리는 생각하지 마』의 이번 10주년 개정판에서 총론에 해당하는 1장, 동성 결혼과 테러와 이라크 전쟁의 프레임에 대해 각각 다룬 10~12장, 진보의 구체적 행동 지침을 정리한 13~15장 은 초판에 실렸던 원고를 지난 10년간의 변화를 반영하여 업데이 트한 것이다. 그리고 2부(2~6장)와 3부(7~9장)는 완전히 새로 쓴 글 들이다. 2부에서 저자는 직접적 인과관계와 유기적 인과관계,[2] 반 사성(reflexivity)[3] 같은 이 책에서 새롭게 등장하는 개념들을 소개 하고, 진보적 도덕성의 핵심(감정이입) 및 기본 전제('사적인 것은 공적인 것에 의존한다')에 대해 좀 더 상세히 설명한다. 3부에서는 2015년 현재 미국과 전 세계를 달구고 있는 가장 뜨거운 쟁점, 즉 빈부격차와 기업 지배 문제를 프레임의 관점에서 살펴본다. 7장에서는 건강보험, 교육, 빈곤, 인종·성별·성적 지향에 따른 차별, 노조와 연금, 이민 같은 온갖 진보 현안들의 프레임을 '자유'라는 보편적 가치에 의거해 새롭게 구성할 것을 제안한다. 8장은 토마 피케티가 『21세기 자본』에서 제시한 R(자본수익률)과 G(경제성장률)의 변화 양상을 '재투자에 의한 부'와 '생산에 의한 부'로서 이해하기 쉽게 설명하고, '재투자 부'의 기하급수적 증가가 노동 만족도와 교육에서부터 지구 온난화에 이르기까지 경제 외부에서 어떤 유기적 효과를 초래하는지에 대해 짚어본다. 9장은 미국 기업의 법인격이 애초 사람을 위해 만들어진 헌법적 권리를 야금야금 차지하면서 국민 전체의 삶을 지배해 나가고 있는 심각한 문제를 은유의 관점에서 고찰하고, '기업은 사람'이라는 은유를 대신할 새로운 명

---

2) 한 인터뷰에서 레이코프는, 2005년 아스펜 연구소가 주최한 지구 온난화 회의에서 "지구 온난화가 허리케인 카트리나의 원인인가?"라는 기자의 질문에 한 과학자가 "지구 온난화가 어느 특정한 허리케인의 원인이라고 말할 수는 없다."고 대답하는 것을 보고 충격을 받아 복잡한 사회 현상에서 유기적 인과관계가 작동하는 방식에 대해 연구하기 시작했다고 소개했다. "This is why conservatives win: George Lakoff explains the importance of framing--and what Democrats need to learn", Salon.com 인터뷰, Nov 22, 2014. (http://www.salon.com/2014/11/22/this_is_why_conservatives_win_george_lakoff_explains_the_importance_of_framing_and_what_democrats_need_to_learn/)

3) 세계가 사고에 영향을 끼칠 뿐 아니라 그 사고가 다시 세계에 영향을 끼친다는 개념이다. 레이코프는 이 개념을 조지 소로스에게서 빌려왔다고 밝혔다. 앞의 인터뷰.

제, 즉 '기업은 우리의 삶을 지배한다'라는, 아직까지 프레임 밖에 있는 진실을 제시한다.

『코끼리는 생각하지 마』의 개정판 작업을 하면서, 레이코프의 연구를 한국에 처음 소개하고『코끼리는 생각하지 마』를 제외한 그의 거의 모든 저작을 번역하신 나익주 선생님을 감수자로 모신 것은 크나큰 행운이었다. 언어학자의 섬세한 감각과 전문적 식견으로, 핵심 용어의 번역, 한국어 문장의 명료성, 그리고 일부 명백한 번역 오류와 관련해 결정적인 조언을 해주신 덕분에 번역 원고가 좀 더 신뢰성을 얻고 엄밀해질 수 있었다. 이 자리를 빌려 깊은 감사를 드린다. 또 이 책의 기획 및 편집 과정 전체를 매끄럽게 조율하며 총 지휘해주신 백지선 부장님, 감수자와 역자 양쪽에서 쏟아져 들어오는 엄청난 양의 수정을 감당하며 원고를 교정교열해주신 정진숙 선생님의 노고에도 깊이 감사드린다.

이 책을 10년 만에 재번역하고 기존의 원고를 단어 단위로 다시 대조하면서, 10년 전 초보 번역자였을 때 미처 알아차리지 못했던 많은 오역과 오류들을 새로 발견하고 수정했다. 그 동안 『코끼리는 생각하지 마』의 초판을 읽어주신 독자 여러분께 감사와 더불어 사과 말씀을 드린다. 수정 작업은 책이 출간된 뒤에도 계속된다. 혹시 미처 수정되지 않은 오역이나 오탈자가 있을 경우 이를 정리하여 재판에 반영할 수 있도록 역자의 홈페이지(http://lectrice.co.kr/)에 '정오표' 란을 마련해놓았다. 이 책에서 오류를 발견하신 독자분들은 부디 이곳의 댓글란에 신고해주시기 바란다.

진보와 보수, 문제는 프레임이다

코끼리는 생각하지 마

초판 1쇄 발행 2015년 4월 1일 | 초판 22쇄 발행 2024년 3월 15일

지은이 조지 레이코프
옮긴이 유나영 | 감수 나익주

펴낸이 신광수
CS본부장 강윤구 | 출판개발실장 위귀영 | 디자인실장 손현지
단행본팀 김혜연, 권병규, 조문채, 정혜리
출판디자인팀 최진아, 당승근 | 저작권 김마이, 이아람
출판사업팀 이용복, 민현기, 우광일, 김선영, 신지애, 허성배, 이강원, 정유, 설유상, 정슬기, 정재욱, 박세화,
    김종민, 전지현
영업관리파트 홍주희, 이은비, 정은정
CS지원팀 강승훈, 봉대중, 이주연, 이형배, 전효정, 이우성, 신재윤, 장현우, 정보길

펴낸곳 (주)미래엔 | 등록 1950년 11월 1일(제16-67호)
주소 06532 서울시 서초구 신반포로 321
미래엔 고객센터 1800-8890
팩스 (02)541-8249 | 이메일 bookfolio@mirae-n.com
홈페이지 www.mirae-n.com

ISBN 978-89-378-3495-0 03340

* 와이즈베리는 ㈜미래엔의 성인단행본 브랜드입니다.
* 책값은 뒤표지에 있습니다.
* 파본은 구입처에서 교환해 드리며, 관련 법령에 따라 환불해 드립니다.
  다만, 제품 훼손 시에는 환불이 불가능합니다.

와이즈베리는 참신한 시각, 독창적인 아이디어를 환영합니다.
기획 취지와 개요, 연락처를 bookfolio@mirae-n.com으로 보내주십시오.
와이즈베리와 함께 새로운 문화를 창조할 여러분의 많은 투고를 기다립니다.

「이 도서의 국립중앙도서관 출판시도서목록(CIP)은 서지정보유통지원시스템 홈페이지(http://seoji.nl.go.kr)와
국가자료공동목록시스템(http://www.nl.go.kr/kolisnet)에서 이용하실 수 있습니다.
(CIP제어번호: CIP2015004386)」

The All New
Don't Think Of
An Elephant

이 책의 초판이 출간되었을 때, 레이코프는 진보적 민주당원들도 우파와 마찬가지로 쟁점이 아닌 가치에 투표한다는 사실을 보여주었다. 이제 나쁜 프레임 구성으로의 퇴보를 막기 위해 그가 돌아왔다. 초판이 그랬듯, 10주년 전면개정판은 반드시 읽어야 할 책이다. 이제 우리는 장기적인 관점에서 사고하는 법을 배워야 한다. 이 책을 읽고 외우고 자녀들에게도 가르쳐라. 우리 진보주의자들은 똑똑할지는 몰라도 생각을 효과적으로 전달하는 데는 능숙하지 않다. 이 책은 이 일을 좀 더 잘 하기 위한 청사진이다.

하워드 딘(전 민주당 전국위원회 위원장, '미국을 위한 민주주의(DFA)' 창립자)

레이코프 단 한 사람의 공로로, 진보는 정치에서 승리하는 데 언어가 중요함을 확실히 알게 되었다. 이제 그가 시작한 일을 마무리 짓기 위해 다시 돌아왔다.

마르코스 물리차스(《데일리코즈(Daily Kos)》 발행인)

이 전면개정판은 진보세력에 없어서는 안 될 도구다. 바로 지금 뜨거운 논란이 일고 있는 프레임 구성 쟁점들에 대한 참신한 사고와, 주요 개념을 둘러싼 정치적 논쟁을 어떻게 되찾을 것인가에 대한 새로운 통찰로 가득 차 있다. 단순한 정치적 이득만이 아니라, 진짜 진보를 실현할 수 있는 사고와 통찰 말이다.

제니퍼 M. 그랜홈(전 미시간 주 주지사)

훌륭한 명분을 지닌 진보주의자들이 왜 패배하는지, 그리고 어떻게 다시 승리할 수 있을지에 대한 멋진 통찰. 이 책을 읽고 난 뒤에는 정치인들의 말이 완전히 새롭게 들릴 것이다.

티나 브라운(《더데일리비스트(The Daily Beast)》 공동 창립자)

이 책은 부와 권력을 지닌 한 줌도 안 되는 지배 집단이 어떻게 진보 운동의 양 발을 묶어 놓을 수 있었는지에 대해 아직까지 궁금해 하는 이들을 위해 쓴 포켓판 선언문이다. 이 책을 한 번 읽으면 우리가 왜 졌는지 깨닫게 된다. 이 책을 두 번 읽으면 우리는 세상을 제정신으로 돌려놓을 수 있다.
폴 호큰(『자연 자본주의』 저자)

이 책은 언어의 미묘함을 감지하는 언어학자의 귀와, 현대 정치의 복잡성에 대한 이해와, 진보적 이상에 대한 헌신이 결합되었을 때 어떤 결과가 탄생하는지 보여 주는 훌륭한 사례다. 자유주의자나 진보주의자가 아니더라도 정치 언어가 작동하는 방식에 관심이 있는 사람이라면 반드시 읽어야 할 책.
제프리 넌버그(캘리포니아대학 버클리캠퍼스(UC 버클리) 교수)

진보세력은 부동층 유권자에게 우리의 대의를 설득하는 법에 대해 배울 것이 많으며, 이를 가르치는 데 조지 레이코프보다 더 뛰어난 스승은 없다. 이 책은 술술 읽힐뿐더러 더할 나위 없이 시의적절하다. 다음 대선까지 가능한 한 많은 사람들이 이 책을 읽고 실천에 옮겨야 한다.
대니얼 엘스버그(『비밀: 베트남의 기억과 펜타곤 보고서(Secrets: A Memoir of Vietnam and the Pentagon Papers)』 저자)

우리나라를 되찾아 오고 싶다면 우리 주변부터 설득해야 한다. 우리 주변을 설득하고 싶다면 우선 논쟁을 우리 것으로 만들어야 한다. 이 책은 이 일에 꼭 필요한 도구다. 부시 정권이 오염시킨 개념들이 조지 레이코프의 작업을 통해 정화되었다.
칼 포프(전 시에라클럽 대표)

말로는 아무것도 이룰 수 없다는 사람들의 말을 믿지 마라. 이 책을 읽고 우리의 정치 담론을 변화시키는 데 참여하라. 우리의 가장 높은 이상을 지지하고 미국인의 심장을 향해 발언하라.
조안 블레이드와 웨스 보이드(MoveOn.Org)